大方
sight

The Honey Bus

甜蜜巴士

A Memoir of Loss, Courage
and a Girl Saved by Bees

蜜蜂养大的女孩

[美] 梅雷迪斯·梅 著
姜小瑁 译

图书在版编目(CIP)数据

甜蜜巴士:蜜蜂养大的女孩 / (美) 梅雷迪斯·梅著;姜小瑁译. —北京:中信出版社,2019.6
书名原文:The Honey Bus: A Memoir of Loss, Courage and a Girl Saved by Bees
ISBN 978-7-5217-0258-3

Ⅰ. ①甜… Ⅱ. ①梅… ②姜… Ⅲ. ①回忆录—美国—现代 Ⅳ. ①I712.55

中国版本图书馆CIP数据核字(2019)第049867号

Copyright © Meredith May
Simplified Chinese translation copyright © 2019 by CITIC Press Corporation
ALL RIGHTS RESERVED
本书仅限中国大陆地区发行销售

甜蜜巴士:蜜蜂养大的女孩

著　者:梅雷迪斯·梅
译　者:姜小瑁
出版发行:中信出版集团股份有限公司
　　　　　(北京市朝阳区惠新东街甲4号富盛大厦2座　邮编　100029)
　　　　　(CITIC Publishing Group)
承　印　者:浙江新华数码印务有限公司

开　本:880 mm×1230 mm　1/32　印　张:12.25　字　数:215千字
版　次:2019年6月第1版　　　　　印　次:2019年6月第1次印刷
京权图字:01-2019-1576　　广告经营许可证:京朝工商广字第8087号
书　号:ISBN 978-7-5217-0258-3
定　价:42.00元

版权所有·侵权必究
凡购本社图书,如有缺页、倒页、脱页,由销售部门负责退换。
服务热线:400-600-8099
投稿邮箱:author@citicpub.com

"蜜蜂就是这样运作的,它们依照自然的法则,向芸芸众生传授着秩序之道。"[1]

——威廉·莎士比亚,《亨利五世》

---

[1] 语自《亨利五世》第一幕,第二场。——译者注,下同。

CONTENTS
目 录

序 蜂群   1
对蜜蜂了解得越多,对人情往来就理解得越透。

01 飞离   11
在万米高空的某个地方,妈妈不要我们了。

02 蜂蜜巴士   31
逃到暖暖的蜂蜜巴士里,寻求庇护。

03 蜜蜂的秘密语言   57
只要你不伤害蜜蜂,它们就不会伤害你。

04 归家   77
蜜蜂是大自然里的幸存者,从不轻言放弃。

05 大苏尔蜂后   93
母爱是大自然中很天然的一部分。

06 养蜂达人   119
外公会做我的坚强后盾,就像蜜蜂会为了蜂群奋勇一搏。

07 假外公 149
每只蜜蜂心中都有同等的爱,没有"亲生"和"收养"之分。

08 第一场丰收 173
你就像侦察蜂一样聪明,会找到自己的路的。

09 无陪伴未成年人 191
蜜蜂的所有决定是全体一起做出的。

10 烂子病 219
有时候一些东西会被从你身边夺走。

11 单身带娃小组 243
像一只筑巢的蜜蜂那样,耐心从点滴做起。

12 群居昆虫 261
人与蜜蜂或者人与人之间,付出和索取应该是相当的。

13 热水　　　　　　　　　　　　　　283
当内勤蜂长大后准备去采花蜜时,它得先学会飞行。

14 蜜蜂之舞　　　　　　　　　　　307
如果蜂巢不够舒适,蜜蜂会主动搬到更好的地方去。

15 打翻的糖罐　　　　　　　　　335
我也是有"蜂巢"的,它就在外公的蜂蜜巴士里。

后记　　　　　　　　　　　　　　355
在养蜂人去世后,他们的蜜蜂会默哀。

作者的话　　　　　　　　　　　371
致谢　　　　　　　　　　　　　379

SWARM

序　蜂群

1980

电话铃一响，分蜂期就到了。我家的红色拨盘电话每到春天就会叮铃铃地活跃起来，电话那头的人已经到了抓狂的地步，告诉我们蜜蜂钻进了他们的墙缝里，占了他们的烟囱，或者上了他们的树。

外公从厨房走出来时，我正忙着把他自酿的蜂蜜往玉米面包上倒。看见他脸上挂着的那一抹坏笑，我就知道今天的早饭又泡汤了。十岁的我已经跟他捕了将近"半辈子"的蜂，所以知道接下来会发生什么。他把咖啡一口灌进肚子里，用手背抹了抹胡子。

"又给咱俩揽了个活。"他说。

这次打电话求助的是卡梅尔谷路上的一家私人网球场，离我家大概一千六百米。我爬进外公那辆快散架的皮卡里，坐在了副驾驶的位置上，他反复地轻踩油门，好让车子发动起来。车终于打着了火，我们刺溜一下从停车道飞驰出去，把车轮卷起的一片碎石甩在身后。他嗖嗖地开过限速牌，牌子上的限速外婆开车的时候我看清楚过，是每小时四十千米。但我们必须赶紧去把蜂群收捕好，不然那些蜜蜂可能会心血来潮，飞到别的地方去。

外公开着车一头冲进网球场,在牛棚旁边一个急刹停了下来。他侧了下身子,用肩膀撞了下卡住的车门,门在他的咕哝声中吱吱拗拗地开了。我们走下车,发现一小群蜜蜂闹哄哄地在头顶盘旋,黑压压的好像天空中的一团泼墨,如鸟群般忽左忽右。我的心随着它们疯狂跳动,既害怕又震撼。那个时候,就连空气都好像在颤动。

"它们为什么会这样?"我大声问着,好让自己的声音不被吞没。

外公半蹲半坐,凑到我的耳边。

"蜂巢里面太挤了,所以蜂后离开了。"他解释道,"其他蜜蜂跟着它飞出来,是因为没了蜂后它们活不下去。它是蜂群里唯一一只能产卵的蜜蜂。"

我对外公点点头,让他知道我明白了。

蜂群现在在一棵七叶树附近盘旋。每隔几秒就会有几只蜜蜂突出重围,消失在树叶后。我走近几步,抬头一看,发现这些蜜蜂聚到了一根树枝上,围成了橘子大小的球形。越来越多的蜜蜂加入进来,这东西胀得有篮球那么大,活像一颗跳动的心脏。

"蜂后降落在那里了,"外公说,"这些蜜蜂在保护它。"

当最后几只蜜蜂也找到组织后,空气又静止了下来。

"回车那边等我。"外公小声对我说。

我靠在卡车的前保险杠上,看着他爬上折叠梯,脸几乎要碰到蜂群。他用钢锯在那根树枝上来回拉扯,几十只蜜蜂顺着他那没有任何防护措施的双臂往上爬。就在那时,场地管理员突然开动了割草机。受到惊吓的蜂群惊慌地四散开来,它们的嗡嗡声变成了刺耳的哀鸣,随后蜂群围成了一个更紧、更密的圈。

"见鬼!"我听到外公咒骂了一句。

他冲场地管理员喊了几声,割草机噼噼啪啪地停了下来。在外公等着蜂群重新回到树上落定时,我感觉头皮上有东西在爬。我伸手上去摸,结果摸到了绒毛,然后就感觉到有翅膀和小腿在我的头发里扑腾。我使劲摇头想把蜜蜂甩下来,但它却越缠越紧。蜜蜂也走投无路了,它不再发出嗡嗡声,而是像牙医钻牙那样呲呲地响。我知道等在前面的是什么,所以深吸了几口气,做好了准备。

当蜜蜂把螯针刺进我的皮肤里时,一阵火辣辣的灼烧感从头皮直接蹿到了我的后槽牙,疼得我直咬牙。我发疯似地在头发里翻找,这次强忍着才没叫出来,因为我发现还有一只蜜蜂在里面爬来爬去,然后还有另外一只。我越来越害怕,心脏在胸腔里越跳越猛,因为我摸到的毛块已经多到数不清。一小群蜜蜂在我的头上挣扎,它们跟我一样吓得不轻。

这时我闻到了香蕉的味道——这是蜜蜂呼叫后援时分

泌的气味——于是我知道我被围攻了。我感到发际线上一阵火辣辣的刺痛,紧接着耳后又像被尖的东西刺穿了一样。我双膝一软跪在了地上,可能是快要晕倒了,但也可能是在祈祷。我觉得自己大概要死了。转眼之间,外公就用手捧住了我的头。

"尽量别动。"他说,"你头上大概还有五只蜜蜂。我能把它们都弄出来,但它们可能还会蜇到你。"

又有一只蜜蜂扎了我一针。它们每刺我一下疼痛范围就会扩大,直到我感觉自己的整个头皮都在烧。但是我紧紧地抓住卡车车轮,使劲忍着。

"还有几只呀?"我小声嘀咕。

"就一只了。"他说。

除干净蜜蜂之后,外公把我搂进了怀里。我把自己突突跳的脑袋靠在了他的胸膛上。外公搬了一辈子蜂箱,箱子里全是蜜,每个都有差不多五十斤,所以胸膛特别紧实。他把生满老茧的手轻轻搭在了我的肩上。

"嗓子肿吗?"

我大口地呼吸,让他知道我没事,嘴唇感觉怪怪的,像被针扎了一样。

"你为什么不喊我?"他问。

我答不上来。我不知道。

我的腿有些发软,所以乖乖地让外公把我抱到了卡车上，窝在了座椅里。我以前也被蜇过，但从来没一下子被这么多蜜蜂同时蜇，所以外公担心我会休克。他说如果我的脸肿起来了，那就必须去看急诊了。外公回去继续锯树，我在车里等着，他叮嘱我如果觉得喘不上来气的话就按喇叭。他把锯下来的树枝上的蜜蜂抖进一个白色的木头箱子里，然后把箱子搬到车斗上。我支起身子，想照照自己头上那些疼得火辣辣的包。这些包都很紧实，硬邦邦的，而且好像越来越大。我担心过不了多久，我的脑袋就会肿得像个南瓜。

外公挤挤蹭蹭回到了驾驶座，发动了车子。

"稍等一下。"他边说边用手捧住我的头，手指摩挲着我的头皮。我疼得直缩身子，感觉他在往我的脑袋里按玻璃珠。

"少拔一个。"他说，然后手指划过我的脑袋，用脏兮兮的指甲把那根针挑了出来。外公总说用指头把蜇针挤出来是最坏的法子，因为那会把所有的毒液都挤进你的身体里。他张开掌心让我看刚刚拔下来的那根刺，针头大小的毒囊还在上面挂着。

"还没报废呢。"他指着那个白色囊状物说道。它还在不停地伸缩，喷着毒液，完全不知道自己在做无用功。那东西很恶心，让我联想到了一只狂奔的无头鸡，我皱了皱鼻子，毫不掩饰自己的厌恶之情。外公把那东西弹出窗外，一脸欣慰地转过头来看着我，就好像我刚给他看了全优的成绩单似的。

"你特别勇敢，一点儿都没慌。"

我内心高兴得直蹦跶，对自己默默忍受着蜜蜂蜇而没有像小姑娘一样尖叫感到特别自豪。

回到家后，外公把今天这箱蜜蜂放到了后院的围栏边，那里已经堆了半打蜂箱。这群蜜蜂现在是我们的了，而且很快就会适应它们的新家。它们已经开始冲到箱子外面，飞旋着熟悉新环境了，边飞边记住一些新的地标。再过几天，它们就要开始产蜜了。

我看着外公把给蜜蜂准备的糖水倒进玻璃罐里，脑子里回想起他说的那些话，蜜蜂跟着蜂后飞出来是因为没了蜂后它们活不下去。就连蜜蜂都离不开母亲。

网球场的蜜蜂之所以攻击我，是因为它们的蜂后离开了蜂巢。它很脆弱，所以它们要保护它。因为被这种担忧冲昏了头脑，所以它们就对视线范围内最近的东西发起了猛攻——我。

也许这就是为什么我没有大喊大叫。因为我明白这种感受。蜜蜂的行为有时候跟人是很像的——它们也有感情，也会对某些事物产生恐惧心理。如果你静止不动去观察它们，就会知道此言不虚，你会注意到它们有时像流水一样成群地在空中缓缓飘浮，有时在蜂巢里四处乱窜，浑身瘙痒般颤抖不止。蜜蜂需要家的温暖；落单以后，这只蜜蜂可能连一晚都熬不过去。如果蜂后死了，工蜂会发了疯似的找它，把蜂巢搜个底朝天。蜂群的规模会缩水，蜜蜂会变得没精打采，失去活着的动力，在蜂巢里漫无目的地晃悠，蜜也不采了，只是消磨着时间，直到某一天时间来索它们的命。

我也是这样永无休止地渴望拥有一个家。曾几何时我是有的；但一夜之间它就烟消云散。

在我五岁生日前不久，我父母离婚了。我还没反应过来就被带到了加州生活，从东海岸跑到了西海岸。我跟妈妈和弟弟搬进了外婆外公的小房子，三个人挤在同一间屋子里。妈妈整天卧床不起，陷在悲伤中没完没了，而爸爸从此再没有被提起过。接下来的日子空落落的，大家对一切都闭口不谈，而我却想尽办法试图弄清楚到底发生了什么。我的疑问越积越多，但不知道谁会来跟我解释下这些事情。

我成了外公的跟屁虫，每天早上都爬进他的皮卡里，和他一起出工。我对蜜蜂的了解，就是从大苏尔地区的养蜂场开始的。在这里我明白了一件事，那就是每个蜂群都有一个核心准则——家庭为重。外公教会了我蜜蜂不为人知的语言，告诉我如何解读它们的行为和声音，以及如何分辨它们与同伴交流时分泌的不同气味。他给我讲蜂群密谋篡权的故事，情节堪比莎剧。这些故事和蜂群中等级森严的工种制度让我听得入了迷，当现实生活变得太难捱时，我就会躲到那个秘密王国里。

渐渐地，我对蜜蜂的小世界了解得越多，对人类的人情往来就理解得越透。妈妈在绝望中越陷越深，而我与自然的关系越来越近。我知道了蜜蜂如何辛勤劳作、彼此照顾，如何共同敲定觅食地点和分蜂时期，以及如何规划未来。就连被它们蜇这件事都让我变得勇敢。

我对蜜蜂越来越着迷，是因为我觉察到蜂群里有种古老的智慧，能教给我从父母身上学不到的东西。正是蜜蜂，这个在过去一亿年间始终存活着的物种，教会了我什么是坚持不懈。

01

FLIGHT PATH
飞离

1975 年 2 月

我没看到那东西是谁扔的。

胡椒研磨瓶翻滚着飞过桌子，划出一道可怕的弧线，在砸中厨房地板的瞬间炸裂开来，把黑胡椒粒迸得到处都是。要么是我妈在设法干掉我爸，要么是我爸要干掉我妈。如果扔得准一点也许真能成，因为这是那种很重的黑木制的研磨瓶，比我的小臂还要长。

如果非要猜的话，我觉得是我妈动的手。她再也无法忍受这段婚姻中的沉默，所以抄起什么就扔什么，以此来吸引我爸的注意。她把窗帘从窗杆上扯下来，把马修的积木甩到墙上，把盘子摔在地上，好让我们知道她是动真格的。这是她拒绝成为透明人的方式。这招奏效了。我学会了后背贴墙，眼睛一刻不停地盯着她。

今晚，她周身散发着囤积已久的怒气，一浪接一浪，把她白皙的皮肤涨得通红。我屏住呼吸，钻研起墙纸的图案来，看那上面的常春藤叶在铜锅和擀面杖间蜿蜒，胃里涌起一种熟悉的恐惧感。我生怕自己弄出一点动静都能将父母间那无形却已然白热化的怒火引过来，把我这个五岁的小女孩烧得只剩一缕青烟。我认得暴风雨前的这种死静,餐具往嘴边送到一半就僵在了手中,嘴仗随即喷涌而至。大家一动不动,连我那两岁的弟弟都僵在了高脚椅上,脆谷乐只吃到一半。爸爸冷静地放下叉子,问妈妈她准不准备把那烂摊子收拾一下。

妈妈把纸巾扔在她一口没吃的饭上——我们又在吃经济实惠的美式大杂烩,就是把通心粉、牛肉糜和家里有的罐头蔬菜混一混,再拌点番茄酱。她点了支烟,不紧不慢地抽着,然后朝我爸的方向吐了口烟。我以为爸爸会采取惯常的措施,我以为这个大高个会从椅子上站起来,躲到客厅里,大声放披头士的音乐,大到听不见她的动静为止。但是这天晚上他就坐在那里,双臂交叉,炭黑色的眼睛穿透烟雾盯着我妈妈。妈妈把烟灰弹进盘子里,也死死盯着爸爸。他看着她,脸上刻着厌恶。

"你保证过戒烟的。"

"改主意了。"她说,然后使劲地吸了一口烟,我都能听到烟草的嘶嘶声。

爸爸一掌拍在桌子上,把银餐具震得叮铃咣啷。我弟弟吓了一跳,他下嘴唇一撇,呼吸变得断断续续,准备好了要号啕大哭。妈妈又往爸爸的方向吐了口烟,眯起了眼睛。我的神经就像煎锅上的水滴一样突突直跳,手指在桌子下面紧张地敲着大腿,数着秒等待他们的爆发。数到七的时候,我发现妈妈的嘴角开始露出讥讽的微笑。她把香烟戳在盘子上灭掉，起身绕过地上的胡椒粒，跺着脚走进了厨房。我听到她把锅弄得叮当作响，一个锅盖咣啷掉在了地上，转了好几圈才停下来。她在预谋着什么，而这向来不是好兆头。

妈妈拿着一口锅回到了桌边，这锅是刚从炉子上撤下来的，还冒着热气。她把锅举过自己的头顶。我尖叫了起来，怕她要把爸爸活活烫死。他刺啦一下把椅子往后蹭，然后站起来，叫她扔一个试试。我的胃突然翻腾起来，好像桌子椅子都突然离开了地面，像狂欢节上的旋转茶杯一样卷着我疯狂打转。

我闭上眼睛，希望自己能得到一台时光机，这样我就可以回到过去，只要回到去年就好，那会儿我父母还会好好说话。如果我能找准一切乱套前的那个瞬间，我就能想办法摆平它，让这一天永不发生。也许我可以给他们看看被遗忘在地下室的那盒柯达相片，那是他们曾经相爱的证明。当我第一次迎着阳光举起那些四四方方的相片的时候，我发现妈妈的脸上挂满了笑容。她以前常穿短裙，搭配亮闪闪的白色靴子，像电影明星一样用长长的烟托吸烟。她一直留着假小子一样的短发，但那会儿头发红得更鲜亮，眼睛也更翠绿。每张相片里，妈妈都在越过肩膀冲爸爸微笑或眨眼。这些照片都是他拍的，不久前他才在蒙特雷半岛学院邂逅正在选课的她，还邀请她一起驾车沿着海岸线去大苏尔。

他在几场夏日派对上见过她,所以邂逅时认出她来了。她在派对上笑得很爽朗,幽默的谈吐总能让人不自觉地围拢过去。他发现她不费吹灰之力就能跟一群陌生人打得火热,这一点深深地吸引了我那个少言寡语的父亲。他从小就被教育别主动搭茬,除非有人过来搭讪,他也喜欢先观察一下对方再决定要不要开口。这让他在我妈妈眼中变得有那么点神秘。让这个拥有夸张的美人尖和迷离眼神的大高个儿对自己敞开心扉并非易事,但她乐在其中。得知毕业后他打算加入海军周游世界时,妈妈上钩了,在此之前她还从没踏出过加州半步。

他们在1966年结了婚,不出四年海军就把他们调到了位于罗德岛的新港,我和马修也是在那里出生的。退役后,爸爸干起了电工,造一些用来校准其他机器的仪器。妈妈经常带着我们去肉铺和杂货店溜达,五点准时把晚饭摆上餐桌。在外人看来,我们的生活简单有序,蒸蒸日上。我们住在木瓦砌顶的联排别墅里,我和弟弟在二楼各自有个房间,连接两个卧室的过道上净是我们玩完后随手扔在那里的积木块和橡皮泥。爸爸还在门廊上安了个秋千。我们的房子跟其他三家连在一起,样式都是一模一样的,我们也跟这三家的小孩成了玩伴。周末早上,爸爸会到我房间里来,我们一块儿给从窗外飘过的云分门别类,看看哪些像恐龙，哪些像蘑菇，哪些像飞碟。临睡前，他会给我读《格林童话》。尽管每个故事最后都有人以某种方式惨死，但他从来没觉得我还小，听不得这些东西。

我们一家子看上去挺美满的，但其实我父母的婚姻已经变质了。

我猜他们最开始闹别扭的时候还会克制一下，但后来两个人之间的分歧与日俱增，像癌细胞一样渗透到生活的方方面面，最终一道过不去的大坎横在了他们面前。如今，妈妈动不动就大吼，完全不顾我们跟邻居只有一墙之隔，所以想必我们的家丑早就外扬了。

我睁开眼睛，发现妈妈已经摆好了姿势，随时要把那锅美式大杂烩泼出去。他们来来去去、没完没了地相互挑衅，他强忍着压低自己的声音，而她的嗓门越扯越高，直到我耳朵里嗡嗡作响，已经分不清他们在说什么了。我想哼几句《黄色潜水艇》把这声音赶走。这首歌我和爸爸一起唱过，我俩还举着木头勺子当麦克风。那已经是过去的事了，那时候我们在家还会享受音乐的乐趣。爸爸从收音机和黑胶唱片上翻录了好几卷披头士乐队的磁带，把它们放在乳白色的塑料盒里，在书架上摆成一排，像牙齿一样。他用盘式录音机放歌，最近放的比较多的是《麦克斯韦的银锤子》，这首歌讲的是一个男的把敌人都锤死的故事。他会把音量开得震天响，妈妈也一定会让他把那破玩意儿开小点声。

哼唱到第二段的时候,妈妈抬起了胳膊,我像看慢镜头播放一样看着锅柄从她的掌心脱手而去。爸爸弯腰躲过了,于是我们的剩饭呼啸而过,啪的一下糊在了墙上,然后开始沿着墙缓缓往下流,画出一道油印子,最后跟地上的胡椒粒泡在了一起。爸爸把锅从脚边捡起来,站在原地不动,全身都因为强忍着愤怒而不停地颤抖。他把锅重重地砸在桌上,已经懒得把它坐回灶台了。马修大哭了起来,伸出胳膊求抱,妈妈把他抱了起来,好像刚才什么事都没发生一样。她轻轻地颠着马修,温柔地在耳边哄着他,全程背对着我和爸爸。爸爸突然转身躲进了阁楼里,他一整晚都会窝在里面,用私人无线电发摩斯码,跟彬彬有礼的陌生人聊天。

我懒得跟妈妈请示就离开了饭桌。我直奔楼梯,一步两级地跑进自己的房间,重重地摔上了门。我把《摩登原始人》图案的床罩扯下来,拽到弹簧马下面。这个马是塑料的,下面有四根弹簧支着——每根弹簧都一端连着腿,另一端固定在一个金属框上。我把脚放在它的毛毡肚子下面,顶着它上下晃动,直到节奏舒缓下来。我用齐肩长发盖住眼睛,想忘掉现实,这样我就能相信自己真的安然无恙地待在一艘黄色潜水艇里,潜到水下,无人打扰,而且潜得很深很深,根本听不见任何声音。

虽然我不明白为什么父母总是吵架，但在内心深处，我知道家里要出大事了。爸爸不怎么说话了，而妈妈的话太多。我的干妈贝蒂总趁爸爸上班的时候来串门，每次她来我就偷听，东拼西凑一些信息好知道到底发生了什么。妈妈和贝蒂会坐在沙发上天南海北地聊，贝蒂边聊边玩我的头发。马修一般会打个盹，我就挤到她俩小腿中间，坐在地毯上。贝蒂会把手伸过来，心不在焉地把我的棕色长发一绺一绺地卷到手指上。她会把我的头发在手指上绕好几圈，然后松手让头发自己弹开，一边重复这套动作一边给妈妈出谋划策。她会把我的头发卷得紧紧的，然后松手。卷，拽，松手。卷，拽，松手。那感觉就像是在给脑袋里面的什么东西挠痒痒，在给头皮做酥酥麻麻的按摩，直到她们抽完一整包烟为止。

她们一下午一下午地聊，因为我太安静了，所以她们都忘了我还在，于是经常聊一些可能不该让我听到的东西。大多数情况下我听到的都是男人靠不住。他们吹得天花乱坠，但最后连日常开销都供不起。我无意间听到妈妈说爸爸可能连饭碗都保不住了，因为他们公司要"缩减规模"。

"裁员吗？"贝蒂问。卷，拽，卷，拽。

"肯定是呗。"妈妈说，"他们要裁掉所有基层电工。"

"什么玩意儿。"

"谁说不是呢。"

"那你怎么办？"卷，拽。

"鬼才知道。"

贝蒂又拽了一下我的头发，然后就让它从食指上松开了。我像雕像似的一动不动，竖起耳朵使劲听。她们沉默了几分钟，然后贝蒂开始轻轻地按揉我的头皮，弄得我脖子一阵阵地兴奋痒痒。妈妈起身从冰箱里又拿了两罐苏打水，拉开拉环，递给贝蒂一罐，然后扑通一下倒回沙发上，把脚搭在已经凹了的脚凳上。她使劲叹了口气，听着像是被放了气一样。

"说实话，贝蒂，我觉得婚姻没有大家说的那么好。我才二十九，但是感觉跟九十二似的。"

贝蒂左右挪了挪重心，活动了几下腿，坐的时间太长腿都粘到人造皮革沙发上了，然后把腿伸直。她想做个体前屈，但是胳膊够不到膝盖往前太多。她咕哝了一声，又费劲地坐直了。她掀开窗帘，向外看着。

"你以为单身就那么美好吗？"

妈妈从嘴角呼出一团烟，把烟蒂扔进已经空了的粉色苏打罐里，烟嘶嘶地灭了。"照目前这个势头，"妈妈说，"我倒是挺乐意换换的。"

贝蒂转过来直勾勾地看着妈妈，确保她全部的注意力都在自己身上。"有时候单身是很寂寞的。"

"一个人寂寞也比两个人守活寡强。"

贝蒂冲妈妈扬了扬眉毛,似乎想让妈妈证明给她看。于是妈妈又开始举那个例子——有一次她用婴儿车推着我遛弯回来,爸爸从二楼窗户里冲她大喊让她快点上去。她吓坏了,以为马修出了什么事,把我连人带车扔在了人行道上,冲进房子直奔二楼,最后发现不过就是该换尿布了而已。

妈妈变得愤怒起来。"难道养孩子不该是两个人的事吗?"

贝蒂吹了声口哨表示同情。我想问妈妈她有没有回去找婴儿车里的我,但知道这会儿最好别让她们想起来我也在听。

"贝蒂,听我的。嫁人之前一定要先问一个至关重要的问题。"

贝蒂卷头发的手停了下来,等着妈妈给她传授婚姻幸福的秘诀。

"问他愿不愿意换尿布。他的回答意味着你会跟他平起平坐,还是会被他当佣人使唤。"

我像小猫似的抬起头,拱了拱贝蒂的指尖,提醒她别停下。她无意识地勾起一绺我的头发卷起来。我知道沙发上的这些对话我不能跟任何人说。偷听她俩说话让我觉得挺不好意思的,但是我太喜欢贝蒂的头皮按摩了,实在不想挪窝。

我肯定是在弹簧马下面睡着了,根本不知道自己怎么上的床。突然妈妈一把推开我的房门,用力太猛门直接撞到了墙上,吓得我一激灵醒了过来。她猛拉开我的抽屉,将我的衣服成把地扔进一个带橘色漆光条纹的白色行李箱里。我从床上坐起来想看看清楚,但是她动作太快了,我的眼前一片模糊。

"五分钟。"她说着,站定了一秒,"我去叫你弟弟。在我回来之前把衣服穿好。"

说完她就冲出了我的房间。外面天还黑着。我浑身僵硬,不想到外面去挨冻。妈妈以前也干过这种事。她会在大半夜把我们摇醒,把厚裤子、帽子、手套往我们身上一套,然后跑到楼下大喊她要离家出走。爸爸会让她在家里到处乱窜地收拾行李,等她累了再哄她坐到沙发上谈谈。他的声音很低沉,听了会让人安心,而她却像台音量过大的电视。我会站在二楼楼梯口听着,直到她的嚷嚷声变成啜泣,这时候我就知道架吵完了,大家可以回去接着睡觉了。

这次我也决定等妈妈自己冷静下来。当她再次回到我门前,屁股后面跟着马修的时候,我还像个人形问号一样呆坐在床上。

"咱们这是要去哪?"

"别跟我耍贫嘴,梅雷迪斯。我这会儿没心情!"

她一只胳膊抱着我弟弟不让他掉下来,另一只扒下我的睡衣,把白天的衣服硬套在我身上。妈妈催着我快点往门外走,我突然一回头。

"可以带上莫里斯吗?"

莫里斯是一只穿裙子的粉色猫玩偶,是我出生之后,从海军医院育婴室出院回家的路上,我父母在街边的一个便利店买的。它跟电视广告里的那只猫[1]同名,是我最宝贵的财产。我越来越依赖它,尤其是最近这些日子,不把它夹在胳膊下面根本睡不着。妈妈点了点头,我在床单被罩间使劲翻腾,在妈妈拽住我的手腕把我拖出房间的前一刻抓住了它。

妈妈在门厅给我穿大衣的时候,爸爸走了过去,耷拉着肩膀,一副灰心丧气的样子。他打开门,走入刺骨的寒冷中。我跑到客厅窗前,看他在门廊灯光的映照下发动了我家那辆沃尔沃。给前挡风玻璃除霜的时候,他的呼吸都变成了银白色的哈气。我看着他把行李抬进后备箱,然后钻进了驾驶座,与此同时妈妈给马修系好了安全带,然后回到房子里来找我。我把莫里斯抓得更紧了,在它毛绒绒的粉色耳朵上来回蹭着下巴。

---

[1] 莫里斯是美国猫粮品牌 9Lives 的代言猫,1986 年第一次出现在电视中。到目前为止,已有三只橘色虎斑猫先后饰演了莫里斯一角。

"我们这是要去哪？"我又问了一次，这次语气缓和了一些。妈妈把我那个鼓鼓囊囊的夹克拉上拉链，双手搭在了我的肩上。

"加利福尼亚。去看外婆外公。"

她的声音颤抖了一下，但她还是强挤出了一丝微笑，这让我稍微好受了些。去年外婆外公来看我们，因为家里有客人，所以爸爸妈妈一整个礼拜都没吵架。外公和爸爸带我去海边，教我玩人体冲浪，海浪时而把我抬起，时而将我冲进浪花里，最后我肚子贴地，在沙滩上滑着停下来。外公让我骑在他的肩膀上，用脚趾头把蛤蜊从泥巴里面挖出来，还告诉我蛤蜊呼吸的时候喷出来的水是什么样的。我们把一整筐蛤蜊带回家，在厨房里剥壳准备烹了吃。加州应该也有蛤蜊吧。

在车里，妈妈扭过头去不看爸爸，用手指在结霜的车窗上画着线。马修又睡着了，他的头歪向我这边，浅棕色的头发落进了眼睛里，红色的小嘴唇发出噗噗的声响，而不是正经的鼾声。弟弟出生的时候不像我似的又哭又闹。他从娘胎里出来，眨了两下眼，然后就咧嘴笑了起来。妈妈常说一看就是坏脾气全被我占了，一点都没给他留。此话不假，马修天性安宁，从不疑神疑鬼。他这个小男孩觉得每个人都心怀善意。哪个三岁的小孩会在你把他手里的糖抢走后还冲你笑，觉得你会拿更好的东西跟他交换呢？

当他用小手环住我的食指，晃晃悠悠地跟着我蹒跚学步，确信我不会让他摔倒的时候，我能感觉出他对全人类的信任。他是我的小跟屁虫，老是从我的话里抠出一些词，鹦鹉学舌般重复它们，像在给我唱和声一样。正是这些事情让我爱他爱得发狂，尽管他还不怎么会说话。但他认得一个将我们一生一世联结在一起的词。每次当他打完盹醒来，看见我进屋的时候，他就会站起来，伸出海星一样的小胖手迎接我。

"梅儿蜜思！"他会冲我大叫。

我有了个狂热的粉丝，他对我的爱慕让我成就感满满。

爸爸泄愤一样大力地换了档，我蜷缩成一团，抱住膝盖在后座上前后摇晃，默默地祈祷能有人说句话。在去往波士顿机场的这九十分钟车程里，妈妈只说了一次话，她让爸爸绕路到福尔里弗，她好去朋友家简单告个别。当我们终于在机场停好车后，一切都突然加了速。车门打开又被摔上。我们四个人默不作声地快步疾行。玻璃旋转门推着我们往前走时，我感觉自己好像跌入了井中。我不知道这是要做什么，只知道事态很严重，而我又不能开口问。我挽起妈妈的手，紧紧握住。

买好机票后，爸爸把我们的行李递给了柜台后面的女人。我看着行李被传送带越拉越远，最终消失在墙后。到了登机口之后，爸爸将我拉到窗边，把要带我们去外婆外公家的那架飞机指给我看。它在晨光下闪闪发亮，像只毛色亮泽的鸟准备展翅翱翔。我的心怦怦直跳，想象着自己随它翱翔天际的样子。我连珠炮似的问了爸爸好多问题——飞机会飞多高？它是怎么浮在空中的？他会坐在我旁边吗？到了登机的时候，爸爸跪下来紧紧地抱住了我，我感觉到他在颤抖。

"你要听话啊，孩子。"他边说边强挤出一丝微笑，"爱你。"

我瞬间石化了。妈妈拽着我往登机口的方向走，而爸爸却瘫坐在候机区的椅子上，我感觉胃像被撕裂了一般。这不对啊。爸爸应该跟我们一起来的。妈妈拉着我的胳膊往前走，而我拧着她往反方向倾，没有爸爸我一步都不想再往前走。

"快点过来！"妈妈不耐烦了。

"那爸爸呢？"我也不甘示弱，脚后跟紧紧贴着地。但是她力气比我大，挣扎的过程中我被她拉得直往前蹦。

"别丢人现眼。"

我放弃了抵抗。周围的说话声变得朦朦胧胧的，像在水下一样。我不作声了，只知道自己被拉进了飞机的廊桥。我回头想找爸爸，但身后的人实在太多，视线被挡住了。我的脑子乱成一团，任凭妈妈领着我走过机舱，把我安置在一个靠窗的座位上。我把额头靠在凉飕飕的舷窗上使劲看，终于在航站楼的玻璃墙后看到一个高高大大的身影，有着乌黑的头发，穿着格子裤。爸爸像是在电视上一样。我向他挥了挥手，但他没有看到我。飞机倒离登机口的时候他一动也没动。我一刻不停地看着他，直到他的身影越来越小，直到飞机转弯离去。

飞行途中，妈妈冲她面前的小桌板吐着烟，用颤抖的手抠着她的古铜色指甲油。她看上去要垮掉了。我时不时地偷看她两眼，假装在涂空姐给我的填色书。在我眼里，妈妈还是很美的，只是在机舱顶灯的照射下，她的皮肤看上去苍白了一些。在家的时候，她很在意自己的外表，出门之前一定会用米色的粉底膏把雀斑遮住，还要画上蓝色的珠光眼影。我喜欢看她化妆，也喜欢她化妆时用到的各种工具，比如能让她卷曲的短发更蓬松的吹风机，上腮红用的大头刷，还有捏一捏就能让睫毛更卷翘的夹子。她把自己的几十只口红都放在洗手间里，有时会让我给她挑个颜色。最后一步，她会往头发上喷一团香香的东西，好让头发定型。

"胖点没事，只要脸够美就行。"她经常这么说，然后把金色的耳环穿过耳洞。出门之前她一定不会忘了戴上那副让她明星范十足的墨镜，一对棕色的镜片有杯托那么大。

妈妈肚子上有些赘肉，但是腿很细，所以她就穿些设计浮夸、颜色扎眼的裙子来修饰身形。因为裙摆不过膝，所以她看上去像是戳在两根茎上的一捧花。我觉得她很美。她更衣时我最喜欢的环节是看她挑鞋子。她把高跟鞋放在衣柜的最底层，鞋尖向内，按彩虹的颜色整整齐齐码成一排。她不让我碰她的东西，但我就是很喜欢她的鞋子，会想象自己像个淑女一样踩着高高的跟，挺直腰板走路去上班。穿好衣服之后，她会在镜子前面左看右看，问我她看起来胖不胖。我从来不觉得她胖，但每次照镜子的时候她看上去都很失望。

每月至少有一天，她会盛装打扮去参观范德堡庄园。这个高耸的石灰岩"避暑山庄"坐落在悬崖上，俯瞰大西洋，里面有七十个房间，看上去有六栋房子连起来那么大。我们从家开车过去五分钟就能到，然后从纯铁锻造的大门进到山庄里面去。妈妈用婴儿车推着马修穿过被精确地修剪成三角形的树丛，裙子沙沙作响，身后飘着查理香水的味道，脚下的碎石路咯吱咯吱地响。我们从来没去别墅里面参观过，但是外面有一把我们很喜欢的长椅，从那妈妈能看到别墅顶层的窗户。弟弟会挑鹅卵石给我，让我扔到花园的喷水池里，而妈妈则全程盯着那些窗户看，希望能瞥到据传住在顶楼的某个家族传人。

妈妈在参观庄园的时候全神贯注，好像是在让自己熟悉这种奢华，这样当荣华富贵找上门来的时候她就已经做好准备了。她总是读一些平凡之辈撞大运、麻雀变凤凰的故事，也开始着迷于寻宝探秘类的电影和各种各样的综艺节目。妈妈空有梦想却没有计划。年复一年，她依然没能变成凤凰。妈妈觉得自己本该过上雍容华贵的生活，所以越来越觉得受到了亏欠，也对爸爸没有给她提供这样的生活感到越来越失望。她永远干等着天上掉馅饼，越发不明白为什么自己还没被砸中。

飞机因为气流颠簸了一下，我趁机又往妈妈那边瞄了一眼。她看上去恍恍惚惚的，眼睛虽然睁着但没神。揉成团的纸巾堆在她大腿上，花掉的妆顺着脸颊流下来，在她擦过的地方糊成一团，看着像淤青一样。每隔一会儿她就长长地叹一口气，全身都瘫软下来，好像身体内的空气都被排干了一样。我拍了拍她的胳膊，她心不在焉地把手搭了过来。我想问为什么爸爸没有跟着我们一起来，但知道我不会得到答案。虽然她人就在我旁边的座位上，但她的思绪却在别的地方。我摆弄着椅背上的烟灰缸盖——开了关，关了开——希望这个声音能烦到她，逼得她不得不开口叫我住手。

要是妈妈能说点什么就好了。我希望她大哭大叫，或者砸点什么东西，释放个信号让我知道一切都没变。但她安静得出奇，这很让人害怕。至少如果她发泄出来的话，我就能知道她脑子里在想什么。沉默不语不是她的作风，这说明事态很严重。我害怕得直咽口水，嗓子里像是有股烧焦的核桃酸味。

我很想守着她，但最后还是在机舱的嗡嗡声中睡着了。我梦见脚边的飞机地板上开了个洞，里面伸出来一根长长的控制杆。我解开马修的安全带，把他推进洞里，然后拉了下控制杆。热气嘶嘶地蒸腾起来，当我松手后，马修变成了一个蓝色的玻璃图腾，大概有易拉罐那么大。他被困在了玻璃里面，我能听到他大喊着想要被放出来。我把他塞进衣服口袋里，保证会把他变回男孩子。但目前，在到达外婆外公家之前，这是保障他安全的最好的办法。

我的潜意识告诉我，我得保护弟弟。在飞机上，我能感觉到妈妈与我们渐行渐远。我感觉有什么东西在偷偷溜走，但又说不清是什么。那变化很细微，就像长个似的，直到长高了才能被察觉到。等到飞机降落的时候，她的眼神空空的，当我是空气一样。在美国中部万米高空的某个地方，她不要我们了。

02

HONEY BUS
蜂蜜巴士

1975 | 第二天

外婆在蒙特雷半岛机场等我们。她双臂交叉着站在那里，上身穿了件没有半点褶皱的蓬蓬袖高领衬衫，下边搭了条羊绒裙。她把棕黄色的头发打理成蓬松的发式，还烫了不会变形的大波浪，又用透明的塑料头巾遮住头发，在下巴上打了个结固定，免得它受风吹雨淋。周围都是些不顾他人感受、在大庭广众之下亲来亲去的旅客。她在这一大群不守规矩的人中间竟岿然不动，像个感叹号似的杵在那里，特别显眼。她透过猫眼眼镜注视着我们走过来，嘴紧紧地抿成一条线。妈妈一看到她就委屈地哭了出来，伸出胳膊准备拥抱一下。然而只见外婆从袖口掏出一块皱巴巴的手绢递给了她，避免了一场尴尬。妈妈接过手绢，干巴巴地站在那里不知道如何是好。外婆很守规矩，不许人在公共场合大哭大闹。

"咱们坐会儿吧。"外婆小声说着，抓住妈妈的胳膊肘把她带到一排塑料硬座上坐下。妈妈擤了擤鼻涕，强忍住啜泣，而外婆轻轻地哂了哂嘴，摩挲着她的后背。我尴尬地站在那里，看也不是，不看也不是。外婆从钱包里拿出两枚硬币递给我和马修，然后往扶手上架着小型黑白电视的那排椅子指了指。我们乐坏了，跑到椅子那边去看电视，留妈妈和外婆继续谈论"非常重要的事"。我和马修挤在一张椅子上，把硬币投进去，不停地换台，直到找到了一个动画片。

当外婆和妈妈终于起身准备离开的时候，到达厅只剩我们几个了。看到外婆走过来，我不自觉地坐直了身子。"你妈妈就是有点累。"说完她弯下腰亲了我的脸颊，身上有股薰衣草香皂的味道。

我和马修坐在外婆那辆深黄色的旅行车的最后面，离她俩远远的，听不见她们在说什么。我透过后座的车窗看着加州从眼前飞驰而过。现在是二月，但奇怪的是外面一点雪都没有。我们开过起伏的山丘，上面光秃秃的，倒是有马场，又沿着盘山路开上陡峭的斜坡，越走越高。车费劲地往上爬，我的心突然沉了一下，因为我意识到我们在环形山的顶端，像在沿着一个巨大的碗的碗口行驶似的。在我们脚下，山峦层层叠叠，一直延伸到谷底。我突然想到，我们的车轮底下没准正轧着几只大恐龙，它们的身体在死后变成了山。

我发现加州的树也不太一样——都是单棵单棵的巨型橡树，枝干像八爪鱼的腿一样弯弯曲曲四下延伸，离地面也就一米多，跟我家那边火红的枫树和密集的细长桦树林一点都不一样。当我们终于开始下山的时候，卡梅尔谷的全貌在我们脚下展开。它像一只绿色的大碗,一条银色的小河从一侧蜿蜒而过。我的耳膜一直在跳,到了山脚下才恢复。从这里看过去,群山像堡垒一样耸立在我们周围。卡梅尔谷像我听过的某个童话故事里的秘密花园一样与世隔绝。这里更暖和一些,阳光似乎让一切都慢了下来:徐徐开动的皮卡,睡眼惺忪的乌鸦,缓缓流淌的小河。

我们途经街心公园和公共泳池,右转进入康腾塔路,路过一个带网球场的小学。住宅区余下的街道两旁都是单层别墅,两栋房子中间有杜松和橡树作隔以保护隐私。外婆在一个志愿消防站前面减了速,有几个男的正在消防站大门口擦洗红色的消防车,路过了一条有十几个一模一样的木瓦小平房的单向道,然后到达目的地——坐落在一大片空地中央的红色小房子,四面围着长得过于茂盛的树。

外婆没有把车停进房子前面的碎石道,而是拐上了房子后面的一条短短的土路。这条路跟她的围栏平行,一排参天的胡桃树挡住了日光,枝干一直垂到地上,把我们吞没在绿叶围成的隧道中。我们沿着弯弯曲曲的小路开向后院,轮胎把胡桃壳轧得噼啪作响。她在一条晾衣绳边停下车,绳上晾着的方块舞裙正随风飘扬。

对于自己家在这条街上占地最大这件事,外婆很是自豪。要是有谁忘了她是最早来卡梅尔谷生活的那批人之一,她就赶紧告诉人家自己1931年的时候就跟着母亲从宾夕法尼亚搬过来了，那会儿她才八岁。在外婆的父亲因为心脏病意外去世后，她和母亲就开着纳什轿车横穿美国来到了这里，因为她母亲想搬到暖和一些的地方痛痛快快游游泳，借此忘掉这场悲剧。这段过往让外婆坚信自己来头不小，所以对接下来四十年这个地方外来人口的增加颇有微词。让她感到安慰的是，标记她地界的橡树、胡桃树和桉树已经茂盛到能把邻居挡在视线外了。邻居也尝到了甜头，不用眼见这么一大块空地被我外公日积月累的垃圾塞得满满当当。

从车里走出来后，映入我眼帘的是几捆干草堆那么大的废树枝，至少三个工具棚，成堆的碎石和砖头，两辆生锈的军用吉普车，一辆平板拖车，一台挖土机和两辆破旧不堪的皮卡。爬满枝条的葡萄藤架从晾衣绳倾斜着延伸到后院围栏，那里蜂巢错落有致地堆在空心砖上，每个蜂巢都有四五个木箱叠起来那么高。从我站的位置看过去，那就像是一个白色档案柜组成的迷你大都会。

透过飞扬着的晾晒衣物，我看到了一个很吸引人的东西。我从五颜六色的裙子中间穿过，走近后发现自己站在一辆褪色的绿色军用巴士前。长年累月的雨水把车顶上的锈都冲掉了，在车身上留下了一道道棕色印记。车胎被杂草裹得严严实实，弧形的前挡风玻璃脏兮兮的，而且已经裂了，前保险杠下面窜出来一大丛大黄。它就像直接开下了二战战场，气喘吁吁地停到了外公的菜园子旁边似的。那个时代的车都圆滚滚的，没有流线型线条，让这辆巴士看起来更像野兽而不像机器。它圆咕隆咚的发动机盖像狮子的鼻子一样，通风口就是它的鼻孔，圆滚滚的车头灯像眼睛一样瞪着我。它的鼻子下面咧着一排栅格状的牙齿，再往下是个凹进去的保险杠，像极了下嘴唇。挡风玻璃上方用已经剥落的白漆写了这么一行字：美军20930527。我被它的格格不入吸引了，非得研究研究它不可。

我在齐腰深的杂草丛中给自己踢出一条小道，想看看车里面什么样，但是车窗太高了。我绕到车后面，在排气管附近看到了一摞栈板，歪歪扭扭地叠在一起凑合当台阶用，通向一道窄门。我手脚并用爬了上去，临时台阶在我的脚下摇摇晃晃，然后我把鼻子贴在了雾蒙蒙的玻璃上。

车里所有的椅子都没了，取而代之的是一个工厂模样的存在，满是电钻、转轴和管子。尺寸跟浴缸一样大的金属盆坐在车底，里面有个又大又沉的飞轮，连着井盖大小的滑轮。驾驶座后面有两个巨大的敞口缸筒，开口的地方绷着纱布。镀锌钢管被鱼线吊在车顶，组合成了一个网络。

这些设备占满了车厢的一面，而在另一面外公堆了很多木箱，每个大概有十五厘米高、六十厘米宽，都被漆成了白色。每个长方形的木箱都是从他的蜂巢那边直接搬过来的，上下开口，里面有十片可拆卸的带木框的巢脾。木框插进卡槽里，整齐地挂在箱子中。往后我会从外公那里得知这些东西叫"继箱"，是组合式蜂巢中可拆卸的高质量箱子。蜜蜂会把花蜜储存在巢脾中，然后不停地扇动翅膀让花蜜变稠，酿成蜂蜜。继箱下面是育王箱，它们体积更大，在蜂房的最底部，是蜂后产卵的地方。

巴士里大概有三十多个蜂巢。亮晶晶的蜂蜜从堆叠的箱子上滴到了黑色橡胶地板上，晶莹剔透。

我能看到仪表盘上放着被阳光晒成紫色的玻璃罐，还有向日葵色的蜂蜡条，那是外公用长筒袜把融掉的蜂蜡挤到面包模具里定型做成的。车里到处都是弯弯曲曲的电线，施工灯从车顶的扶手上垂下来。我把手拢在眼睛上好挡住光，突然车内有人从阴影里蹿出来，把他的鼻子贴在了我的鼻子上。我吓了一跳，差点摔下去的时候外公恰好打开了门。

"吓到你了！"他说。

蜜蜂嗡嗡地围着他的脑袋转圈，他火速关上了车门，防止它们钻到车里去。他没穿上衣，底下穿了条破破烂烂的牛仔裤，裤子还短了一截。他那头爱因斯坦式的头发炸了窝，像刚通过电似的，圆圆的脸蛋被晒成了棕栗色，永远挂着一副喜闻乐见的表情，好像总在背地里偷笑着别人不懂的笑话似的。他的一只手里拿着罐子，罐口的喷嘴上冒着烟。他从地上拔了一撮草，塞进喷嘴里把火苗压下去，把蜜蜂喷烟器放在一摞砖头上。然后他一只腿跪在地上，把手臂张得宽宽的，让我快到他怀里来。

"我一直等你呢。"他紧紧地把我抱在怀里说道。

我把环在外公脖子上的双臂伸开，指了指那辆巴士。

"我能进去吗？"

他的工坊于我有种威利·旺卡[1]式的魔力。这是他自己建的，用的都是二手的养蜂设备和闲置的水管零件，还从割草机上卸下来一个燃气发动机用来提供动力。如果他罐装蜂蜜的时候正好赶上夏天最热的那几天，整个车都会轰隆隆地响，好像马上要开起来似的，车里的温度也会蹿到三十八度以上。他的秘密工坊里没有一件正规的东西，也没有安全保障，又闷又热，到处黏糊糊的，但正是因为危险才让人更加欲罢不能地想进去。外公把继箱搬进去，几小时以后拿着好几罐金灿灿的、带着阳光味道的蜂蜜走出来，这对于我来说就像变戏法一样。外公像宙斯一样能驾驭自然，我想让他教会我这是如何做到的。

外公站起身来，用一块油乎乎的破布擤了擤鼻子，然后又把它塞回了后口袋里。

"我的蜂蜜巴士吗？那可不是小孩子去的地方。"他说，"等你像我一样到了五十岁的时候再说吧。"他跟我说

---

[1] 罗尔德·达尔的小说《查理和巧克力工厂》中的人物。

巴士里面太热太危险了，我可能会断根手指头。

外公把长长的胳膊伸到巴士顶上，他在那儿藏了一根弯得刚刚好的螺纹钢棍。他把棍子的一端插进汽车后门把手留下的洞里，拧了一下锁上了车门。之后他把这个自制的钥匙放回了车顶，放在了我够不到的地方。

"富兰克林，你过来搬一下行李箱行吗！"外婆冲他喊着，听着更像是命令而不是请求。外婆管教了几十年的小学生，她的领导才能已经磨炼得炉火纯青了。我有点怕她，每次有她在的时候就特别乖，因为她一出现就自带了这样的要求。不是只有我这样，所有出现在她周围的人都有这种感受。听到她的声音，外公的耳朵都竖了起来。

我跟着外公走到旅行车旁边，他把塞满我们三个人行头的行李箱从后备箱拿了出来。我们一行人往门口走着，几只蜜蜂被外公靴子上粘的蜂蜜吸引过来，跟在我们身后。

外婆外公住在一个小小的红房子里，平整的白色碎石屋顶让它看上去好像全年都被白雪覆盖似的。外公说这个房顶能反射太阳光，比空调实惠。房子里有两间卧室，厨房被一个镶着红杉板的 L 型房间围住，这个房间既是客厅也是餐厅。石头砌的壁炉占了半面墙，也是屋里主要的供暖来源。壁炉旁边有一个上了弦的落地钟，对面是一扇扇面朝圣卢西亚山的落地窗，这座山是我家和大苏尔之间的天然屏障。厨房被漆成了淡蓝色，是外公养的黑色腊肠狗丽塔的地盘,它就窝在洗衣机旁边的板凳下面睡觉。房子里只有一个洗手间,墙上贴着银棕相间的条纹墙纸,花洒的出水量特别小,水流软绵绵的。

外婆把我们带到了空闲的卧室里,也就是妈妈小时候住的房间。后来这间卧室就被漆成了哈密瓜色。我走进去后立马就发现我的世界缩水了——马修会睡在角落的小床上,而我要和妈妈同睡一张双人床。卧室里有个维多利亚风格的梳妆台,台面是大理石的,带两个散发着薰衣草香味的抽屉,这就是我们放衣服的地方。跟这个鸽子窝比起来,我在罗德岛的房间瞬间显得像个城堡一样。现在的屋子里挤满了床,连玩的地方都没有了。

妈妈立马拉上窗帘挡住太阳,给墙蒙上了一层阴影。外婆把我和马修拉回了走廊里。

"妈妈需要自己安静地待会儿。"她小声说,"去外面玩吧。"

外婆的语气里从不流露出建议,而是永远下达着命令。我们当即明白了新家的第一条不成文规定——凡事都听外婆的。她会负责安排我们的日常起居和一日三餐,还会替妈妈、外公和我们做决定。

妈妈当晚没跟我们一起吃饭,于是外婆把吐司面包和番茄汤放在托盘上,还在汤碗边立了个水晶花瓶,里面插了朵玫瑰,就像客房服务一样。

"谁来帮忙开下门。"外婆站在妈妈的卧室外说。

我转动门把手把门推开,黄色的灯光顺势楔进昏暗的房间内,而一股烟气也滚滚而出。烟味实在太重了,我一吸气就感觉它灌进了肺里。我往后退了一步,让外婆先进去。外婆轻手轻脚走到床边,看到妈妈像个胎儿似的蜷缩在床上轻声啜泣。床头板上放了个琥珀色的玻璃烟灰缸,里面的烟灰已经堆积成山了。

"莎莉?"

妈妈呻吟着应了一声。

"吃点东西吧。"

妈妈伸直身体坐了起来。她皱了下眉头,揉了揉太阳穴。

"偏头疼。"她小声咕哝着。她的声音那么单薄,好像随时会被撕破一样。外婆开了灯,我发现妈妈的脸红红的,眼睛也肿了。

"止疼药吃吗?"外婆把塑料药瓶从口袋里拿出来晃悠了几下。

妈妈伸出胳膊,外婆往她的手心倒了两粒药,递过去一杯水。妈妈大口咽了两下,把杯子递回来,然后又倒回了枕头上。

"灯。"她说。

我抬起手重新把灯关上。

妈妈看上去很虚弱,好像连头都抬不起来似的。我回想起那次捡到从巢里掉下来的小鸟。它的身体粉嫩粉嫩的,虽然凸出来的眼睛还没张开,但我已经能看到里面的蓝色了。我把这个可怜的小家伙捡起来的时候,它的头耷拉到了一旁。

"那我就把这个留在这儿。"外婆边说边把托盘放在了床脚。妈妈挥手让她拿走。外婆在床边站了几秒钟,等着妈妈回心转意。她弯下腰调整了一下枕头的位置,好让妈妈更舒服,妈妈干脆闭上眼睛,翻过身去背对着我们。外婆把托盘拿起来,我们拖着脚从房间走了出去。

第一晚,马修在小床上睡了,我爬上了大床。妈妈躺在中间,给床压出了一个坑,被子像卷饼似的紧紧卷在她身上。我小心翼翼地拽了拽被子,尽量不吵醒她。她在睡梦中咕哝了几声,漫不经心地把被子往回拽了拽,然后往旁边挪了挪给我腾地。她抽了抽鼻子,不一会儿就轻轻地打起了鼾。

我挪到床边,在不掉下去的情况下尽量离妈妈远点。我面朝着跟墙一样宽的窗户,手沿着从窗帘四周泻进来的月光画圈。我不想跟她有肢体接触,好像她的眼泪会传染似的。

我焦虑到无法入睡。我好奇爸爸这会儿在做什么,他会不会在空荡荡的房间里走来走去,最后还是改变心意来加州找我们。我希望不管家里刚刚发生了什么都只是暂时的，但我不明白到底是什么坏掉了，所以想不到要怎么去修复它。我胃里翻滚着一种新的不安感，因为现在我明白了走背运是很随机的，没有公平可言。今天你还有家，第二天可能就没了。我想知道为什么偏偏是我被单拎出来接受惩罚，我一步步地往回倒推，想知道自己到底做错了什么导致生活发生了如此翻天覆地的变化。这种状况很莫名其妙，但我感觉到从今往后我在言行方面都要更加谨慎，这样我才能尽自己的力安慰妈妈，慢慢地、有计谋地让她重新开心起来。我必须要听话、耐心，这样也许我就能转运了。

妈妈和马修的鼾声此起彼伏，我也努力让自己的呼吸匹配上他们的节奏，这样我就能放松入睡。我一动不动地躺着，心里默默地哼着《黄色潜水艇》给自己催眠，慢慢潜入意识的深处睡着了。

接下来的几周，妈妈一直卧床不起。外婆想尽了各种办法哄她开心，把各种各样好吃的送到她床边，希望能找到她吃得下的东西。但是妈妈几乎都拒绝了，只喝得下加糖的咖啡和罐装的苏打水，偶尔会吃一碗乡村干酪。外婆用暖宝宝给她敷后背，用冰袋敷额头，还从图书馆借了很多悬疑小说给她看。但妈妈的偏头疼就是好不了。她抱怨肌肉酸疼，外婆就在客厅的柜子里翻来翻去，找到一个类似手持电动搅拌器的东西，只不过这东西只有一个头，尖上连着一块金属圆盘。外婆把它通上电，圆盘自动加热并且振动起了来。她坐在床上，用振动器在妈妈后背上慢慢地画大圈，缓解她的肌肉僵硬，妈妈也长舒了几口气。

因为妈妈的身体需要恢复，所以我和弟弟白天都不能进卧室，但是外婆却在她床边一坐就是好几个小时，跟她深入地交谈。虽然我也在偷听，但只听到了一些只言片语。大多数情况下我听到外婆跟妈妈保证这事不是她的错，她应该忘掉这段往事，还有仔细想来男人根本一无是处，不值得花这么大精力跟他们较劲。我常听到妈妈边啜泣边问一些很伤心的问题。为什么是我？我现在该怎么办？我做了什么要遭这种报应？她的问题跟我的很像，所以我努力想从外婆那儿听到个答案。答案怎么也听不来，我也厌倦了总是这样偷听，于是放弃了。

随着春天的到来，前院的杏树上开满了白色的花。这已经是妈妈卧床的第三个月了，然而她的沮丧情绪不但没有缓解，反而加重了。倒霉的妈妈唤起了外婆对她的无限同情。外婆给了妈妈一个安全的避风港，还给了她无限的时间重新振作起来，与此同时她也加倍努力地维系着我和弟弟没被父母抛弃的假象。她从来不跟我们讲妈妈到底怎么了，永远都像个没事人似的往前冲。外婆给我们买衣服、洗衣服，带我们去医院体检，督促我们睡前刷牙，还逼着我们写信声讨爸爸，让他寄更多抚养费过来。外婆出于家庭责任感再次适应了母亲的角色，这让妈妈能全身心地往怨妇的方向发展。外婆照顾我和马修是出于责任，不带任何感情色彩，感情色彩是她留给自己的女儿的。妈妈才是她亲生的，我们更像是不受待见的养子。在她最崩溃的时候，她责怪我和马修破坏了她的人生大计，让我们知道如果不是因为我们那个废物爸爸，她这会儿正享受自己的退休时光呢。

她一再重复让我们到外面去玩。外婆现在有更多的衣服要洗，更多的饭要做，屋子里有更多的泥印子需要清理，如果我们总在她脚边晃悠的话，她就做不完这些事了。

外面有很多够我们疯的东西，外婆外公管得也不严，所以只要我盯着点弟弟，我俩就可以在院子里随便溜达。我和马修到那后的第一个夏天就狼吞虎咽地吃着外公种的黑莓，把嘴唇和手指头都吃紫了。我们爬进院子里那两辆空空如也、锈迹斑斑的军用吉普车，在脑海中开着它们驰骋战场。我们从地底下挖出了某位"古人"埋下去的塑料小兵玩具和旧旧的玻璃球，还撞见了一个巨大的枯树枝堆，我们出生之前外公就开始把锯下来的树枝往那里堆了——现在果树的树枝已经堆积成了大山——我们像蜥蜴似的手脚并用往上爬。我们还发现那上面的弹性不错，像蹦蹦床一样。只有为数不多的几次我们从那上面掉下来，摔了个鼻青脸肿。

我们很快就适应了卡梅尔谷户外的声音，当山顶的孔雀像被掐住脖子的女人尖叫的时候不会再大惊小怪了，也能够区分救护车的声音和街边志愿消防站的火警声了。我们喜欢户外远超室内，因为房子更像是图书馆，不像个家。每个人都压低了声音说话，还得小心关柜门的时候别太大力，放盘子的时候别哐啷哐啷响，不然会吵到妈妈。

我和弟弟像被放了羊似的，变得有点野了。我们的牛仔裤一穿就是好几天，料子都不是蓝色的了，而是变成了棕色。洗澡的话我们也是想起来才洗一下，但似乎也没人介意，因为加州容易闹干旱，在这儿节约用水才是正事。有一次我和马修藏在停车道尽头的橡树后面，把花园浇水用的水管开到最大，不明真相的司机路过时突然被淋成了落汤鸡。我俩那次捅了特别大的娄子也是因为这个。搞这种危险的恶作剧已经很恶劣了，而我们在旱季马上要来的时候浪费珍贵的水资源更是罪加一等。外公都放着他的果树不管了，虽然他也担心会没有足够的花给蜜蜂产蜜。邻居们从快干涸了的卡梅尔河里救下大口喘气的硬头鳟，把它们放进皮卡车斗上的水箱里，然后开到靠近入海口的地方把它们放归。

我辩解说没车的时候我们把管子窝起来了，但也并没捞到什么好处。外婆还是让外公揍了我们一顿。但外公只是做做样子，没真的下狠手，他把胳膊扬得高高的，但手快到我们屁股上的时候就慢下来了，最后只是轻轻拍一下而已。但我们还是哭得昏天黑地，毕竟整件事情还是挺丢人的。

这次挨揍让我们真正明白了一件事，那就是外婆外公是完全不同的两种人。外婆特别严格，而外公心肠很软。早上看报纸的时候，她操心的是政局大事，而他不过翻到漫画板块哈哈一笑。她很在意名声和外表，而他穿着破破烂烂的背心，上面全是咖啡印，指甲里的脏东西也懒得清理。她爱干净，而他什么东西都不扔，全在屋里和屋外堆着，一年下来东西堆得越来越满、越来越高，从某种程度上来讲跟囤货一模一样。她厌恶户外，而让他进屋全得靠哄。

外婆和外公是在卡梅尔谷小学的一场方块舞会上认识的。那时候她四十一岁，独自一人带着才十九岁的妈妈住在小红房子里。外婆那会儿刚离婚没几个月，很想跟别人社交一下，而我那个比她小三岁的外公正有滋有味地享受着单身生活。外公拉着她转圈的时候，她注意到他的上肢力量很强，以及他为了把舞步迈对花了不少心思。她在大苏尔的月刊《新闻摘要》上读到过关于他的文章，文章给了他个"大苏尔帅气单身汉"的称号，这也起到了推波助澜的作用。

外公当时没想给自己找伴；他养蜂养得好好的，平时修水管也有稳定收入，在没有中控水利系统的年代跟朋友学会了如何让污水排到远处。他参与挖井，爬上陡峭的圣卢西亚山，把天然的山泉和小溪引到山下的居民区。

露丝和富兰克林在一起有点不搭，但他俩是很好的舞伴，于是开始出双人对地出席各种舞会，甚至还长途跋涉到萨利纳斯和萨克拉门托去跳舞。他俩第三次约会的时候去了南太浩湖的一个舞会，那期间外婆问他是怎么想的。他本想打马虎眼过去，但外婆直截了当地告诉他"要么把她钓到手，要么就放手"。还从来没人这么直接地跟他对峙过，于是他折服了。他同意娶她为妻，而她则说服他立马动身，两人这就开车到旁边的内华达州去结婚，免得他变卦。他们一直开，直到在卡森城里找到了一个二十四小时提供婚姻登记服务的法院，找了个门卫当证婚人，当晚九点就结为夫妻了。我妈妈有点吃惊，对她这个突如其来的继父也将信将疑，但是她没有机会好好地了解一下外公。外公搬进来才四个月，她就从蒙特雷半岛学院转到了夫勒斯诺的加州州立大学，到那儿去学社会学。

外婆外公结婚的时候彼此知之甚少，但是随着时间的推移，他们爱上了两人间的不同。他喜欢喝冰镇啤酒，她更倾向于一款叫"曼哈顿"的鸡尾酒。他有事的时候才说话，而她老是自己一个人默默叨叨。但他们依然很般配，因为她喜欢发号施令，而他反感起冲突，所以就乖乖地听她的话。他对权力、地位和金钱都不感兴趣，把工资都交给外婆，让她去搞定各种账单和税款。他们每天早晨都分开去往各自的小世界——她的小世界是教室，他的是大苏尔的旷野——每晚又聚在饭桌上，他闷着头吃，听她聊着说不完的话题。外公很欣赏她的头脑，不过他的胃口本身就大得出奇，一顿能吃四碗饭，这也让他成了一个很好的倾听者。

没过多久，我和马修就适应了外婆外公的生活节奏。外婆喜欢在下午躺着喝杯鸡尾酒。在对着一屋子磨人的五年级小学生讲了一天的语法和数学之后，外婆回家的第一件事就是给自己调一杯"曼哈顿"鸡尾酒，然后仰面躺在客厅的橘黄色粗绒地毯上，头下垫个枕头，面前摊开一份报纸。现在她已经教会我怎么给她调酒了，我几乎跟她一样喜欢每天的这个小仪式。我把棕色的波本倒进一个高高的蓝色塑料平底杯里，倒两指高，滴入几滴绿色玻璃瓶里的甜苦艾酒，放两块冰块进去，然后再加一个鲜红的酒渍樱桃。我用餐勺把这些东西搅拌匀之后就可以给外婆喝了。

"谢谢[1]。"她边说边从地上抬起手来拿。

她大声地舔舔手指，快速翻阅着从吉姆超市领的免费《卡梅尔松果报》，跟所有能听见自己说话的人大谈特谈

---

[1] 原文为意大利语。

自己对当地政策的看法。

"都去见鬼吧,我简直不敢相信他们要在村里安路灯!抱歉我爆粗口了。"

她发飙并不是为了从别人那里得到什么答复。她继续埋头读着报纸,一个人自言自语。

"我们要路灯干什么?我们连人行道都没有。蒙特雷县的督管员都去死吧!"说完她又从杯子里喝了一大口酒。她觉得不了解卡梅尔谷的政客总想把这个自治县变得现代化一点,完全与大家搬到这里来的初衷背道而驰。

我边听边爬上外婆的活动躺椅,摆弄着扶手想把椅子放平。我觉得外婆聪明过人,知道一般人都不懂的东西。我会这么想主要有两个原因:第一是外婆好几次告诉我她的智商有一百四,这说明她是个天才;第二是她能预测天气。我不知道天气预报都印在报纸上,每次问她天气如何的时候她都能预见会是晴天、雨天还是雾天,所以就觉得她跟宇宙是直通着的。

她说话时偶尔会蹦出点拉丁文和意大利语,在我听来可国际范了。我陪她喝鸡尾酒的次数越来越多,慢慢地也就开始接受她的世界观,把人分为对的和错的两类。我不知道民主党和共和党是什么意思,但是这两个词听多了,我就知道我们是站在民主党这边的。外婆的世界非黑即白,所以比较容易理解。她永远是对的,跟她想法不一致的人脑子都有问题，值得我们的同情。

"智商高了就会无聊，"她边叹气边晃着杯子里的冰块，"老得等着别人跟上你的思路。总有一天你会明白我在说什么。"

外婆现在在看关于石油短缺的文章，报纸翻得更使劲了。我到厨房里吃了一颗她调鸡尾酒用的樱桃，然后悄悄地溜到了妈妈的房间。门像往常一样关着，里面一点动静也没有。妈妈卧床太久，她的轮廓都开始模模糊糊地发光了，像一段回忆似的。晚上当她蜷缩在我旁边时，与其说我能看到她，不如说我只能感觉到她。

"妈妈？"

我轻轻地敲了敲卧室的门。没动静。这次我稍微使了点劲。她的声音像是从被子下面飘出来的，含含糊糊的，也听不清。

"走开。"

我像被她的话掐了一下似的，不自觉地往回缩了一下。妈妈还是喜欢我的，这点我知道。我提醒自己她现在只是状态不好而已。外婆转过拐角，发现我在不该出现的地方徘徊。"跟我过来。"说着她把手搭在我的后腰上，把我带到了厨房。她把装满湿衣服的柳条筐从台子上拿下来，我跟着她到外面去晾衣服。外公用水管做了两个T形的架子，在中间拉了一条晾衣绳，她哐唧一声把筐子扔在了晾衣绳下。

"把衣服递给我。"她用命令的口吻说道,"我后背不好,弯不下腰去。"

我递给她一件外公的纯棉白汗衫,外公修水管时沾上的油灰已经结成了硬块,衣服也被磨透了。她迎着风抖了一下,用衣夹把它夹好,然后伸手让我递下一件。我把她那件厚厚的、上面全是粉色玫瑰花图案的拖地睡袍从筐里拖了出来。

她清了清嗓子。

"你知道要让你妈妈好起来的话,所有人都得帮忙。"她盯着手上的衣服说。我知道她是什么意思。我又因为敲卧室的门惹上麻烦了。

"我就是想去拿莫里斯。"

外婆停住了,转过头来看着我。

"你都这么大了还玩毛绒玩具,不嫌幼稚吗?"

她的话太伤人了,以至于我一时忘了自己在干什么,一松手把最喜欢的绿格裙子扔到了地上。不把莫里斯压在胳膊下我根本睡不着觉。它是我唯一的财产,唯一一件从过去留下来的东西。

"那是爸爸给我的!"

外婆弯下腰捡起我的裙子,她哼了几声,似乎后背疼得很厉害。她好像卡住了似的,但还是用手扶住了后背,慢慢直起身来，因为太过吃力鼓着腮帮子直喘气。她抖掉我裙子上的土，继续晾起了衣服。

"还有这件事也是，"她说，"我不希望你和马修在她周围提你们的爸爸。这只会让她心烦。"

爸爸是唯一一个我想谈论的话题，但是自从我们到加州之后，他的名字一次都没被提起过。大家都假装爸爸这个人不存在，我都开始好奇马修还记不记得他了。他甚至都开始管外公叫爸爸了。每次外公都会好声好气地提醒马修他是外公，不是爸爸。那感觉就像我们在罗德岛的日子是场电影，现在电影散场了，没什么好说的了。一切都结束了也被遗忘了。如果每个人都假装你爸爸不存在，那么他到底存不存在呢？

外婆盯着我，等着我跟她保证再也不提爸爸。争论是没有意义的，因为那就相当于我和爸爸合起伙来对付她，后果不堪设想。我的确希望妈妈好起来。我不想一直拿她当心理素质差、眼神涣散的病人看待。我还想让她给我梳头，给我读《小熊维尼》的故事，带我去逛杂货店。如果这些的代价是我只能在脑子里默默地想念爸爸，那么我接受。但是在我向外婆的最后通牒屈服前，我必须要问一个问题。

"他什么时候来？"

外婆把手伸进衬衣的口袋，从里面掏了包烟出来。她磕出一支烟,点着了火,随着第一次吐气放松了下肩膀。她盯着蜂蜜巴士,好像想从那里给我搜个答案。

"你爸爸不是什么好人。"她后脑勺对着我说了这句话,然后示意我再从筐里递件衣服给她。谈话就此结束。

我用牙齿咬住舌头,忍着不让自己冲外婆喊她是个骗子。谁给她的胆子让她站队,好像她挥一下剪刀就能让爸爸从我的生活中消失?我的耳朵很灵,我知道她有时候会跟妈妈谈起爸爸,她们的嘀咕声会顺着紧闭的房门和地板间的缝隙飘出来。只许她们谈爸爸而不许我提他是不对的——毕竟他是我的爸爸。我不傻,我早就知道爸爸妈妈吵架了,我们也不是来加州"探亲"的,但这不意味着我爸爸是坏人或者我妈妈是好人。他是我爸爸,他会回来的。外婆把一切都搞错了。

太阳在天空中低垂着,蜂蜜巴士看上去像是被橘色和黄色的舞台灯光照亮了一样。透过车窗,我能分辨出外公和另外三个男人的身影,他们挤在一起,把蜜蜂巢脾传来传去,他们的叫喊声盖过了车内机器的轰鸣。

我蹑手蹑脚地凑到前面想看清楚一些。因为车里太热,所以那些男人把上衣脱了,系在头顶的扶手上。我听不清他们具体在说什么,但是能看得出来他们在讲笑话,互相拍着后背,笑得前仰后合。那些人看着像动作演员一样,宽阔的胸肌在搬蜂箱或把蜂蜜罐码成金字塔形状的时候微微颤动,汗珠在上面闪闪发光。我观察着他们的一举一动,甚至还仔细研究他们大口喝酒的时候喉结如何上下滑动,心里默默地希望他们能挥一挥大力水手般的手臂把我招呼进去。这些人是外公在大苏尔的发小,是他们教会了外公如何套牛,以及如何用通气管潜水。我在后院找到的那些五光十色的鲍鱼壳就是这么来的。这些大男子汉有着大大的手掌,是他们告诉外公如何用红杉木建小木屋,如何狩猎野猪,如何操作重型机械清理海岸高速上的山体滑坡。他们是活生生的保罗·班扬[1],是在大苏尔荒野中自力更生的探险家。

我把高高的杂草往下压了压,腾出一块能让我坐下来看着他们工作的地方。他们的刀又厚又沉,刀刃被烧焦的糖浆染成了黑色。他们用这样的刀轻轻划开被蜡封住的蜂巢,露出里面橘黄色的蜜。他们把巢脾放进巨大的摇蜜机里,双手并用、使尽全身力气将机顶的把手从左扳到右。我看到他们中的一个人猛拽了一根拉线好几次,然后就听到割草机的引擎噼噼啪啪地发动了起来。飞轮吱扭吱扭地转动,速度越来越快,车都跟着左右轻轻摇晃。这时候泵也开始工作了,把蜜从摇蜜机底部抽上来,顺着头顶的管道分成两股,倾泻而下灌入贮槽中。这跟奇迹没什么两

---

[1] 美国民间传说中的巨人伐木工。

样，就像锻造黄金一样。

我待在原地，直到太阳滑落到山脊下，蛐蛐出来一展歌喉。那些人打开了车内的施工灯，把灯挂在扶手上，这样他们就能一直工作到深夜了。

我像飞蛾寻着火光般被那辆巴士吸引，无法抑制的渴望已经变成了切肤之痛。我希望逃到潜水艇或巴士这样的密闭空间中，在隐秘的地方寻求庇护，这愿望也不断啃噬着我。看上去蜂蜜巴士里暖暖的，很安全。我想让那些男子汉邀请我加入他们的秘密俱乐部，教我如何用自己的双手创造美丽的事物。看他们踩着熟悉的节奏顺畅地协作，把滴着蜜的巢脾递来递去，轮流将管口流出的蜂蜜灌进玻璃罐里，我的心跳都加速了。我能看得出来这辆巴士给他们带来了快乐，于是坚信它也能给我带来同样的东西。

在内心深处，我突然生出一个信念，相信有重要的东西在巴士里等我，比如我还没有开口问的某个问题的答案。

我需要做的，就是进到巴士里。

03

THE SECRET LANGUAGE OF BEES
蜜蜂的秘密语言

1975 | 晚春

我偷看的毛病并不只限于户外。我厚颜无耻地拉开抽屉，翻箱倒柜，特别好奇外公外婆在房子里藏了些什么东西。因为他们年纪大了，所以他们的东西也都上了岁数，而我就喜欢搜刮一些稀罕物件，这些东西年头太久，早就被他们抛在了脑后。我找到了外公在大苏尔挖管道的时候刨到的一些箭头，还在雪松木箱里发现了一沓落满灰尘的《生活》杂志，杂志封面上印着肯尼迪、猫王和第一批宇航员。厨房的橱柜已经变成了废旧厨具的坟场，这些物件外婆只用了一次就嫌弃它们实在荒唐。

一天早上，我从水池下方柜子的最里面找到了一台奥士达搅拌机。我把玻璃容杯插到底座上，盖好盖子，按了个按钮，机器就刺啦啦地发动了起来。我本来是个百无聊赖也没什么玩具可玩的小女孩，现在却突然拥有了这么个神奇至极的机器。更别提整个厨房都塞满了密封罐，里面全都腌着些稀奇古怪的东西。我打开食品柜，精挑细选了一个装着嫩绿色果冻状物体的罐子，拧开盖子闻了闻：是薄荷果酱。这个味道应该不错——我喜欢薄荷味的口香糖，也喜欢面包片就果酱吃——于是就舀了一勺放到搅拌机里,又加了点牛奶。但我估计要做奶昔的话两样原料还不够,于是又迅速地环视了一圈厨房,最后目光停在了冰箱顶上一字排开的麦片盒上。我拽了把凳子过去,直接放倒盒子把麦片倒出来,想着这样能让奶昔浓稠一些。我按下最高速的按钮,搅出来的混合物就像稀牙膏似的,里面还夹着硬块。我把这东西倒进陶瓷杯里端给外公,他正坐在餐桌边看小鸟啄他撒在露台栏杆上的籽呢。

外公什么都吃。他嚼得动鸡胗,说牛舌好吃到让人精神焕发,连洋蓟叶都一口一片。他甚至还自己发明了一套方法,把玉米棒子像打字机回车一样在嘴前来回移动,只用下槽牙就能把玉米粒剥得干干净净。我把奶昔递给他。一大口下肚之后,他需要几秒钟的时间来想个词形容它。

"神清气爽!"说罢他开始给自己灌咖啡把那东西涮下去。"这叫什么?"

"薄昔。"我答道。

他煞有介事地点点头,指尖敲着桌子,像是美食家在试吃之后构思点评似的。

"咱俩分着喝吧。"说着他把杯子推回了我这边。

外公这是给我下战书呢。我伸手拿杯子的时候能看出来他使劲憋着笑,然而正当我准备尝一口的时候,一阵轻轻的嗡嗡声打破了我们之间的僵局。外公条件反射似的转向声音传出来的地方,盯着一个会飞的东西看。我顺着他的目光看过去,最后终于知道他在看什么了——一只蜜蜂正在餐桌上盘旋。它悬在半空,腿垂在身体下方,为了让自己保持在那个位置而拼命扇着翅膀,速度太快翅膀都扇隐形了。我把杯子放下,身子缓慢地往后仰。蜜蜂观察着我的一举一动,这会儿开始慢慢地朝我飞来,不紧不慢地划着弧线左飞一下右飞一下,每换一次边就离我更近一点。

我的肌肉都绷紧了,特别、特别希望蜜蜂滚得远远的。但是它被我杯子里甜甜的味道吸引了,非得尝一口不可。当它马上要落到杯子边缘的时候,我猛拍了它一下。

蜜蜂发出了刺耳的"嗞!"声作为回应,惊慌失措地在我们头顶上飞速盘旋。

外公从椅子上跳了起来,紧紧地抓住我的小臂,用力太大我感觉他已经压到了我的骨头。我大吃一惊,被他突然下这么重的手吓坏了。他以前从没跟我发过火,就连每次我和马修干坏事,外婆逼着他教训我俩的时候,他也是假装打我们的。他把身子往我这边倾,直到我们的鼻子都快碰上了,眼睛死死地盯住对方。他的措辞是经过深思熟虑的,铿锵有力,每说一个字都像是敲了一下教堂的钟。

"你。永。远。不。能。伤。害。蜜。蜂。"他一动不动地盯着我,直到确认我把他的话记在了脑子里。我一定是犯了特别严重的错误才被外公这样骂,但是我很困惑。蜜蜂蜇人啊。它们是害虫,就像蚊子一样。谁会在意我拍死了一只蜜蜂？我保护好自己难道不对吗？

"它刚才要蜇我了！"我反抗道。

外公弯了弯眉毛，露出了不可思议的表情。"你为什么这么说？"

现在那只蜜蜂正撞着窗户想要飞出去，嗡嗡声也变得如尖叫一般。我觉得或许我们应该换个地方说话，但外公对于一只大发雷霆的刺虫无动于衷。我留意着那只暴怒的蜜蜂，盘算着怎么回答外公的问题。

"因为蜜蜂老是蜇人啊。"

"过来。"外公对我说。

我跟着他去了厨房，他在橱柜里一通翻找，最后找到了一个空的蜂蜜罐。

"去拿张纸来。"他说。

只要能跟他重归于好，我心甘情愿做任何事情。我冲到外婆的书桌前，从里面抽出了一张样式华丽的纸，几乎是鞠着躬把它递给了外公。

"听。"他用手拢住耳朵，头往蜜蜂发出声音的方向歪了歪。"音调很高，"外公说道，"它现在紧张得不得了。你看得见它在哪吗？"

我循着声音找过去，看到那只蜜蜂摇摇晃晃地在屋子里绕着圈，想找个方法出去，最后落在了餐厅面朝露台的那扇窗户上。

"在那儿!"我指着蜜蜂说道。

外公蹑手蹑脚地朝它走过去,把罐子藏在身后。到了蜜蜂的正后方以后,他大手一挥麻利地把蜜蜂困在了罐子里。然后他用另一只手把纸片塞进窗户和罐口之间的空隙里,临时弄了个盖子。他从窗户边走开,把罐子拿在手里。蜜蜂沿着玻璃瓶往上爬,用触角敲着罐子的内壁。

"好了,过来帮我开门。"他说。

我们一起走了出去,可外公不但没有放了蜜蜂,反而坐在了最上面的一级台阶上,还拍了拍身边的空位让我坐近一点。

"把胳膊伸出来。"

他倾斜了一下罐子,似乎是想把蜜蜂倒在我的小臂上。我赶紧把手缩了回来。

"它会蜇我的!"我哀号了起来。

他叹了口气,好像耐心快被耗光了,然后再次转向我这边。

"只要你不伤害蜜蜂,它们就不会伤害你。"

我对蜜蜂的认知大多数是从动画片里来的,那里面的蜜蜂成群结队,像吸血狂魔一样把各种各样的人、狼、猪、兔子都吓得不轻。我把这告诉了外公。

"那都是瞎编的。"他说,"蜜蜂不会主动出击。它们只有在保卫家园的时候才会蜇人。它们知道蜇完人之后自己就没命了,所以事先会给你很多警告。"

外公又来拽我的胳膊,但我把胳膊紧紧地贴在背后,心里还是没底。蜜蜂现在已经气疯了,使劲往囚禁它的玻璃牢笼上撞。外公放下罐子,逐字斟酌着跟我说了下面的话。

"蜜蜂也会说话,但用的不是文字。你需要仔细观察它们的行为,才能弄懂它们的语言。比如说,"他边说边举起一根手指代表一,"如果你打开一个蜂箱之后,听到里面有轻微的啃噬东西的声音,那就说明蜜蜂正开开心心地忙着呢。如果你听到的是轰鸣,那就说明它们正因为什么事而心烦。"

我眼见这只蜜蜂每时每刻都在变得更加癫狂。

"第二,"他边说边举起了另一根手指,"蜜蜂会用脑袋撞你,让你离蜂箱远一点。这是它们在用非常友善的方式警告你快点走开,这样它们就不用蜇你了。"

我渐渐开窍了,觉得外公对蜜蜂的了解可能跟其他人不太一样。他每天都跟蜜蜂在一起,所以大概能知道它们在想什么吧。但这可不代表我想让蜜蜂往我身上爬。我相信外公不会做任何伤害我的事,但我可不敢给那只被困的蜜蜂打包票。看目前这个架势,它已经完完全全、彻彻底底地被惹毛了。外公再次伸手过去拿起了罐子,放到我面前。我摇着头拒绝。

"绝对不能在蜜蜂周围表现出害怕。"他告诉我,"它们能感知恐惧，这也会让它们害怕起来的。但如果你很冷静的话，它们也会很冷静。"

"我还是害怕。"我小声嘀咕着。

"蜜蜂更怕你。"他说，"你能想象这么小的身体面对这么大的世界会感到多恐怖吗？"

他是对的，我可不想跟蜜蜂交换位置。得知蜜蜂也会害怕后，我的恐惧情绪稍微有所缓解。我知道自己不会伤害这只蜜蜂，但它并不确认这点。我又把胳膊伸了出去，这次动作特别轻。

"准备好了吗？"

我点了点头，看着蜜蜂仰面朝天跌在了玻璃罐里，使劲蹬着六条腿想站起来。

"蜜蜂很敏感，所以不要突然动弹，也别出大声，好吗？有蜜蜂在的时候，你必须慢一点，安静一点，这样它们才有安全感。"

我保证会一动不动，这很容易做到，因为我太害怕了根本不敢动。我努力想唤起一些让人平静的思绪，但这东西不可能说来就来。外公把罐子在我的内侧手腕上磕了磕，蜜蜂一头栽了下来。我连气都不敢出，它先是一动不动地站着，然后试探性地迈了几步。

"好痒痒。"我小声说道。这么近距离地观察，我发现蜜蜂的身体简直就是一个奇迹，各种迷你型号的部件相互连接，像手表的机芯一样。它的触角呈L型，像两根小棍一样旋进额头上两眼间的小凹陷里。它用触角在空气里试探着，然后轻轻触碰我的皮肤，让我联想到一个失明的人正用拐杖摸索着某个地方，好弄清它的布局。

"它在干什么？"

"调查你呢。"外公回答，"蜜蜂用触角闻味道，找感觉，尝东西。"

了不起啊，一个身体部位把鼻子、指尖和舌头的工作全包了。蜜蜂渐渐适应了我，我也适应了它。外公是对的。这只小虫子不是我的敌人。我小心翼翼地抬起胳膊，直到能直视它的眼睛，它们形如两个乌黑油亮的逗号，位居脑袋两旁。我研究着它的身体构造，它那么小，但组合起来却那么完美，恐惧也渐渐被着迷取代。

血管在它闪闪发亮的翅膀上纵横交错。它毛茸茸的，腹部随着呼吸一伸一缩。我仔细地看了看它的花纹，发现橘黄色的条纹上有短短的茸毛，而黑色的上面却滑溜溜的。蜜蜂的腿上粗下细，在尖端弯成了小小的钩子，现在它正用最前面的两条腿捋自己的触角呢。可能是在清理它们或者在挠痒痒吧，我猜。

"你觉得怎么样？"外公问道。

"我能留着它吗？"

"恐怕不能。如果你把它跟蜂群隔开的话，它会因为孤单而死掉的。"

我开始明白蜜蜂是有感情的，就像人一样。同样像人一样的是它们以家庭为单位生活，在那里它们感觉到安全，感觉到被爱。如果缺少了蜂群同伴给的安全感，它们就会没精打采的。我正要问我们是不是该把这只蜜蜂送回它住的蜂箱里，却见它张开了自己的颚，伸出一根长长的红色舌头。

"它要咬我了！"我尖叫起来。

"嘘，别动。"外公低声说。那只蜜蜂犹疑着舔了一口我的胳膊，意识到我不是花之后就把舌头收了回去。它把屁股抬得高高的，翅膀扇得飞快，我感觉皮肤都跟着震动了起来。随后它腾空而起，飞远消失了。

外公站起身来，伸手把我拉了起来。

"梅雷迪斯，永远别杀你不准备吃的东西。"

我向他做了保证。

那晚当我钻到被窝里的时候，妈妈已经打起了呼噜。我清了清嗓子想叫醒她，但是没成功，于是我又颠了颠床，只是很轻地颠了下。

"嗯？"

"嗨，妈妈。"

她咕哝了一声，闭着眼睛转到我这边。"干吗？"

"你知道蜜蜂蜇完人之后就没命了吗？"

"嘘。回头把你弟弟吵醒了。"

我压低了声音，悄声跟她说着。

"它们的内脏会跟着螫针一块儿出来。"

"挺好的。"

妈妈把我翻了过去，把膝盖贴在我的膝盖后面，然后将我拉进她的怀里。我本想跟她吹嘘一下自己徒手捏起了一只蜜蜂，却感觉到她的腿抽动了一下，于是意识到她又睡着了。

我躺在那里，满脑子都翻涌着关于蜜蜂的新问题。外公刚刚在后院凿开了一扇通往秘密微观世界的大门。既然现在我已经知道了蜜蜂以家庭为单位生活，我就还想知道关于它们的一切。哪些蜜蜂是家长？一个家庭能容下多少蜜蜂？它们怎么记住自己住哪个蜂箱呢？蜂箱内部是什么样的？它们晚上睡觉吗？它们怎么在家里造蜂蜜？外公已经向我证明了我可以在不被蜇的情况下靠近蜜蜂。我也逐渐明白了那些可怕的动物和虫子很少会跟马戏团和怪物电影强加给它们的形象匹配。那段时间外公正在给我和马修上课，让我们认识到所有生命都是神圣的，都有它们自己的内心情感世界。作为教育的一环，每天晚饭后我们都会跟外公一起爬上活动躺椅，看他最喜欢的自然节目。看到雄狮跟它们的幼崽嬉戏，水族馆的章鱼跃出水面拥抱它们的人类训导员，以及大象在深深的泥潭中挖出逃生的台阶帮助小象爬回安全地带这些场面，我震惊不已。于是我开始好奇，如果蜜蜂也像它们这样富有同情心呢？如果我能教会自己看到它们的这一面呢？对于一个迫切想要确认，爱自然而然地存在于她身边的小女孩来说，不用非得在《野生王国》[1]或雅克·科斯托[2]的纪录片里寻找爱的证明是件特别激动人心的事。动物王国的机密对于我来说近在咫尺，随时可得。那晚当我上床睡觉的时候，这个小小卧室的边界稍稍扩大了一些。我遇到了一件好事——一个加州可能会让我开心起来的理由。

我伴着咖啡壶在炉子上咕嘟冒泡的声音醒来，于是知道外公外婆已经起床了。我踮着脚尖穿过走廊，推开了他们卧室的门。外婆正大声地给外公念《蒙特雷先驱报》上的内容，而外公正抱着一本叫《蜜蜂文化拾碎》的养蜂杂志看里面的照片。到了周末，他们喜欢这样不紧不慢地开始新的一天。我爬上他们那个小小的四柱床，挤进他俩中间，问外公他能不能让我看看他的蜂箱。

"嘿，小机灵鬼，"外公边说边放下杂志，"专挑我还没喝健脑汁的时候。"

"说得好，"外婆接过了话茬，"话说咖啡应该煮好

---

[1] 1963年至1988年在美国NBC电视台播出的一档自然类节目，广受好评。
[2] 法国海军军官、探险家、生态学家、电影人、摄影师、作家、海洋及海洋生物研究者，最著名的作品是图书《沉默的世界》及同名改编纪录片。

了,弗兰克林。"

外公百依百顺地掀开被子,把脚塞进拖鞋里面。他撑着床板站起来的时候,我听到他的关节在咯吱作响。我大声地叹了口气,但是大家都假装没听见。这下可有我等的了。双休日的时候,他们要窝在床上品上好几杯咖啡。外婆会把报纸从前往后看个遍,把一些特别重要的段落念给外公听,还要用自己的评论给它们锦上添花一番。外公一般到了某个节骨眼上就听累了,但是他从来不抱怨,而是用他强健的脚趾头把好几个版面夹出来扔到她的膝盖上,借此来分散她的注意力。外婆觉得这很恶心,而外公则认为这是他发动的暴乱。

我晃悠到屋外,看见马修正抬起他胖嘟嘟的腿,跺着菜园边上的什么东西。我走近一看,发现原来他是在踩蜗牛。看到我过来之后他露出了笑容,抬起鞋子给我展示他在地上弄出来的那黏糊糊的一摊。外公教过他怎么猎捕那些掠夺庄稼的捣蛋鬼,所以他这是在帮外公的忙呢。蜗牛和囊地鼠是外公不杀生信条里仅有的两个例外。

"真恶心。"说这话的时候,我对于弟弟如此享受杀生这件事感到有些不安。

他用大拇指和食指捏起一只蜗牛,把它扔到地上。

"你来。"他命令道。

我没有照做,而是拉起了他的手。"来,我给你分配另一个活。"

他睁大了眼睛,蹦蹦跳跳地跟着我往蜂蜜巴士的方向走。巴士的底盘跟地面之间有一个不到半米的空隙。如果我们爬到那下面去的话,很可能会找到一个被锈腐蚀出来的洞或者其他什么类型的入口,然后也许就能爬到车里面去了。我把所有窗户都试着推了一遍,还把各种各样的棍子、螺丝刀和奶油刀插到后车门把手留下来的开口处,希望能把锁撬开。这是我的最后一招了。我琢磨着如果我们找到了一个开口,但是太小我进不去的话,我就需要马修上场了。

我第一个仰面躺着蹭了进去,因为马修更习惯在确保一个东西安全之后再动手尝试。他看着我的腿消失在车底下,等着我的反馈。一团乱糟糟的杂草挡住了我的视线,导致我看不清底盘的情况,所以我像做雪天使那样上下滑动着手和腿把它们压了下来。我用脚在底盘上踢踢这敲敲那,想看看有没有薄弱的地方。底盘的金属已经生锈了,但依旧很结实。我踹了踹尾气管,它嘎吱地响了几声,细渣掉下来弄了我一身。我往车头的方向挪了挪,结果撞上了一个废旧轮胎。除了这个轮胎之外,我在车底发现的唯一的东西就是一堆腐蚀已久的二十升威臣食用油罐。

我放弃了搜寻,仰面躺着休息了一下,顺便好好想一想。一定还有别的办法,只不过被我忽略了。马修叫了我一声,我转过头去,越过肩膀看见他的膝盖和手都贴在地上,正往车底下看呢。然后两条腿出现了,把我弟弟框在里面。

"底下有什么好玩的吗?"我听到外公这样问着弟弟。

"梅儿蜜思。"我弟弟边说边指。他的舌头还是没转过弯来,发不准我名字里那四个字的音。

外公在马修旁边趴了下来,现在我要被他们两个人同时盯着看。我一动不动,因为觉得自己刚刚被抓包了,倒不是因为做了什么坏事被抓,而是因为一些有点尴尬的事情。

"你在那底下干吗呢?"

"想办法进去。"

"你不知道门在上面这块儿吗?"

"门锁上了。"

"因为小孩子不能进去。"

外公把手伸到车底下勾了一下,示意我到他那里去。我从车底下爬了出来,他一边把我拉起来,一边掸掉了我后背上的土,顺便把毛刺也都摘下去了。不管巴士里面有什么都得先放一放了。只能等我长大一点再说,也不知道要等到什么时候。只有外公的朋友才被允许进去,所以我想我只能等到自己是个大人的时候再进去了,这跟永远别想进去没什么区别。

"我以为你是想看蜜蜂呢。"外公说。

他这招讨价还价的棋下得很妙,我立马振作了起来。作为交换条件,我必须先进屋吃早饭。

在肚子被薄煎饼填满之后,我跟着外公走到了后院的围栏边,他在那里放了六个蜂箱,并把它们码成了一排。阳光照在蜂箱底部狭长的入口上,照亮了蜜蜂进进出出时要经过的着陆板。每个蜂箱前面都有一小团蜜蜂在盘旋,这些外出觅食的蜜蜂都在等待一个回巢的好时机。我注意到这里的蜜蜂发出的声音跟我们在屋子里捉到的那只不一样。它们的声音没有那种喊叫般的急促感,而是像人在哼小曲的时候那样满足且平静。我站在最右侧的蜂箱前,离入口大概不到半米远,这样我就能好好观察一下它们了。可这时我感觉外公把手搭在了我的肩上。

"别站在那儿,"外公对我说,"看看后头都成什么样了。"

我转过头,看见一群蜜蜂被我堵在身后。它们在空中晃来晃去,不愿意绕过我进到蜂箱里面去,而且蜂群的规模每秒钟都在扩大。

"你挡住它们的飞行线路了。"他边说边把我引到了蜂箱旁边。我刚一挪开,那群等不及的蜜蜂就像彗星一样呼的一下钻回了蜂箱里。我在蜂箱边跪了下来,这样就能平视蜜蜂了。它们一个接一个地向入口行进,清一清自己的触角，然后弓起身子像喷气式战斗机一样猛地起飞。

"你看见了什么？"

"好多蜜蜂进进出出的。"我答道。

"再看仔细点。"

我按他说的做了，但看到的还是一样的东西。蜜蜂飞进去。蜜蜂飞出来。它们的数量太多了，很难每次盯紧某一只蜜蜂看。外公从衣服后口袋里掏出了一把梳子，娴熟地在头上梳了三下，头顶一下，两边各一下，等着我发现按理说我应该看到的东西。然后他指了指着陆板。"黄的！"他公布了答案。

可我还是只能看见蜜蜂。

"这有橘黄的！灰的！又是黄的！"

这下我看到了。一部分归巢的蜜蜂后腿上黏着东西。在它们中间，每隔四五只就会有一只跟跟跄跄地拖着小球钻进蜂箱里，就像你最喜欢的毛衣偏要起的那些球一样。有些球还不如针头大，而有些却跟小扁豆的体积差不多，大到蜜蜂要费好大的力才拖得动。

"那是什么？"

"花粉。从花上采来的。颜色能告诉你它是从哪种花上来的。褐色的话就是从扁桃花上来的。灰色是黑莓。橘黄色是罂粟。黄色最有可能是芥菜花。"

"它是干什么用的？"

"做蜜蜂面包。"

他肯定是在逗我。蜜蜂才不会烤面包呢,它们只会做蜂蜜。是个人就知道。

"外公!"

"怎么了?你不信吗?"

"不信。"

"爱信不信。蜜蜂把花粉跟一点点唾液和花蜜混合在一起,喂给它们的宝宝吃。这不就是蜜蜂面包吗?"

这么说也有道理,只是太奇怪了。我等着他自己先露馅笑出来,但是他面不改色。当外公说让蜜蜂在我身上爬很安全的时候他没有说谎,所以我猜他也知道花粉的真实用途是什么。目前的话,我就先顺着他来。

"它们在里面做面包吗?"

"它们把花粉从腿上刮下来,就着花蜜咀嚼一下,然后就储存在蜂窝里。"

"我能看看吗?"

"今天不行。现在我不想打扰它们。它们正做新的蜂蜡呢。"

就在那时,我见过的最肥的一只蜜蜂从蜂箱里慢慢悠悠地出来了。它比其他的蜜蜂体型都宽,也更结实,脑袋上除了两个巨大的眼睛之外几乎没有别的东西了。我看着它走到几只体型正常的蜜蜂旁边,用自己的触角碰了碰它们的触角。它碰到的每只蜜蜂都往后退了退，然后绕着它走开，好像因为被撞而被激怒了一般。

"这只是蜂后吗？"

外公把它捏起来放在掌心。"不是。是只雄蜂……就是男的蜜蜂。它正讨饭呢。"

我问外公为什么它不自己去找吃的。

"男蜜蜂什么都不做。记得你看到的那些带花粉的蜜蜂吗？那些都是女孩子。男孩子不为蜂群采花粉或者花蜜，它们不喂小宝宝，也不造蜂蜡或者蜂蜜。它们甚至连螫针都没有，所以也没法保护蜂群。"

外公把雄蜂放回蜂箱的入口，它又开始到处要饭了。最后，终于有一只归巢的女蜜蜂停了下来，跟它碰了碰舌头。外公说这是在喂它花蜜。

"它只有一个任务，但是等你大点的时候我再给你讲吧。"

外公在他的养蜂场附近蹲了两个树桩，我们坐在那里，像观火或者观海那样看着蜜蜂飞来飞去。它们的所有个体运动都汇集在一个缓缓流动的整体之中，这景象让人平静惬意。我喜欢解读它们日常行为中的这些模式，这样便知道蜜蜂不是在恣意乱飞，它们做事是有秩序的。它们外出是为了采购面包和花蜜。如果你不知道蜜蜂其实给一切都做好了规划的话，那蜂箱看上去就会是乱糟糟的一团。

我永远不会猜到蜂箱是个女性当家做主的地方，是个只有后而没有王的城堡。里面所有的工蜂都是女性，有大概六万个女儿照顾着它们的妈妈，喂它饭吃，给它水滴喝，晚上给它保暖。如果没有蜂后产卵的话，蜂群就会缩水并最终灭亡。然而如果不是因为它的女儿们照顾着它，蜂后就会因为饥饿或寒冷而死。

正是它们对彼此的需要，使得它们无比强大。

04

HOMECOMING
归家

1975 | 夏

外公外婆的运气简直好到让人难以置信,因为他们住的地方离卡梅尔谷机场只有几步路的功夫。每个月,几架双座飞机都要在这里起降个把回合。那只是一条能供飞机起落的狭长土路而已,只有一条跑道和一条滑行道,没有灯、围栏或任何防护措施。机场里也没有能引导飞行员的记号或者标志,破破烂烂的风向标也早就报废了。飞行员只能通过无线电接入一户能看到跑道的邻居家,问他们风正往哪边吹。

像我和马修这样背井离乡、没有玩具可玩、也联系不到旧时玩伴的人,只能发挥想象力来找乐子,身边有什么现成的东西就利用起来。我们试过用外婆的扑克牌搭金字塔,还把鸟食洒出去等着鸟过来吃。但是一个真真正正能让人见到真飞机的机场才是最重磅的消遣。

只要螺旋桨的声音轰隆隆地靠近,马修就会放下手中的一切,冲到屋外找飞机的影子。他疯狂地迷恋那些飞机,看着它们飞过来准备降落的时候整个人几乎都会呆住。他会跑到外公身边,拽起他的手求他快带我们到街对面去,这样我们就能站在跑道边,感受飞机从天空俯冲下来时风在身上呼啸而过的感觉了。

一天下午,飞机引擎发出的噪声又暴露了它的行踪,但是那会儿外公正在大苏尔干活,没人能护送我们过街。不过由于现在我们单独在一起的时间特别多,所以我们两个之间萌生了一种默契。有时我们做着做着伴,就越界干起了危险的勾当。我和马修稍微犹豫了一下,回头看了看静静的房子,然后咧开嘴冲对方大笑了一下,就冲到路对面,气喘吁吁地跑上小斜坡,正好赶在飞机在我们头顶盘旋的时候到达了飞机跑道。

这次马修想离飞机更近一点,所以我们爬到了两条跑道中间的隔离带上,坐在草丛里等着飞机从我们头顶上飞过。我摘了朵芥菜花吃,因为之前看外公就这么干。我递给了马修一朵黄色的花,但他皱了皱鼻子。我们能听到螺旋桨的声音越来越近了,它像雷一样劈开了空气。马修抓住我的手,我们仰面躺下,看着天空。

当飞机的腹部在我们上方不到六米的地方飞过的时候,我们感觉到引擎的咆哮直穿胸膛,既害怕又激动地尖叫了起来,这跟坐过山车的效果一模一样。我现在依然无法想象,当飞行员在最后一刻看到两个小孩子突然出现在视线里的时候是什么感觉。我们还冲他挥手来着,天真地希望他能看到我们,估计他的心脏都快跳出嗓子眼了吧。

我们坐直了身子,看着飞机嘎吱嘎吱地颠簸了几下,然后平安着陆。它缓缓地向起落跑道的尽头滑去,那里停着一群跟它类似的飞机,机翼都被链子拴在地上。

突然,那架桨叶还在飞速旋转的飞机掉了个头,慢慢朝我们这边驶来。它驶到一半就停住了,从上面下来了一个飞行员冲我们大喊大叫。我们听不清他在说什么,但却听出了一个大人想跟我们"好好谈谈"的语气,绝对错不了。我们撒丫子就跑,还没数到十就已经回到了我们的小红房子里,弯下腰大口喘着气。我希望飞行员没看见我们跑进了哪个房子,并且暗暗跟自己发誓再也不做这种事了。

缓过来之后,我们尽可能当什么都没发生一样走进厨房里,发现外婆正在电炒锅里"煳"来。她很久之前就放弃用烤箱了,坚称烤箱温度旋钮的出厂设置有问题,老是把东西烤煳。后来烤箱就成了摆设,上面放着还没比萨盒大的正方形电炒锅。虽然她爆粗口的情况得到了有效的缓解,但她做的每顿早饭、午饭和晚饭还是黑乎乎的,全都过火了。

"你们俩去哪了?"她发问的时候背对着我们,愤怒地用刮刀刮着什么东西。我把手指头压在嘴唇上,提醒马修不能说出去。他点了点头。

"哪也没去。就在外面待着。"我回答。

"嗯,别走远了。晚饭快好了。"

"我们看见飞机了!"马修尖叫着说。这小不点儿就是控制不住他自己。我赶在对话继续进行下去之前快速抓住他的手,把他带到了客厅,提议我们建个堡垒,想借此分散他的注意力。

外婆家的沙发让人感觉有凯迪拉克那么长,由两个长方形的坐垫组成。如果把它们拆开的话,就能搭成两堵很不错的墙。我们又把黄色的沙发椅拆了当房顶,在电视机前面搭了个小棚子,只留了一个小孔,这样我们就能坐在棚子里看电视了。那感觉跟真的在黑漆漆的电影院里相差无几。我们坐定后,看起了马修最喜欢的电视剧《生死关头》。这部剧讲的是两位来自洛杉矶的护理人员将医院的通话机放在一个盒子里随身携带,抢救事故伤员,多数情况下他们都是用起搏器电击伤员,让他们苏醒过来。

"电视声太大了!"外婆在厨房里喊道。

就在那时,一辆车以最大的音量在电视上爆炸了。

我待得很舒服,不想卸掉一堵墙,爬那么远去电视机那里调音量。

"把电视声关小点。"我对马修说。

他无视了我。最近,马修对我的爱慕似乎有所降温。这从两个方面来讲让我觉得心烦意乱。一是他再也不听我的指挥了,有一天他甚至拒绝让我把妈妈首饰盒里所有的项链和手镯戴到他身上,可我们以前老这么干;但更糟糕的是,他是我仅剩的一位亲人了,一想到他也会离我而去我就受不了。我努力不把他正在萌芽的独立意识看成是针对我的,毕竟这是他成长过程中必经的一环,但我很害怕这意味着更深层次的东西,意味着某一天他将不再需要我。马修会离我而去的念头实在太可怕了,搞得我为了让他乖乖听话而变得更加刻薄,让他知道违背我的后果很严重。所以如果他不去调电视音量的话,他就也别想在小棚子里待着。我敲了下离自己最近的沙发垫,我们搭的房子摇摇晃晃地散架了。马修一边愤怒地号叫,一边踢着脚走出废墟。

这时外婆出现在客厅里,用洗碗巾擦着手。她凶了我们一眼,让我们知道我们在挑战她的底线。她旋转了下按钮调低音量,这样一来我们就听到了敲门声。

我们说不好这个人已经敲了多久的门试图引起我们的注意。最有可能的是某个从外公这里买蜂蜜的人拿着空玻璃罐来了,事先也没打招呼。外公没在家,所以不管是谁都只能把罐子留在台阶上,在里面塞上支票或者现金。外公会把里面的钱换成蜂蜜,然后把罐子放回去,等他们晚些时候来拿。

外婆打开了门,我看到她的背影僵住了。

然后她越过肩膀大喊着我妈妈的名字。"莎莉——!"

我听到卧室的门吱扭一下开了,妈妈啪嗒啪嗒地走进了客厅,穿着皱巴巴的运动裤和 T 恤衫。这身行头也是她的睡衣。

"妈，你不用喊。"此时的她被午后的日光照得闪闪发光。妈妈凑到外婆身后，把一只胳膊搭在门框上，身子往前倾了倾。然后她往后退了一步。

"大卫。"她说。

我听到一个低沉的男性嗓音，后脖颈上的汗毛都竖起来了。

爸爸！

我心里那个私藏着关于爸爸的点滴思绪的密室一下子敞开了大门，全身上下的每个毛孔仿佛都在绽放出烟花。在寂静长夜中长达六个月的祈祷起了作用，现在所有事情都会瞬间回到从前的样子，情况想来如此，如我所料。

我关上电视，爸爸温柔的声音飘进客厅，紧紧地缠绕住我，将我往他的方向拉去。我就知道他会回来的。我们终于可以回家了，妈妈会再次开心起来，我和马修也能重新回到我们自己的房间里。我看了眼弟弟，他激动得上蹿下跳，眼睛死死地盯着那扇门。

"爸爸，爸爸，爸爸，爸爸！"他尖叫了起来。

我朝爸爸声音的方向冲过去，但是妈妈和外婆就是不肯让开，门也只开了几厘米，所以我只能零星地看到他——他的皮革平底鞋的一侧，还有一团乌黑的头发。我透过门上的缝隙看出去，发现我们那辆绿色的沃尔沃就停在桉树旁的车道上。他开了那么远的路过来，一定是特别想接我们回去吧，我是这么想的。

"我的便携洗碗机你拿来了吗？"妈妈问道，"孩子们的玩具呢？"

我拽了拽外婆的衣袖，但是她没搭理我。我拍了拍妈妈的后背。没有反应。

爸爸开着妈妈的沃尔沃横穿美国只是为了把车还给她而已，可事先并没有人跟我和马修把这件事讲清楚。他妈妈家在太平洋丛林，他在那儿住了一晚，让他妈妈第二天开车跟着他到我家这边，停在几条街外，这样他完事以后就可以搭车回机场了。他猜到在我们家可能会起冲突，不想让他妈妈看到这样的场面，所以就说好自己走回附近的一个村庄，那儿有一片狭长的街区，沿路有杂货店、理发店、银行和餐厅，他们就在那边的停车场里见。

我对这些一无所知。当爸爸突然出现在门口时，我以为他是来接我们的。外婆挡着他不让他进门，我只能眼睁睁地看着，不知如何是好。

事情不太对劲。爸爸肯定知道我们在屋里，所以为什么他不进来呢？是出了什么岔子吗？她们为什么不让他进来？外婆的话语短促又尖锐，语气中透着一丝厌恶，跟她谈起从报纸上读到的那些卑劣的政客时的语气一模一样。我听到爸爸咕哝了起来，似乎是在道歉，此时连空气都充满了敌意。他们的声音越来越大,越来越不祥,也越来越尖锐。我回忆起了我们在罗德岛的最后一晚,肌肉都紧绷了起来。这时妈妈的声音突然变得如雷鸣一般。

"你怎么能这么对我?"妈妈扯着嗓子尖叫着,"你不在乎自己的孩子吗?"

爸爸的手指在屋里闪现了一下,它们将车钥匙扔进外婆张开的掌心。她把钥匙扔出一米多远,让它落在书桌上,好像那是一只她根本不想碰的臭鞋。妈妈走到屋外跟爸爸交谈,外婆关上门,还用屁股顶了它一下,确保门闩已经扣上了。她按了下门把手上的按钮,锁好门,然后双手贴在一起搓了搓,好像刚刚干完什么活,或者是要把面粉从手上搓下去似的。她走回厨房里,连看都没往我们这边看一眼,好像什么事都没有发生。

事情进展得太快了。我能听到妈妈在屋外冲爸爸咆哮着。我不知道"离婚"是什么意思,但当她朝他吐出这个字眼的时候,我听出了她的斩钉截铁,这便告诉了我我所需要知道的一切——不论我父母间出了什么问题,那都是无法修复的。

"你自己的孩子你都不要了吗?"她呜咽了起来。

马修睁大眼睛看着我,想从我的脸上找到让他安心的表情。我朝他走近了一步,他把胳膊环在了我的腿上。

我听到爸爸抬高音量跟妈妈对峙着,他们像两只狗一样冲着对方大吼大叫。一种熟悉的恐惧感压迫着我的胸膛,我明白如果我不走过那道门的话,可能就再也见不到爸爸了。这是我让他改变心意的唯一一个机会。也许,如果他看见了我的话,如果我求他的话,他就会留下来。爸爸好不容易才离我这么近,我不能不试一下就让他溜走。我冲到门前,打开门以后恰好看到爸爸正沿着车道往大路上走。妈妈冲爸爸的背影大喊着,整个街区都回荡着她的声音。

"你给我听好了,你会后悔的!"

我想张开嘴大声叫喊,但声音却像是被蜘蛛网缠住了。我想迈开腿狂奔,但腿却不知怎的被铁链包裹了起来。妈妈抱起马修慢慢跟在爸爸身后小跑,斥责他抛弃了自己的家庭。

我的大脑和身体不知怎的脱节了,再也无法分辨什么是真实的,而什么不过是我想象出来的。爸爸还是目不斜视,继续走着。当他马上要走上大路时,血液流回了我的双腿。我猛跑到车道的尽头,妈妈正抱着马修站在那里,看着爸爸离去。她平静了一些,静静地站在那里,好像她也无法理解自己正目睹的这一切。

我的大脑疯狂地运转,想要找个解释。突然我想到了一个简单的解决方式,希望像蝴蝶一样飞落而至,落在我的肩膀上。这就是场噩梦而已。到了加州之后我就开始做噩梦，所以我努力想说服自己我会醒过来的。

爸爸每向前迈一步，身影就变得更小一些。我向他走去，但妈妈却伸过手来拦住了我。她用指尖抵住我的胸膛，我能理解它们蕴含的信息：你无能为力的。我的心跳加速了起来，因为我意识到留给我的时间不多了。这是真实发生的，爸爸要永远离开我们了。

滚烫的泪珠涌上我的眼眶，使得爸爸模糊成了一团。我从来都不知道自己还可以那样哭，痛苦到身体一抽一抽地爆发着啜泣。我的眼泪滴到路面上，留下了小小的黑色圆圈，马修从妈妈的臂弯里转过身来看我到底怎么了。可能他将来都不会记得这一天吧，这让我哭得更厉害了。

爸爸听到了我的声音。他转过身，开始往回走。我屏住了呼吸，等待着。到了我们这边后，他单膝跪地，紧紧地抱着我，弄得我喘不上来气直咳嗽。我闻到了他呼吸中甜甜的葡萄香气，感觉到他在发抖，好像他用尽了全身的力气在哭泣一样。我扫视着他，好像以前从来没见过他一样，再次牢牢记住了他小臂上的黑色汗毛，和他手表上的金色链条。他曾经戴着戒指的地方现在跟周围的肤色形成了很大的反差。

"我永远都是你的爸爸。"他在我耳边轻声说。我任由自己融化在他的胸膛里，这样就再也感觉不到自己的棱角了。我想让他留下来，但是因为哭得太厉害，已经说不出任何话了。所有事情都已经不在我的掌控之中，就连语言都是。

"我爱你。"说着他又一次抱紧了我，然后放开了手。他站起身，最后看了眼妈妈和马修，就继续顺着康腾塔路走下去了。妈妈拽了拽我的胳膊。

"走吧。"

我把胳膊从她手里猛抽出来，跟着爸爸走去。我一直走到了邻居家，才意识到我是无力阻止他继续消失在远方的。

妈妈也不管我了，她跑回了屋子里，抱着马修一颠一颠的。

我站在街上，看着爸爸走到拐角，向左转了个弯，眨眼间便消失不见了。我眯起了眼睛，把自己所有的能量都集中在爸爸几秒钟前经过的那个地方，好像只要我想让他回来，他就会回来。我想得太过用力，弄得脑袋晕晕乎乎的，好像要晕倒了一样。

我的命运已定，它重重地压在我的身上。我跟跟跄跄地回到家中，身体麻木不仁，已经感觉不到脚下的地了。我需要妈妈。我迫切地渴望能蜷缩在她的身体里，让她告诉我这不过是场噩梦而已。我想让她告诉我爸爸是去商店了，一切都会好起来的。一定还有更多的时间，一定还有第二次机会。我跑遍房子的前前后后找她，最后在紧闭的卧室门前停住了脚步。

我敲了敲门。

"妈妈?"

她没出声,所以我慢慢地转动门把手,把门推开了一个小缝。一团烟气飘了出来。

"妈妈?"

我听到她在被子下面翻了个身,但什么都看不见。

"现在不是时候,梅雷迪斯。"

她苍白的手指从黑暗中伸了出来,把香烟在床头板上的烟灰缸里磕了磕。我知道妈妈是在赶我走,但我的腿却定在了门口。她呼了口气,一只手撩开被子,噌的一下坐直了身子。她朝我这边走来,就像是朦胧烟雾中一个移动的阴影。我满怀期待地张开双臂。

她关上了门。

我膝盖一软,踉跄了几下,赶紧扶着墙避免摔倒。

"梅雷迪斯!别告诉我是你在打扰你妈!"外婆透过嘶嘶作响的电炒锅冲我嚷道。

我大脑中冷血叛逆的一面给了我一个指示:逃跑。我想消失,想远离所有人、所有事——想钻到一个漆黑的洞里大声叫喊。我推了下墙跑开,冲出厨房的门,奔到了户外。

我听到桉树细长的树叶在微风中摩挲作响。这棵巨大的树比我们的房子还要高,夏花似乎一夜间就挂满了枝丫。外公的蜜蜂们已经被奶油味的花香冲昏了头脑,在黄色的花粉中搜刮、打滚。成千上万只蜜蜂嗡嗡齐鸣,弄得好像头顶所有的输电线都在吱吱作响。

我感到了一种无法控制的渴望,想要离那些蜜蜂更近一点。

我的腿没跟我商量,就擅自朝那棵树走了过去。我把手放在弯弯曲曲的树皮上,感受到了一丝微弱的跳动,像是有声波从音响中发射出来一般。然后,我就像是被别人控制住了肌肉一样,眼睁睁地看着自己穿运动鞋的右脚踩进连理树中间深深的凹槽内,双臂一下一下地往上爬,在蜜蜂的嗡鸣声中越爬越高,直到完全隐匿在了一团蜜蜂中。

我在最高的树杈上靠着树干坐下来,看着蜜蜂像斜泼下来的雨一样从我面前飞过。它们太专注于免费的大餐了,几乎都没发现有个小姑娘出现在了它们中间。从这么近的距离观察,我能看出盛开的花朵形似迷你版的夏威夷草裙,上面有硬硬的壳,边上围着一圈精致的绒丝。蜜蜂在花海中畅游,发狂地游着自由泳,扭动着腿,让自己沾满黄色的粉尘。

蜜蜂围着我打转,它们的歌声现在更加嘹亮了。我纹丝不动,好让蜜蜂适应我的存在。当有一只落在我的腿上时,我不过盯着它看,屏住呼吸,直到它飞走为止。当第二只、第三只蜜蜂也这样做的时候,我开始相信它们不过是在歇脚罢了，不会伤害我的。

我钻研着蜜蜂如何把花粉粒刮到最靠后的那对腿上，把它们打包成紧实的、圆圆的行囊。我发现它们会用前腿把眼睛和触角上的花粉刷下来，然后从前往后，先清理三角形的脑袋，再把花粉顺着身体推到腹部，最后把黄色的粉粒堆到后腿上，装到两个凹进腿里的专门用来盛花粉的口袋里。蜜蜂毫不心急，当花粉的重量刚刚好的时候，它们就飞回蜂箱，把花粉储存在蜂巢的储存室里。

我深吸了一口桉树散发出的薄荷醇香气，感觉自己的轮廓渐渐融化了。我在这个嗡嗡作响的力场中很安全，没人看得见我，也没人需要为我感到抱歉。离开地面之后，我就不再是那个回家见不到爸爸的小女孩，也不再是那个有个永远下不来床的妈妈的小女孩。蜜蜂让我隐形了。我闭上眼睛，由着自己沉醉在它们奏响的旋律中。

太阳落山了，蜜蜂也回家过夜了，而我依然待在树上。我不想回到地面。下面是一团乱麻。而在这上面，蜜蜂把一团乱麻变得井然有序。在这上面，一整个物种继续着它们自己的生活，对笼罩在我家的那团阴郁浓雾一无所知。这些蜜蜂提醒我，世界上有远比我家的内部矛盾多得多的东西。我喜欢跟不懈工作的生物靠得这么近。它们是大自然里的幸存者，从不顾影自怜，从不轻言放弃。

我感到了一种非要接近蜜蜂的冲动，但却无法解释为什么会这样。从深层次来讲，这些蜜蜂让我明白了照顾好自己是多么重要。我亲眼看到失败并非人之常态，即使对虫子来说也是如此。蜜蜂让我知道，我可以选择如何生活。我可以因为痛失双亲而一蹶不振，但也可以继续前行。

05

BIG SUR QUEEN
大苏尔蜂后

1975 | 夏

因为花在那棵桉树上的时间太多，所以我干脆开始自己带午饭。即使有人发现我跟家人疏远了，也没人抱怨什么。我很确定谁也没察觉到我去哪了。只有一个人是例外。

在花生酱果酱三明治吃到一大半的时候，我敢发誓听到了猫头鹰的叫声。我在坐的地方扭了扭身子，看看这儿看看那儿，但是有随风作响的细长桉树叶垂在四周，很难看到外面。

"咕！咕！"现在声音更大了。我把最后一口三明治塞进嘴里，爬到了矮一点的树枝上。那里的视野更好，便于观察院子里的情况。

是外公。我看见他躲在放养蜂设备的木棚子后面，把双手拢在嘴前，正冲着我学鸟叫呢。他戴着防蜂帽，透过网眼咕咕地叫着。

"我知道是你，外公。"我冲下面喊道。

"你——怎——么——知道不是猫头鹰在叫——？"

"我都看见你了。"

他走到光天化日之下，抬头往树顶上看了看。我们仔细打量着对方，斟酌着下一步棋该怎么走。外公清了清喉咙。

"你在上头干吗呢?"

"看蜜蜂呢。"

"一时半会儿打算下来吗?"

"不打算。"

外公摘下防蜂帽,慢慢把它叠成了一个平整的方形。"可惜啊。"他说。

我没吱声,等着看他抖包袱。

"我需要个人来帮我找蜂后。"

就是这句!这就是我一直在等的邀请——开蜂箱。外公知道只有这件事才能把我从树上引诱下来。

"等会儿我!"说完我手脚并用快速沿着树干往下爬,树皮在我身上划出了长长的粉红印子。

外公的一百多个养蜂场分散在大苏尔的海岸线上,最大的一个坐落在加拉帕塔岭脚下一个偏僻的角落里,只有开着四驱车才能进去。不只如此,他有时还得用链锯开路,把偶尔倒在路中央的树锯开。外公和一个蜂友在大苏尔共同拥有一块占地六十五万平方米、尚未被开发的原野,他说这是养蜂的绝佳场所。加拉帕塔大峡谷的名字来源于西班牙语,意思是"蜱虫"。这里日照充足,两边陡峭的山脊上丛林密布,保护它免受世人的干扰。蜜蜂只管飞出蜂箱,一路上山把加州蒿吃个够,等身体挂上花蜜变重之后再晃悠下来就可以了。这块地对于蜜蜂来说是个想吃多少就吃多少的自助餐厅，一年到头不间断地供应着鼠尾草、桉树和马薄荷，还有加拉帕塔溪负责提供优质水源。

每年，他的养蜂场都能生产超过一千九百升蜂蜜。他会把这些蜂蜜递到大苏尔地区的顾客手上，还会配送给几个当地的餐厅以及一家杂货店。他从不打广告，因为他的蜂蜜总是供不应求。一到秋天他的蜂蜜就卖光了，只好把紧张兮兮怕买不到蜜的顾客登记下来，等来年春天的流蜜期到了之后再给他们送货。之前吃晚饭的时候我听外公讲过关于大苏尔的故事，这地方就像是从我听过的某个童话故事里走出来的一样，野性未驯，充满魔力。我才不会傻坐在树上，白白放过终于可以去那里的机会。

几分钟后，我就坐在副驾驶的位置上随着他的卡车颠来颠去了，脚下还踩着一套叮当作响的金属工具箱。这是一辆雪佛兰半吨轻型卡车，发动时的声音就像老头放屁一样。曾几何时它是黄色的，闪着漆光，但现在经过风吹日晒已经变得像白垩石一样黯淡无光，还被锈腐蚀得坑坑洼洼。在他的印象里，里程表至少归零了两次，最后指针干脆连转都不转了，他还说自己的卡车之所以保养得这么好，是因为他定期给车换机油。虫子的尸体和深黄色的蜜蜂屎颗粒在挡风玻璃上结了痂，但外公没法用雨刷器把它们刷掉，因为雨刷器在好几年前也报废了。发现红色塑料长椅上有裂痕以后，他就用布胶带把裂缝遮上；撞上什么东西之后，他就用木槌把凹的地方给捅起来。他的卡车就是个杂活工的移动跳蚤市场，养蜂和修水管可能用到的所有东西要么被他拴在货箱龙门架上，要么堆在后面的车斗里，要么塞进驾驶舱的某个位置。仪表盘上堆了十几厘米高的东西，有能相互嵌套的管道零件，油性铅笔头和橡皮圈，有打开的信件和一包包种子，还有被捏成球形的蜂蜡。他用一只枪架挂自己那些破破烂烂的工作服，衣服上溅满了管道润滑油。

外公在长椅上给我腾了一小块地方，我窝在里面，和他之间隔着一道由养蜂杂志、坑坑洼洼的不锈钢饭盒和绿色金属保温瓶堆成的屏障。他的狗丽塔待在老地方，蜷着身子趴在他座椅下面的旧枕套上，这样就不会被坠物砸到了。我们三个真的是叮铃哐啷地走了一路。每开到一个路面有隆起的地方，外公那堆将来哪天没准用得上的东西就撞到一起，齐声作响。

我们出了卡梅尔谷路，向南拐上一号公路并进入大苏尔，此时大自然苏醒了，突然施展起它的魅力来。我目之所及的地方山峦嶙峋，翻腾入海，像是山体在滑落的过程中凝固了一般——在静止的同时又充满张力。我们沿着如丝带般狭窄又蜿蜒的小路行驶，脚下一百多米的地方海浪震耳，拍岸碎裂。我摇下车窗，海狮的叫声和海浪冲蚀洞穴的轰鸣在耳畔响起，鼠尾草的辛辣香气混合着海盐的气味飘入车中。我们钻进森林里，那里的气温骤降了十几度，巨大的红杉树按部落围簇成圈，之后我们又重新冲到阳光下。我把头扭向四面八方，争取不错过任何景致。

"那儿有一头！"外公说着用手指了指大海的方向。

"一头什么？"

"鲸鱼啊。你找找它们喷的水柱。"

我眯起眼睛，更使劲地盯着那片蓝色看。

"又来了！"

外公虽然还在开车，但是脑袋已经完全扭到右边去了。他向左转了个急弯，我赶紧抓稳了座椅扶手。不过尽管他眼睛盯着大海，但还是把车稳稳当当地开在路的正中央。一号公路的这段路他已经走了太多遍，不看路也知道该怎么开。

"哪儿呢？"我扫视着海平线，但它跟几秒钟之前一样空空如也。

"应该还会再出现，就在那一片。"他边说边往更南的方向指了指，"有时候你能看见两条水柱，小水柱在大的旁边，这样的话就是一头母鲸带着她的幼崽。"

就像听到了命令一样，一根白色的水柱从水面下喷射到空中。过了一小会儿,一根小一些的水柱也出现了,就在第一根水柱右边一点的地方。

"我看见了!"我大声叫着。

在我们头顶上,一只红头美洲鹫展开两米长的翅膀毫不费力地盘旋着,翅膀尖端伸出的黑色羽毛就像一根根手指一样。它的体型巨大,从上空飞过时会在路上投下阴影。我把车窗又往下摇了摇,抬头看着它红红的脑袋,风吹乱了我的头发。我们看着它在翡翠色的海湾上空滑翔,海藻叶在水面上浮动着。

"那儿是抓鲍鱼的地方。"外公边说边指了指入海口。

"怎么抓?"

"你带着鲍鱼刀潜水下去。铲壳的时候一定得迅速,不然鲍鱼会察觉到你在对它下手,然后就会死死地吸住石头。"

"鲍鱼好吃吗?"

"好吃啊,但你得先用锤子把它砸碎。"

听着有点恶心。我回去继续找鲸鱼,但海面又光洁如初了。

"看见那两块岩石了吗?"他指着两个离海岸不到二十米、有两层楼那么高的尖角说道,"我以前差点撞到那上面去。"

外公拧开保温壶的杯形盖,把它伸到我面前——这是在示意我把滚烫的菊苣咖啡[1]倒进去。然后他就滔滔不绝地讲起了自己在罐头厂街钓鱼的故事。外公以前常常自己开着小艇钓沙丁鱼,然后把它们卖给罐头厂。但是跟那些做大型家族捕鱼生意的意大利人竞争实在太难了,他要抓很多的鱼才能挣到一点钱。有一天,他的朋友史佩迪·巴布科克告诉他,卖鲑鱼赚的钱更多,而且还不那么费力。

"我以前从来没钓过鲑鱼,但史佩迪说他会教我。"他说道。

他们开着史佩迪那艘高约八米半的摩托艇离开了蒙特雷,向圣克鲁兹驶去。他们在那里抓到了三十条帝王鲑,总共大概有二百七十公斤重——真是发财了。但是回来的时候,他们却在午夜的雾色里迷了路。

"我们看不见路,所以只能靠声音辨别方向。海岸线不同地点的水声不一样,他一直往西开,觉得我们快开进蒙特雷的港口了,但我能听出来我们才到罗伯士角而已。他就是不肯听我的。我们一直争,直到那些岩石突然冒了出来,我也赶紧把舵从他手里掰了过来。我们差这么一点就把身家性命全搭进去了。"他边说边举起手,大拇指和食指间只有两厘米的距离。

我问外公后来怎么样了。

---

[1] 一种咖啡的代品,将菊苣的根部风干、烘烤、研磨后制成。

"再也不跟那个家伙一块儿钓鱼了。"他回答。

外公减了速,打开转向灯。我们左转进入了帕洛·科罗拉多路,路两侧桉树林立,树荫凉爽。拐角处矗立着大苏尔最原始的农宅之一。那是一座用红杉木板搭成的三层小木屋,建于十九世纪晚期,木板由石灰、泥沙和马鬃黏合在一起。小屋外面围了一圈羊圈,小羊羔像蚂蚱一样上蹿下跳。牧场穿过一号公路,连接着一个摄人心魄的海崖草场。在那儿,一群红白相间的海福特牛可以站得离海特别近,近到能感受到喷溅上来的海水。

"我表妹歌儿住那儿。"外公往小屋的方向摇了摇大拇指。

"歌儿?"

"嗯,大家都这么叫她,因为她小时候老唱歌。"

"我们要过去吗?"我想摸摸那只小羊羔。

"今天先不去。"

我们沿着狭窄曲折的道路继续往前开,不一会儿成丛的橡树就变成了参天的红杉。帕洛·科罗拉多溪在路的一旁泛着涟漪,小溪上矗立着木桩,支撑着一座座小小的山间木屋。阳光穿过树林的缝隙,在这些木屋上投射出圆圆的点。数不清的台阶弯弯曲曲,连通着这些房子和大路。一千五百米后,外公拐上了一个陡峭的斜坡,开进一团乱糟糟的绿植中。被常青藤死死缠绕的酒神菊和石兰灌木的树枝乱蹭着我们的车顶，车下的柏油路已经变成了白垩色的土路。到达平地之后，我们进入了一片草地，而且又能看到海了。

外公在一扇用锁链锁住的牛棚门前停了下来。他把手伸进储物箱里，拽出来一个巨大的钥匙环，就像门卫拿的那种似的。看这架势，估计所有在大苏尔有地产的人都给了他一把钥匙。他一边自言自语，一边把钥匙在环扣上拨来拨去，最后终于找到了想要的那把。他下车开了锁，解开锁链，把大门敞开，好让我们的车能开进去。

我们沿着一条摇摇欲坠的狭窄小路向加拉帕塔大峡谷里驶去。路严重地往我这边倾斜，外公换到了四驱挡。卡车每经过一个之字形急弯都要嘎吱作响，路面的宽度也是勉强能放下四个轮子，碰上冬雨留下来的坑或者大石头的时候也颠得厉害。打方向盘转弯的时候外公会响一下喇叭，以防对面有车开过来。有几道弯实在是太急了，他不得不使出三点掉头，倒车然后打轮向前，再倒车然后再打轮向前，这样才能让卡车完全拐过弯去。只要错一步我俩就完蛋了。但外公对这些好像一点都不担心，石头从他车轮底下咕噜咕噜地滚下悬崖的时候，他还跟我闲聊呢，可我连看都不敢看。我双眼直勾勾地盯着前方，从两座峡谷间的 V 型缝隙里眺望着远处的一小块海水。

到达斜坡的底端后，我们需要开车绕开倒下的树，厚厚的松针铺满了地。外公猛踩油门，我们直接蹚进了加拉帕塔溪，溪水没过了半截车轮。我们的一个车轮在两块花岗岩中间卡了一会儿，外公努力让车使上劲好从这个坑里冲出去，弄得车来来回回地摇晃。他对于我们的遭遇似乎乐在其中，踩油门的时候还不忘冲我挤挤眉毛。事不过三，第三次的时候卡车飞腾了起来，引得水花四溅，最后抵达了对岸。我们穿过了更多的红杉树林，因为这里的土地更潮湿，所以长着蕨类植物，树下还围着一团团橘黄色的猴面花。

最终，我们开出了树林，来到一小片开满野花的草地。外公在这里熄了火。空地的一头摞着一列列白色蜂箱，仿若一座城市，每个蜂箱前面都有一小团黑色的点晃来晃去。我们伴着灌丛鸦的抱怨声走下车，它们嫌弃我们侵入了它们的地盘。空气闻起来就像漱口水一样清新——它混合了月桂叶、鼠尾草和柠檬香蜂草的气味，还揉进了一丝薄荷的香气。外公打开了他那侧的车门，丽塔舒长的身体一下子从他座位底下蹿出来，迫不及待地要到小树丛里去打猎。

"发挥身体特长吧小狗狗！"他在它后面哼哼着。"哦，等一下，"他瞧她迈着五厘米长的小腿加速往前跑，说了一句，"我的小狗狗的确身体特长。"

外公笑得歇斯底里，假牙都晃悠松了。他说他二十多岁的时候,自己的真牙就被虫蛀得全掉了,虽然他也按时刷牙。现在他会把假牙泡在水里,放在床头柜上,睡觉的时候它们就冲他咧嘴笑。

他在车斗里一阵翻腾,拽出来两个带圆帽檐的塑料帽子。它们看着像遮阳帽一样,顶上还有通风阀。他先给我戴上了帽子,又在上面套了层黄色的网眼罩,这样我的头就被遮得严严实实的。然后他把两根长长的绳子在我胸前交叉,围着腰绕了一圈,最后在后背打了个结,好让网罩固定住。这顶帽子是给大人戴的,不停地往下滑挡住我的眼睛,但是除了这个之外外公没有别的了。

他给自己也戴上了头罩,然后从卡车里拎出一个麻袋,从里面掏出一块风干的牛粪,掰碎之后放进了蜜蜂喷烟器的罐子里。他用火柴把牛粪点燃,盖上盖子,捏了几下风箱好让火烧得旺一些,直到有白烟从喷嘴里冒出来。走近第一个蜂箱后,我看见底部的狭长入口处有一排蜜蜂排好了队,正在扇翅膀。

"降温呢。"外公说。

他解释说,不管天气如何,蜜蜂总会把蜂箱内的温度控制在三十五度左右。冬天的时候,如果你把手搭在蜂箱外面,就能感觉到有热气从里面冒出来。这是因为蜜蜂会在里面挤成一团,一块儿抖动翅膀产热。而到了夏天,蜜蜂又会集结在入口附近的着陆板上,扇动翅膀加速空气的流通，让蜂箱的温度降下来。不论蜂箱在哪，不论是在雪天还是在四十多度的高温天，它的温度总是在三十五度上下。关于蜜蜂的最大的谜团之一，就是在没有温度计的情况下，它们是如何做到这么精准地控温的。

外公递给我一个金属工具，跟他后口袋里常年放着的那个一样。工具的一头是扁的，用来铲蜂蜡，另一头有个钩子，用来把木制的巢脾从蜂箱里面提出来。

"蜜蜂会把盖子用胶封上。"他边说边给我展示如何把工具楔进缝隙里，把蜂箱里的纱盖撬开。他给我讲，蜜蜂不喜欢让冷风灌进自己家里，所以就把树汁做成一种叫蜂胶的胶状物，用它来封住蜂箱里的所有缝隙。我模仿着他的动作，我们俩各自把工具塞到纱盖的两侧。撬开纱盖后，十块木板排成一列出现在我们眼前。每个长方形木板都是可拆卸的，架在箱板上刻好的凹槽中，上面有蜂蜡筑成的蜂窝。面对阳光的入侵，蜂群回以一阵短促又洪亮的嗡鸣——它们一同高声叫嚷，提醒其他同伴家里出事了。

我凑近看了看，发现蜜蜂在巢脾中间的空隙内排成了好几列，偷看着外面的动静。它们扭动着触角，摸索着头顶上空出来的这一大块，几秒钟之前这儿还是它们储存蜂蜜的地方。蜂巢散发着一种让人很舒服的味道，像是在热乎乎的薄煎饼上抹了奶油和糖浆一样。外公徒手把第一块巢脾从蜂箱里提了起来，巢脾的两侧盖满了蜜蜂。它们就像一张移动的毛毯,每个个体都是一根独立的线,组合在一起形成了一个整体。有些蜜蜂往这边跑,有些往那边跑,横冲直撞地,在彼此身上爬来爬去,但却没有一只蜜蜂会被弄伤,或被激怒。

外公在蜂箱上方抖了抖巢脾,甩下去了大概一半蜜蜂,这样我就能看到被它们盖住的蜂窝了。那可真是几何对称的杰作。六边形的管状物彼此相连,排成了一条条直线,每个巢房都与六个相邻的巢房共享一面蜂窝壁,以节省空间和蜂蜡的用量。外公还解释说,为了抵抗重力的影响,每个蜂窝的巢房都会略微向上倾斜几度,防止蜂蜜流出去。蜜蜂似乎明白一个道理,那就是在三种能够彼此堆叠且不留缝隙的形状中——也就是在正方形、等边三角形和六边形中——六边形所需要的材料最少,但创造出来的存储空间却最大,这样就节省了劳动力和耗材。

我把手伸进去,用指尖感受着蜂窝的几何构造。这种堆叠的布局使得每片蜡做的巢脾都能承受好几斤重的蜂蜜,但是蜂蜡本身却很有弹性,我用手指一碰就变形了。有些巢房中储存着亮晶晶的蜂蜜,而有一些里面则塞着亮黄色、橘黄色或者红色的小块状物,这是蜜蜂存起来的花粉粒。外公翻来覆去地检查着这块巢脾,脸离它特别近,近到他的头罩都要蹭到蜜蜂了。

"看见蜂后了吗?"我问道。

外公把巢脾在地上放好，靠在了另一个蜂箱上。蜜蜂还依附在上面，继续在蜂窝中忙里忙外，好像根本没留意到它们已经被从自己的家里面逐出来了。

"没有，这个里面全是吃的，没有给它产卵的地方。她应该在中间的某个地方，中间更暖和。"

一部分蜜蜂沿着蜂箱的四壁溢了出来，像一块不断蔓延的污渍。我本能地往后退了一步。

"得，熏它们吧。"外公对我说。

我把喷嘴对准蜂箱里余下的九块巢脾，挤了一下折叠风箱。一团白烟喷了出来。

"继续。再来。还得要好多。"外公说。

我把一大团烟气糊在了巢脾上方。这个烟雾有股潮湿的雪茄的味道，这味道能骗过蜜蜂，让它们以为蜂箱起火了。这样一来，它们在逃离火海之前会回到蜂窝里，把蜂蜜大口大口地吞掉。外公说，蜜蜂把肚子填饱之后就很难窝弓身子蜇人了。

在我把大部分蜜蜂都熏走之后，他把第二块巢脾提了出来。外公敢徒手工作，是因为他说他被蜇了太多次，已经没感觉了。他发誓说就是因为这些毒液，他才没像外婆那样患上关节炎，导致关节僵硬。

他又检查了两块巢脾，然后把它们放回箱子里，拿起下一个。这次他弯下一只膝盖，把巢脾伸到我这边，让我能看得清楚。

"看这儿,我指的这个地方。"

我微微地倒吸了一口凉气。蜂后明显地摆着蜂后的架子。它的身体线条流畅华丽,体型是其他任何一只蜜蜂的两倍,腿也比其他蜜蜂的长,看着就像是蜘蛛腿一样。它的腹部填满了卵,沉甸甸的,走起路来拖在身后。

一群随行的蜜蜂为了保护它在它身边围了一个圈,边走边为它开道,就像是保镖为大明星开道那样。它匆匆忙忙地穿越蜂窝,像是做什么事要迟到了一样。它的威严不言自明,它靠近哪里,哪里的蜜蜂就眼见着变得激动起来,跑到它面前用触角抚摸它,有些甚至还用前臂抱住它的头,像在拥抱它一样。有意思的是,没有一只蜜蜂会背对它。随着它的移动,它靠近的每一群蜜蜂都会调整方向,头朝内,甚至还会往后退,确保它们的眼睛和触角能盯紧它的一举一动。唯一一个能形容它们这种行为的词是"膜拜"。

"它们为什么这样碰它?"

"它们在搜集它独特的味道,好把这个味道传递给其他蜜蜂。"外公解释道,"它们就是通过这种方法来辨别哪个蜂箱是自己的。每个蜂后都有它独特的味道。它的女儿们永远不会忘记这一点。"

的确,妈妈们都有自己的味道。我妈妈闻起来既像查理香水又像优势香烟，还混合了一丝从教堂二手店买来的别人穿剩下的衣服上带的淡淡麝香。那是一种很特别的味道，只要我一爬上床就能闻出来。这时我想到了妈妈，想到她正躺在床上消磨着时间。我真希望她能来看看这只蜂后，看看连一只虫子都能完美地适配妈妈的角色，看看蜂后如何成为一整个摄人心魄的群体的核心，而且这个蜂群就在我们眼皮子底下活动。在妈妈的四堵墙之外，有这么多迷人的事情正在发生，可她全都错过了。她的日子来了又去，一天天的都没有像这样的小奇迹来振奋她的精神。

蜂后像临产的产妇一样不耐烦得很，在蜂窝里走来走去。它好像厌倦了所有这些关注，拒绝在每只想触摸它的蜜蜂前都停下脚步，一门心思地寻找着什么东西。它每走几步就把头伸进蜂窝的某个巢房里，然后再把头缩回来。它一个接一个地检查着那些小隔间，搜捕着什么。

我问外公它在找什么。

"一个产卵的好地方。"他低声说道："必须得干净，还得结实，里面还不能有卵。"

蜂后挤进蜂窝里去勘察情况，我们只能看见它撅在外面的屁股。它对于育婴室特别挑剔，但最后还是找到了一个自己满意的地方，倒退着把腹部放了进去。蜂后弯下腿，低着身子待了一小会儿，这时随行的蜜蜂围拢得更紧了，好像是要跟它讲个秘密似的。随后，蜂后像做俯卧撑似的绷直了腿,抬起身子,它的崇拜者们节节后退,给它腾出了一块地,让它离开了现场。我打量着它刚刚占据的那块六边形巢房,看到里面有一个白色的针尖状的东西,像微缩版的米粒一样直立在后墙的正中央。它的两个随从把头伸进巢房里,确认它完成了自己的工作。我以前从没见过生命诞生的过程,于是意识到我刚刚见证了人生中的第一场奇迹。

"它还会继续产卵吗?"我小声问。

"一天得产大概一千次呢。"他同样小声地回答。

外公重新站了起来,把那块带着蜂后的巢脾小心翼翼地塞回蜂箱内,格外小心不压到它。他把这个蜂箱重新组装好,然后走到下一个蜂箱跟前。他把工具楔进第二个蜂箱的盖子下面,把黏糊糊的蜂胶印撑开,然后把箱子盖拧下来放在地上,累得他直喘粗气。

最让我震惊的是蜂后竟然有这么多孩子。这数额对于一个母亲来说也太难应付了。

"嘿外公?"

"嗯?"

"一只蜂后怎么能照顾这么多蜜蜂呢?"

他把工具塞回后口袋,把带网眼的头罩掀起来搭在额头上,露出眼睛,这样他就能更清楚地看见我。

"所有蜜蜂都会相互照顾。一个蜂箱就像是一间工厂。每只蜜蜂的分工都不一样,它们一块儿来完成某项工作。"

我斜眼瞟了他一眼,满心狐疑地把双臂交叉了起来。外公把喷烟器放在车下的车斗门上,离干枯的杂草远远的。他蹲在一个蜂箱前面,摆摆手叫我靠近一点。他指了指一群直立在入口处的蜜蜂,它们后背冲外,全都使劲地扇动着翅膀。

"它们的任务是调整蜂箱的温度。"说完他又指了指着陆板上的另一只蜜蜂。

"你再看看这只在干什么呢。"

这只蜜蜂一会儿向左,一会儿向右,一会儿又向左,好像不知道自己要去哪里似的。就在这时,第二只蜜蜂降落在了不远处,这只来回踱步的蜜蜂赶紧一路小跑着凑了过去,像是自我防卫一样把腿弯曲起来,挡住它不让它进到蜂箱里面。先出现的那只蜜蜂在新来的这只周围绕着圈,还用触角敲了敲它,然后就让到一旁允许它进入了。

"这是守卫蜂。"外公说,"它确保不让陌生的蜜蜂进到蜂箱里。"

我目瞪口呆。到现在为止,除了蜂后和敦实的雄蜂之外,其他的蜜蜂在我看来都是一个样。一旦我明白了只有观察蜜蜂的行为才能真正地了解它们后,成千上万只蜜蜂那看似漫无目的的乱爬就突然一下变得井然有序了。我指了指降落在入口处的蜜蜂。

"那些属于哪类呢?"

"外勤蜂。它们把花蜜和花粉带回来。待在蜂箱里面的内勤蜂会把这些东西从它们手上接过来存好。"

"我能看看吗?"

他把手伸进蜂箱里,提起来一块盖满了蜜蜂的巢脾。我指着一只把头埋进某个巢房里的蜜蜂,问他这蜜蜂是不是储蜜呢。他把巢脾往脸前凑了凑,对着蜜蜂轻轻地吹了一口气。蜜蜂从巢房里退了出来,这样他就能看清里面有什么了。

"不是。这是一只保育蜂,它喂小宝宝呢。"他把巢脾放低,指了指那个位置。巢房里有只小小的白色幼虫。

外公教给我的东西越多,我就越兴奋。我想弄明白蜜蜂干的每件事,希望能像他一样读懂蜜蜂。因为当我放任自己沉浸在蜂群中时,我的大脑就不会再转得那么厉害,我可以放缓节奏,只要用心观察,整个人就会放松下来。当我不再忧心忡忡,而是将思绪转移到蜜蜂和它们的行为上的时候,我就能感受到安宁。我因为确信自己周围遍布着秘密的生活而感到舒心,这也不知怎的让我自己所面临的那些难题变得不那么艰巨了。

我了解到有一些蜜蜂是专门做蜂蜡的,还有一些是专门建蜂窝的,甚至还有专门处理尸体的殡仪蜂,它们会紧紧抓住蜜蜂的尸体飞出蜂箱，将它们扔得离蜂箱远远的。外公解释说蜜蜂在一生中会干很多份不同的工作，但每只蜜蜂的第一份工作都是当清洁工，负责清理蜂窝内的垃圾以及翻新巢房，好反复利用它们来储存蜂蜜或者产卵。蜜蜂通过各种内勤工作一步步升职，先是照顾小宝宝和将花蜜酿成蜂蜜，最后就能到蜂箱外面去觅食了。现在我搞清楚为什么蜂后每天能产那么多卵了。因为它拥有非常庞大的日托系统。它唯一的任务就是把卵排到蜂窝里。

"蜂后甚至都不能自己养活自己。"外公说，"看到蜂后边上那圈蜜蜂了吗？那是它的皇家侍卫。它渴的时候它们喂它水珠喝，饿的时候给它饭吃，晚上为它保暖，甚至还负责清理它的粪便！"

"如果蜂后死了会怎样？"

"蜜蜂会选个新的蜂后出来。"

你不能就这么选个妈妈出来。我们看过的自然节目里没有哪个动物干过这种事。我才不信呢。

"不可能。"我说。

"对蜜蜂来说不是不可能。"外公回答道。他说一旦蜂群察觉到它们的蜂后快不行了或者失踪了，它们就会精挑细选出几颗卵，给它们喂蜂王浆吃——那是一种乳状的、营养价值极高的食物，是保育蜂通过头部的腺体制作出来的。蜂王浆富含维生素，定期食用可以让普通工蜂的幼虫发育成体型很大的蜂后。正在孵化的蜂后像从蜂窝上垂下来的花生米似的。为了保护它们，蜜蜂会用蜡为它们建起小隔间。等上三两周，蜂后保育间的顶端就会变得像纸片一样薄。然后它就会通过啃咬的方式从里面爬出来。唰的一下！新妈妈诞生了。

"蜜蜂可聪明了，但是大多数人都没发现这一点。"外公说。

"但是你说过一个蜂箱里面只能有一个蜂后。"我继续追问着。

蜂群会多抚养几只蜂后以防万一，这是外公给我的解释。第一个孵化出来的、尚未跟雄蜂交配的蜂后会赶着去把其他蜂后的保育间撕开，然后用螫针将它的竞争对手一一蜇死。外公还冲我挤了挤眉毛，想制造点戏剧性的效果。

"真的吗？"我小声嘀咕着。外公之前说服过我，让我明白蜜蜂是很温和的，可是现在看来它们也能干出令人发指的残忍事。我咬着自己的下嘴唇，不知道该如何作想。

"我骗你干吗？"外公说，"你甚至都能听见蜂后们在打架。它们的喊杀声听着就跟鸭子叫似的。是的，就像这样——哇……哇……哇……哇哇哇。"

换妈妈这个想法真够不可思议的。如果人类也能这么做会怎么样？我脑袋里浮现出一个售卖妈妈的店铺，我只要沿着货架走，从装在芭比娃娃盒子里的各种女性里面挑就可以了。我会选个什么样的妈妈呢？我应该会选一个留着光亮的金色长发，叫类似于格洛丽亚这种名字的妈妈。她要穿装在塑料蛋里面卖的那种连裤袜[1]，走路的时候高跟鞋咔嗒、咔嗒、咔嗒地响。她会到我班里来，帮所有小朋友做手工，在我摔倒的时候会把史努比图案的创可贴贴在我的膝盖上。我想象我们俩开着一辆敞篷汽车，她长长的黄色围巾在身后飘荡。她永远会让我来选电台上放什么歌，只要我想就带我去得来速汽车餐厅吃汉堡和薯条。

这时外公拍了拍我的肩膀，戳破了我的白日梦。他手里拿着另一块巢脾，但是这块中间的蜂窝并没有装满橘黄色的蜂蜜，而是被棕色纸袋那么深的蜂蜡封住了。他又指了指，这次我顺着他指尖的方向看到了两个小小的触角，它们正从棕色蜂蜡里面的一个小破洞处往外捅，渐渐地一只蜜蜂出现了。蜜蜂在蜂蜡的后面边推边咬着这个洞，直到洞口大到能让它把脑袋伸出来为止。它头顶的绒毛呈现出明亮的奶油黄色，像被打湿了一样缠在一起。它的触角旋转着探索着外面的世界。有几只蜜蜂飞奔过去触碰这个新生儿，它吓了一跳，又躲回了蜂窝里。外公从地上拔了一根干草，用草尖把蜂窝开口上的蜡抹掉，让蜜蜂宝宝能畅通无阻地出来。它迈着腿颤颤巍巍地走了出来，站了一

---

1 L'eggs 连裤袜，以装在白色塑料蛋形容器里售卖而闻名。

小会儿,然后张开了翅膀。新生儿立马开始跟过往的蜜蜂讨饭吃,不出几秒一只年长的蜜蜂就停下了脚步,用舌头喂给它蜂蜜,这只蜜蜂宝宝狼吞虎咽地吃了起来。

我从来没想到蜂箱里能发生这么多事情。外公检查了自己的全部三十个蜂箱,每个都跟上一个不一样。有些蜂箱里的蜜蜂多得数不清,而有一些则看起来冷冷清清的,好像需要个伴。一些蜂箱里的蜜蜂脾气很暴躁,像有焦虑症似的在蜂窝里窜来窜去,而另一些蜂箱里的蜜蜂就很温和,在我们观察蜂箱的时候直接忽视了我们的存在。一些蜜蜂在忙着哺育新蜂后,其他的在堆花粉。一些蜂箱里面净是些模样古怪的蜂蜡雕塑,其他的则是计量精确、排列得直直的蜂窝。一个蜂群里甚至有两个蜂后,这种情况虽然罕见,但如果两个蜂后能和睦相处的话也是可以发生的,这让我对王位的权力之争也看得轻了些。我开始了解到每个蜂群的想法都不一样,一个好的养蜂人能够记住哪个蜂群需要什么样的关注。

外公结束工作的时候,太阳已经落到海平面之下了,蜂箱在草地上映出一道道狭长的影子。我们往卡车边走时,一对鹌鹑听到了我们的脚步声,赶紧把它们的子女赶到了鼠尾草丛后面的安全地带,小鹌鹑们跑起步来像被风吹的棉花球似的。我们在卡车里坐定后,外公赶紧把手伸到座位下面,看看丽塔有没有过来舔他的手指头。在确保它也已经上车后，外公心满意足地给卡车挂上挡，我们又沿着坑坑洼洼的土路上山了，但这次我知道一切都在外公的掌控之中。

"我喜欢这里。"我说。

"是啊，我也是。人在大苏尔这地方能好好思考。"

我清楚地知道他这话的意思。毕竟我刚刚度过了几小时无忧无虑的时光，除了蜜蜂之外脑子里什么都没想。

当我们再次回到平整的路面后，外公往南指了指海岸公路，告诉我他在读五六年级的时候，每天都会徒步八公里爬上比克斯比大峡谷，跟特罗特兄弟一起在查普曼牧场打工。这对兄弟当时还没成年，但体型却比同龄人大很多。他们教会了外公如何收割干草，把红杉树劈成木材，给牛打上烙印，以及给绵羊剪毛。到头来，还是他们教会了外公如何修水管。讲到这儿的时候外公停了一下，好像是在回忆什么东西，然后他就开始给我讲如何正确地把小羊羔从母羊身体里接生出来。

"如果小羊羔是屁股先出来的，你就得把手伸进去，随便抓住什么东西，给它转过来。"他的语气特别严肃，好像他跟我分享的这些东西在将来的某一天能救我的命似的。我鼓不起勇气告诉他不管出于什么原因，我永远都不会把我的手伸进任何动物的身体里。

我摇下车窗，让咸咸的空气吹进车里。山峦在逐渐暗淡的日光下呈现出深紫色，一只红尾老鹰站在电线杆顶端注视着我们这辆卡车飞驰而过。我心满意足，这感觉有点怪异，好像在大苏尔没有什么坏事会发生在我身上。我成功地花了一整天的时间去钻研蜂箱的内部结构，太专注于了解，都没空伤感了。大苏尔就像是一扇通往美梦的秘密活板门。

看着蜂后不知疲倦地为家庭操劳，看着它的后代争先恐后地为它提供照顾，我对自己失去家庭这件事也不那么伤感了。我看到的这一切让我相信，母爱是大自然中很天然的一部分，即使在最微小的生物中也是如此，所以让妈妈重新回到我身边这件事是有希望的。尽管蜜蜂每天都会离开蜂箱，但它们也总会回来的。除了想跟家人相守在一起之外，蜜蜂没有其他的心思，这一点毋庸置疑。蜂箱的一切都在预料之中，这很让人安心。它们是个永不言弃的大家庭。

06

THE BEEKEEPER
养蜂达人

1975 | 秋

当外婆带我去教堂的二手店买上学穿的衣服时，我知道我们要永远待在加州了。还是小孩子的我只能向现实投降，接受这样的安排，那感觉就像是坐着别人开的船沿河而下，用一种平静且事不关己的态度看着人生的种种转折出现在眼前。按照我家的一贯作风，没有人来跟我们解释为什么探亲变成了久居。一方面我很兴奋，因为我终于能见到同龄的孩子了，但另一方面我又很悲伤，因为我一直暗暗期待着某天我们能回到罗德岛，一家人重新团聚，但现在这个希望破灭了。

二手店在教堂的阁楼里，沿着圣殿后面的台阶就能上去。房间里有股发霉的味道，光线透过房顶的几扇小窗户从不同的角度照进来，照亮了飘浮在空气中的尘埃。外婆让我自己挑衬衫，我就选了一件白色的扣领女款短袖衬衫，上面还有绿色的竖条纹。凑近些后，我发现这些条纹实际上是由一道道女童子军团的标志组成的——像四叶草一样的小标志。我简直不敢相信自己这么好运——捞到了一件正版的女童子军团官方制服。外婆把圆形货架上挂得满满当当的衣架推到一旁，拽出了一条长度及脚踝的蓬蓬裙，上面相间排列着方格和印花图案。看样子她是想让我披着一床被子去上学。

"这衣服够体面。"她把裙子举得高高的，对我说道。

我不确定她是什么意思，但我知道如果外婆已经打定了某个主意，那最好还是顺着她来。我的衬衫和外婆的裙子搭配起来简直就是场灾难——我下半身穿得像《草原上的小木屋》里的人，上半身则穿得像个任性的军队头头。但这就是我为自己开学第一天选的行头，脚上还配了双旅游鞋。

我去图拉尔希妥思小学念书的第一天，家里没举行什么盛大的仪式。妈妈依旧躺在床上，外公天还没亮就出发去海岸边的一个地方修水管了，而外婆则一把将我和马修拉出了门外。新学年开始之后，她早上不得不更早出门，先把我们送到村里的一个女士家里面托管，然后再开车去卡梅尔谷，赶在她教的五年级小学生到校之前把当天的课备好。我跟托儿所里的其他小孩一起吃早饭，然后从那个只有土路的机场抄近道，自己走路去上学。

七十年代那会儿，独自上街的小孩在卡梅尔谷随处可见。那时候几乎没什么犯罪案件，而且村子很小，大家都知道哪个小孩是谁家的，所以全都帮忙盯着我们的行踪。田野间和房子后面净是小孩踩出来的土路，把我们这个街区弄得伤痕累累。他们自己创造了个交通网络出来，便利店通着公共泳池，图书馆连着棒球场。所以外婆给我的安排是让我每天早上走路去图拉尔希妥思，下午再走回托儿所，跟马修一起在那儿等着她来接我们回家。我成了留守儿童，只不过是留守在别人家罢了。

上学的第一天，我小心翼翼地沿着马路边边走，呼吸着野生茴香丛散发的甘草香，时不时回过头看一下，怕偶尔会有车经过。清晨时分的街道昏昏沉沉的，透着一股荒凉，就连附近街区的狗都还在呼呼大睡，虽然第一缕阳光已经晒到它们的肚皮上了。我经过了一个马圈，里面的两匹小马驹满怀期待地抬起头来。平常我会停下来，把青草从围栏塞进去喂给它们吃，但这次我急着赶路，好让自己别在上学第一天就迟到。我从机场抄了近道，最后终于走到了学校旁边的白色牧屋，几个已经干瘪的马车轮靠在牧屋的门廊上。就在这时，我听到操场上传来了孩子们的叫嚷声，虽然嘈杂但朝气蓬勃。我在原地站了片刻，只是为了听听他们悦耳的声音在空中回荡，我可能会跟这些人成为好朋友呢。

操场正中央有个旧电线杆改造成的两层攀爬架，这两根电线杆被改装成了堡垒的样子，中间用一个铁索桥连着。只要有小孩在上面跑，桥就会来回晃动，看着很危险。每次我们玩这个爬架的时候都准保会被刮伤，顺着被太阳烤得像铁板一样的金属滑梯往下滑的时候还会烫到屁股。

当我走到操场时，男生女生们正在摇摇晃晃的铁索桥上跑来跑去，遇到缺木板的地方就跳过去，而且他们居然能在桥左右乱晃的时候还站得笔直，好像因为又能一决高下了而开心地追跑打闹着。另一些孩子从金属滑梯上嗖的一下滑下来，大喊着让滑梯底下的人让开。男生们像士兵一样，匍匐着爬进半埋在土里的工业规格瓦管里面。女孩们则挂在猴架上晃来晃去，灵巧地沿着架子从一根横杆换到另一根横杆，每抓一下或松一下手金属杆就会哗哗作响，头发也会跟着在脑后摆动。在沙坑的另一角，女生们在双杠上展示着各种体操技巧。一个梳着辫子的小姑娘坐在离地两米高的横杠上，一群朋友聚在下面齐声喊着："挂膝回环下！挂膝回环下！"我看着那个姑娘松开双手，身体向后仰，用膝盖内侧环住横杠转了个圈，然后在空中翻了个筋斗，最后双脚着地。

我感觉自己的指尖充满了活力。我加入如织的孩子们中间，请那些带着写字板的大人告诉我怎么去我们班的教室。学生们聚在老师面前，后者正在记考勤。当我往他们的方向走时，我听到了一阵窃笑，脸立马就红了。我这身打扮夸张得一塌糊涂。女生们穿的都是迪图牌牛仔裤，后口袋上绣着桃心或者彩虹图案。男生们则穿着李维斯或者灯芯绒的短裤，上面搭配印着冲浪图标或者阿迪达斯标志性线条的 T 恤衫。我跟大家脱节脱得实在太严重了，我这条裙子的材质让它总是蓬蓬的，即使走路的时候也保持着圆拱形，看上去很像我在底下穿了条衬裙什么的。这就是让老人给你挑衣服的下场。外婆挑的是她年轻的时候才会穿的衣服，现在已经过时了。

坐在我旁边的那个女孩的金发特别亮，几乎发白，而且我好像还从某些角度看到它泛着点绿光。她把头发剪成了碗形，跟花样滑冰运动员多萝西·哈米尔的发型很像。她穿着一件粉色的绸外套。

她告诉我她的名字叫海莉。

"你的头发为什么是绿色的？"我问道。

她皱了皱眉头。

"游泳池把它漂成绿的了。"

"你家有游泳池？"

"嗯哼。我还有个蹦床呢。"

估计她还有自己的房间，里面有电视。课间休息的时候，我跟着她去了操场上专为足垒球[1]辟出的一块场地。我是最后才被选进队里的人之一，而轮到我本垒踢的时候，我那条长及脚踝的裙子搞得我伸不开腿，没法好好踢球。我只能像洋娃娃似的迈着小碎步跑垒，毫无悬念每次

---

[1] 专门为小孩子设计的游戏，类似于棒球。但游戏过程中不用拍子击球，而是用脚踢，且球是充气球，不是实心的。

都会出局。但海莉的运动天赋实在太高了，每次该她出场的时候守场员都要往后退几步。她跑垒的时候像男生似的迈着大步子，用力摆着臂，大口呼着气。她真是让人惊叹。铃声响了，我们得回教室了。我调整了下自己的步伐好跟她的一致。

"你真棒啊。"我说。

"穿裤子会好做一些。"

我向她保证我会照做的。

那天晚上我把裙子扔到了卧室衣柜最里面的角落里，藏在一堆冬衣的后面。我得小心别再让外婆把我整得这么难堪了。我发誓要多多关注我的同学们，他们怎么做我就怎么做，好跟他们打成一片。我用人类学家的眼光打量着他们，从他们身上寻找蛛丝马迹，好知道我该要什么，该有个什么样子。我偷听他们聊着迪士尼、动物园和麦当劳。我模仿着他们的口头禅，记下他们唱的那些流行歌。我记录下他们从午餐盒里拿出来的东西——用银色的小袋子装着的果汁，撕成一条条的芝士，用保鲜膜包着的水果切片。海莉给我展示了下怎么把她的奥利奥饼干扭开，舔一舔里面的夹心。那味道可真棒，就像不用冷冻保存的冰激凌似的。可每周六的早上，不管我在西夫韦商店里怎么跟外婆软磨硬泡，她就是不肯给我买这些奇奇怪怪的玩意儿，不仅是因为她搞不懂这都是些什么东西，也是因为这些东西都奇贵无比。我的妈妈没有收入，这意味着我可以在学校吃政府提供的免费午餐。在外婆的认知里，我们不能跟免费的东西过不去。

但有时，免费的东西也是有代价的。在餐厅里，我得在特设的午餐通道排队，所有人都知道这是给家里没钱买东西的孩子准备的。我好羡慕那些有妈妈亲手给准备午饭便当的学生，他们每天都热热闹闹地交换着小熊软糖、花生酱夹心饼干和用又白又软的面包做的三明治，面包的硬边还被切掉了，而我只能听听解馋。我每天只能领到一份热乎的盒饭，用锡纸包着的那种，放在铝制托盘上。而且不管里面包的是什么，它闻起来永远是炖土豆味，而吃起来又完全没味。没人愿意交换尝尝黑乎乎的西兰花或者软塌塌的炸鱼排，所以午餐和午休时间我干脆就待在教室里，边吃我那难闻的饭边翻《迪克与简》[1]系列看。班主任敦促我多去外面玩，但是我拒绝了太多次，弄得她最后也懒得劝我了。我和她一块儿在教室里吃饭，她坐办公桌那边，而我则窝在懒人沙发里，我们两个人谁也不说话，我觉得这样挺好的。

在那一年的学年报告上，我在"社交与情感发展状况"这部分的得分很低：

---

[1] 二十世纪三十至九十年代在美国流行的儿童识字书系列。

把功都用在了教室里,课间休息的时候我非得把她"扔出去"才行。偶尔抱怨她感觉无聊——在校期间和放学后都是。已经鼓励她与同班同学交换电话号码,平时多聚聚。

我把学年报告连同鸡尾酒一块儿递给了外婆。她嘬了一口酒,瞥了眼我的报告,跟我说我在学校的表现挺好的,然后就把那页纸扔到壁炉里去了,外公还用火钳把它往橘黄色的火焰里捅了捅。他每周至少生一次火,哪怕天气暖和的时候也一样。我们家的壁炉不仅仅是用来给房子供暖的;它也是我们消灭破烂的工具。那时候没有回收这么一说,所以外公外婆就把报纸、牛奶盒、破布、杂志、纸巾盒什么的扔到火堆里烧掉,偶尔还会扔个西尔斯百货的产品目录进去。看着我的报告卡着了火被烧成灰,外婆面露喜色。她举起杯子,好像想敬我一杯似的。"要朋友干什么?要我说,他人即地狱。"她说。

我没跟任何人互换电话号码。同学们没有邀请我去他们家玩,但我也不敢请任何人来我家玩。我家那扇紧闭的卧室房门后藏着秘密。我不想把妈妈藏起来,但我也不想跟同学解释为什么她不愿意从房间里出来,反正我也不确定我能编出个理由来。被祖父母而不是父母照顾已经让我在学校里显得格格不入了,我妈妈这不明不白的情况只会让我显得更加古怪。

那天晚上上床睡觉的时候，我发现妈妈仰面睡着了，胸前摊开了一本大红书。是琳达·古德曼的《12星座人》。最近妈妈迷上了星座，潜心研究着外婆从图书馆给她拿回来的书，想从宇宙天象的角度给她离婚这件事讨个说法。我轻轻地把书从她手底下抽出来，尽可能不吵醒她。她一激灵醒了过来，一下子睁开了眼睛。我看到她的目光逐渐认出了房子的模样，然后她松松垮垮地躺回枕头上，伸出手来够我。"没事，来吧。"

我钻到被子底下，用屁股顶着她的肚子。她把腿搭上来，把我拉近一点，躺成了我们每晚睡觉的姿势。

"你是个好姑娘。"她说，"在白羊座里算好的了。"

妈妈把所有星座的人都分成了好的和坏的两类。我是白羊，她说这类人比较以自我为中心，但是相处起来挺有意思的，而且从本质上来讲是好人。但妈妈说金牛座是最好的，因为她自己、外婆和马修都是金牛座的。但外公也是白羊座的，所以我挺开心的。

"妈？"

"嗯。"

"万圣节快到了。"

学校里已经挂起了黑色和橘色的装饰物。所有班级都在策划派对，每个人也都只顾着谈论自己的扮相。我想打扮成《绿野仙踪》里的多萝茜，所以就问妈妈她能不能给我缝一条裙子。在罗德岛的时候她给我做过一件破烂娃娃[1]的衣服，做得无可挑剔。

"我真的不行。"她回答道，"问问外婆吧。"

外婆也帮不上忙。她不会缝衣服，而且她觉得万圣节只不过是又一个惯坏小孩子的由头罢了。她小时候家里不过万圣节，她也没有因此就怎么样。我试图让她明白万圣节是小学里面最重要的一天。只有在这一天你想吃多少糖就能吃多少糖，还能把所有坏事都归结到自己扮演的角色身上。老师们已经答应了要办万圣节装扮大赛了，我们还会刻南瓜呢。如果我不打扮一下的话，就不能参加比赛了，那还不如在家待着。外婆哼了一声，提醒我在她家里不是我说了算。

我根本没想到去向外公求助。我无法想象他用粗壮的大手穿针引线的样子。就算我去跟他倒苦水，最后苦水还是会流回外婆那儿，而她已经告诉我别为了一件衣服去烦她了。

当我在10月31日这天醒来的时候，我还是不知道该怎么办。外公已经出门去大苏尔修水管了，而我发现外婆正在厨房里，忙着把外公那个木制鞋油盒里面的东西都倒到台面上。

---

1 美国作家约翰尼·格瑞尔创作的角色。

"坐这个凳子上。"外婆说。

我按她说的做了。她把一个圆形金属罐的盖子拧了下来,罐子里装着棕色的鞋油。她把手指头在里面蘸了蘸,然后开始往我额头上抹。

"别动。"说着她把我的下巴往上抬了抬。

"你在干什么?"

"给你打扮一下。"她边说边往我眼睛周围抹了点黑色的东西。她很快就把我的整张脸和脖子的一部分弄完了。接下来,她从杂物间里拿了一条给丽塔用的棕色驱虫项圈,系在了我的脖子上。

"在这儿等着。"她说。

我听见她拉开了她卧室的抽屉,然后带着个攒成球的米色连裤袜回来了。她手腕绕了几下就把袜子解开了,然后把弹性很好的裤裆套在了我的头上,还把我的头发都塞了进去。连裤袜的两条腿松松垮垮地垂下来,搭在我的肩膀上。最后,她把丽塔的一条细细的狗绳扣在了驱虫项圈上,把另一头递给了我。

"行,就这样吧。"她说完向后退了几步,好检查下她的大作。

外婆跟着我去浴室照镜子。我站在镜子前倒吸了一口凉气。我看上去就像被严重烧伤了一样,巧克力色的棕脸蛋上瞪着两块眼白,额头上横着几道黑线,眼睛周围还有黑色的圈。我的鼻子尖上有个黑色的三角图案,脸颊还被画上了胡须。我看上去就像个因为在户外待了太长时间所以皮肤已经皱皱巴巴的人一样,而且头上还套着个连裤袜走来走去。我张着嘴,摸着那层油腻腻的涂料,想看看自己的皮还在不在那下面。

"你是只巴吉度犬!"

"巴结什么?"我的声音刚一出口就泄了气。

"是一种狗,猎狗。"

她从杂志上读了一篇教你如何把家常物件变成万圣节装扮的文章。

"我看上去蠢死了。"我抗议着。

"我告诉你什么叫蠢。"她反击道,"有些国家的孩子连饭都吃不上,而你居然还操心万圣节的扮相。"

就这样了。没有商量的余地了。我弯腰驼背地沿着往常的路向学校走去,手里攥着自己的狗绳。鞋油有一股很浓的石油味,弄得我有点头晕恶心。到了操场后,一群不明真相的公主和超级英雄给我让开了一条路,大家都在纳闷我到底是个什么。

海莉把自己打扮成了一个芭蕾舞演员,她在紧身体操服外面套了条红色的芭蕾短裙,脚上穿了双粉色的芭蕾舞鞋,绸带交叉着绑在小腿肚上。她用手挡住阳光,眯起眼睛仔细看着我。

"为什么你把内衣穿在了脑袋上?"

"那是耳朵。"

海莉困惑得额头都皱了起来。

"我是条猎犬。"

我眼睛一动不动地盯着自己的鞋。"我外婆弄的。一点都不好。"

海莉把狗绳从我手上接过去。

"你可以当我的狗。"她说,"如果谁敢说什么,你就听我指挥去攻击他们。"

给她当狗狗的好处就是,我可以一言不发,也不用回答别人问的关于我的扮相的问题。海莉帮我把话都说了,告诉别人每个芭蕾舞演员都得有条警卫犬,就这样。当班主任在沙坑里给全班照集体照的时候,海莉攥着我的狗绳,而我则跪在她脚下,像条忠犬一样。我们的计划成功了,我一直顶着这张狗脸,直到实在受不了那股气味为止。我在洗手间里用粉色的工业皂粉和粗糙的棕色纸巾把鞋油从脸上刮了下去。最后,我把连裤袜从脑袋上猛拽下来,扔进了垃圾箱里。

不论我为了融进集体碰了多少鼻子灰,我还是很喜欢上学这件事本身的。我很喜欢每天的日程,铃声把做手工、课间休息和听故事的时间分隔开来,让我的生活有了目的。每天到家后,我都给外公讲这一天我学到了什么,他则会鼓励我继续尝试交些朋友，还提醒我说想找到合适的、相处融洽的人是需要时间的。在我告诉他万圣节那天发生的事情之后，他给了我两条建议：把海莉当作一生的挚友，以及明年可以戴上他的防蜂头罩，打扮成养蜂人去学校。我纳闷自己当初怎么没想到这个主意。

我们的老师都是不墨守成规的嬉皮士，他们会随心所欲地给课程锦上添花。一个老师教我们如何捏陶罐并把它们烧制成成品。另一个考验我们的超感官知觉，他先在纸上画一个抽象符号，然后让我们充分发挥自己的第六感，在自己的纸上把他画的东西复制一遍。不知道为什么这项训练必须在足球场上进行，我们要在老师身边围成一个圈，手里拿着速写板，想方设法读他的心。我在一次科学实验里得知可乐会腐蚀我的骨头。老师把可乐倒进三个纸杯里，放在窗台上，然后分别往三个杯子里放了鸡骨头、图钉和硬币。我们每天都会观察这三个东西的变化，并把变化记录在日志里。不出一个月，鸡骨头就消失了，于是我对天发誓这辈子再也不喝苏打水了。

我迫不及待地想要上学，想要看看我这一天又能发现什么新鲜事。每当有老师注意到我的时候，我都会回报以一种感激之情。我不明白这是为什么，只是感觉我想取悦他们，想记住他们对我说的每一个字，并且让他们看到我有多乖。

有一天,新来的音乐老师成了一个大大的惊喜。当我第一次走进诺克斯老师的教室的时候,他正坐在一个金属高脚凳上,双膝分开,手拨着吉他,好像他在等的是公交车而不是一屋子小毛孩。他瘦得像根竹竿,看起来似乎还没到当老师的年纪,穿了一条牛仔裤,搭了一双橡胶平底的棕色羊皮袋鼠鞋。他时不时会把挡在眼前的长长的棕色刘海甩开,好找到正确的吉他品位。只有到了周三,他才会开着一辆大众面包车哐啷啷地来学校,给我们上当天的最后一堂课,他的课也成了我每周的亮点。有音乐课的这一天,他会打开教室的门,放下唱片机上的唱针,让歌词把我们吸引过去。《恶棍勒罗伊·布朗》[1]的曲调会沿着连廊缓缓飘来,我们竖起耳朵,扔下铅笔,像被催眠了一样跟着乐声走到音乐教室里。诺克斯老师不会放《魔法龙帕夫》这种专门用来安抚情绪的明快的曲子——他会让我们从收音机上听正经八百的歌。

当诺克斯老师让我们自己选乐器的时候,大多数女生都倾向于选声音轻快的笛子或者木琴,而我却跟男生们推推搡搡地抢着打鼓。他任由我们制造着噪音,从不像有些老师那样冲我们吹哨子,也不会在黑板上把我们干的坏事全都实时记下来。他把往我们还没定型的脑袋瓜里注入良

---

[1] 美国民谣歌手吉姆·克罗齐的作品。

好的音乐品味视作己任，甚至从自己的私人收藏里挑专辑给我们听。一天，他在自己奶油色的柳条箱里翻来翻去，抽出了一张带封面的专辑，举起来给我们看。

"有人知道这几个家伙是谁吗？"

我认出了人行道上的四个披头士成员，顿时僵住了。那是爸爸的音乐。突然间，我浑身都湿冷湿冷的，脚下的地板好像也倾斜了起来。诺克斯老师还攥着那张《艾比路》唱片，眉飞色舞的，等着看有没有人能认出它来。我举起了手，同时举起手的还有一个男生。

"只有你们两个吗？"

诺克斯老师环视着教室，享受着我们空白的小脑瓜被醍醐灌顶前的这一刻。他在往唱片机那里走的时候看上去开心极了，膜拜似的把黑色的唱片从封套里滑出来，小心翼翼，让自己的指尖只碰到黑胶唱片的边沿，然后把唱片放到了转盘上。

这不是真的。披头士是我和爸爸之间的秘密，不是任何人随随便便就能免费享受到的。在全班同学面前放他们的歌就像是在窥视我的生活，诺克斯老师没有权力这么做。我无助地看着他把唱针点在了唱片上，心里明白一个可怕的秘密将会从我身体里喷涌而出。那东西我不能在家里谈，那东西让我感到耻辱，那东西会让我和同学之间本就存在的隔阂变得更大。我看了看教室的门，不知道自己能不能从那里冲出去。

《麦克斯韦的银锤子》开篇的音符从扩音器里飘散出来，我的身体变得僵直，浑身打起颤来。我感觉到一股热气从胃里蒸腾出来，沿着喉咙向上，在眼后聚拢起来。我听到的不是保罗·麦卡特尼的声音，而是爸爸的声音，他在催着我睡觉，让我把所有的豆子都吃完，向我保证他永远都会是我的爸爸。他就像是在教室里显形了一样，但是每当我想好好看看他的脸时，那影像就不停地失焦，好像他站在了一扇不透明的屏障后面。我慌了，使劲想着他的模样。他留给我的只有记忆了，可我连这个都开始丢了。我环视四周，发现同学们都对这首关于三场谋杀案的既古怪又欢快的歌着了迷，边笑边假装用锤子互相砸砍。我永远没法体会他们那样单纯的快乐。我恨他们幸福得如此毫不费力。

我能感觉眼泪快要流出来了，硬生生地把它们吞回了肚子。我不能往自己不断增加的反常社交举动上再加个大炸弹。我紧紧地闭上眼睛，嘴里哼着小曲，想把这首歌屏蔽掉。发现这招不奏效后，我又把额头贴在膝盖上，这样牛仔裤就能把我的眼泪都吸掉。有几声啜泣我没忍住，于是只好努力让自己听上去是在打嗝。我的胸脯起伏着，鼻涕都流到了上嘴唇上。等到音乐结束的时候，班里只剩我的哭声了。

诺克斯老师赶紧打发大家下课,而我则把自己紧紧地抱成一个球待在原地。等教室空了以后,他跪在了我旁边。

"怎么了?"

男性的声音反而让我颤抖得更厉害了。

我只能挤出"我爸爸……"这几个字。

"天呐。"诺克斯老师小声咕哝了一句,"别动。我去找护士来。"

她上气不接下气地跑进教室。我由她把我从地上扶起来,用坚实的手臂把我揽进怀中,而我也融化在了她大大的胸膛里。抱着她就像是藏在了被子下面一样,我保持着这个姿势,直到鼻子不再抽搐了为止。她拉着我的手把我带到了她的办公室,我坐在她的折叠床上,想办法告诉她为什么我这么心烦意乱。这件事真的很难解释。

"我爸爸。"我重复着这几个字。

她递给我一张纸巾。"他在哪儿?"

"罗德岛。"

她嘟起脸,思索了一小会儿,然后拉开了一个金属文件柜。她在牛皮纸文件袋中间一阵翻腾,最后拿出了一个文件夹。她用一只手托着摊开的文件,头也不抬地问了我下一个问题。

"你现在跟妈妈住在一起吗?"

"是的。不是……我住外婆家。"

她歪了下脑袋，好像是想琢磨出有哪些事我没告诉她。

"我应该给谁打电话，好把你接回家呢？"

我告诉她没人接我回家。

"我自己走回去。"我指着东边的方向说。

她从书桌的一个杯子里拿出一支笔，在便签本上留了个电话号码，然后把这一页撕下来递给了我。

"到家以后把这个给你外婆，让她给我打个电话。"听到她的话我点了点头。

"走之前你需要再休息一下吗？"

我拒绝了她的好意。这一天我受够了，巴不得它早点结束。我把便签递给外婆，因为太害怕了所以不敢跟她说实话，于是就告诉她我不知道为什么护士想跟她通电话。外婆没有追问，我也很开心不用多谈这件事。

到了下周三该上音乐课的时候，班主任让我待在班里别动。等同学们都走了以后，她把一套崭新的水彩颜料和一叠纸放在了我面前。她往杯子里倒了些水，然后递给我一把刷子。我盯着空白的纸发了会儿呆，然后把第一个出现在脑海里的东西画了出来。六条腿，四个翅膀，三段身体，五只眼睛，两根触角。一根螫针。

接下来的几周，在同学们去上音乐课的时候，我继续留下来画画。我很怀念打鼓的感觉，虽然班主任说只要我感觉没事了随时都可以回去上课，但我从来不觉得没事了。现在学校的孩子们在我周围都蹑手蹑脚的，好像我特别脆弱似的。但跟被他们无视相比，这起码算是个进步吧。我的画功也有长进。我会画漂亮的小房子，房子的窗户上还挂着窗帘，我会画树，树干细细的，顶端有一团团大大的绿叶。我会画猫、蜜蜂和花。我把它们全都拿回家给外公看，他仔仔细细地把每幅画都欣赏了个遍，然后用胶带把它们粘在"办公室"的墙上——那是从车棚里辟出来的一间毛坯房，他在里面放了一张韦斯顿牌的书桌，还有几箱修水管用的物资。

有一天下午，我发现他在车棚里踩铝罐头，踩完之后还用碎石大锤把它们砸成扁片。他用两只手同时抓住手柄，把大锤高高举起，然后用锤头猛砸那些罐头。他把压扁的罐头往卡车车斗上的硬纸盒里扔的时候看到了我。

"这些东西在废品站能换不少钱，"他说，"每个五美分呢。"

从他那一堆来看，我猜他能小赚一笔。地上凌乱地散落着成百上千个罐头。他的白T恤衫穿太久，已经磨薄了，有些地方还被磨出了洞，裤腿也被罐头里溅出来的饮料浸湿了。他穿了一双皮靴，但左脚脚趾的地方漏了个洞，他就用布基胶带缠在上面把洞堵上了。他的胡子上还粘着食物的碎屑。

"你咋了？"看到我耷拉着一张脸，他问道。

我告诉他学校要办一个主题日。大家的爸爸都会来，每个人都在全班面前讲一讲自己是做什么的。我还告诉他我不打算去了，因为我没有爸爸可带。

"我明白了。"语毕外公喝了长长的一口酒，大声地打了个饱嗝。"抱歉。"

他把啤酒罐扔到地上，一脚踩扁了。然后他把大锤放在了我面前。"想抡一下吗？"

我抓住手柄，用了好大的力气也只能把大锤提起来几厘米。我把腿迈开了一些，让大锤直接砸下来，罐子嘎吱一声就屈服了，听着特别舒坦。我感受到了力量，而且突然发现自己身体里潜藏着一股能量。我又对着那罐子砸了一下，然后又砸了一下，接着又砸了一下，看着啤酒沫从那里面渗出来，整个人都沉醉其中，每抡一下大锤心里都好受一些。当我终于抬起头来的时候，外公正盯着我看。他问我最近有没有做什么新的手工，我提了句我们最近正在学做纸模呢。

外公抬高了眉毛。"你做的是什么？"

"蜜蜂。"

"真的吗？我还挺想看看的。"

外公提议说或许他可以跟其他爸爸们一块去看我的作品。于是这事就这么定了。外公会在"带着老爸来上学之夜"这天替补出场。但我不是特别确定这是不是个好主意。在我的想象里，其他人的爸爸都是身穿西服、手拎公文包、坐办公室的人。然后我想到了外公站在他们旁边的样子，头发乱糟糟的，指甲缝里塞着黑色的泥巴，也没有名片。我希望他最起码能记得把胡子里的食物残渣清一清。

当那一天终于到来的时候，我已经说服自己带外公去学校是个糟糕的点子。他会比其他爸爸都年长很多，会让更多人注意到我没爸爸这件事。我只是想融进集体里，但自开学以来，我不知怎的把能搞的特殊全都搞了一遍。现在我还要带着一个冒牌货去参加"老爸之夜"，这不是让更多人纳闷吗。在客厅等外公着装完毕的时候，我真希望自己能就这么窝在家里，脑子里盘算着各种法子想在最后一分钟取消我们的外出计划。

最后他终于从卧室里出来了，边走边调整着脖子上系的那条他最喜欢的波洛领带[1]，亮闪闪的银块上嵌着一只乌龟。他只有在跳方块舞或出席葬礼和婚礼的时候才会戴这条领带。我注意到他的牛仔裤裤腿上有一条直通脚底的折痕——他一定是从雪松木箱里拿了条还没穿过的圣诞裤出来。他的韦斯顿衬衫是芥末黄色的，上面有乳白色的按扣，和金黄色的细金属条。他把头发梳得平平整整，胡楂也没了，身上散发出须后水的香味。我检查了一下他的指

---

[1] 一种源于美国西部的金属挂饰，由编织皮革和饰扣组成。——编者注。

甲:干干净净的。

我们沿着街道往我的小学走去。他一只手拉着我,另一只手捧了一罐准备送给我班主任的蜂蜜。

到了教室以后,我带着外公来到了展示手工作品的桌子前,指了指我做的蜜蜂。它大概有一条面包那么大,而且为了把它的形态弄对我费了很多心思,六条腿、四只翅膀都做出来了。我还掰直了两根曲别针,把它们戳进硬邦邦的报纸里当触角。外公拿起蜜蜂转了转,从各个角度把它看了一遍,边看边赞许地吹着口哨。就在这时我的班主任走过来做了个自我介绍,他轻轻地把蜜蜂放了回去。

"这蜜蜂做得真不错。"她说。

外公说自己很高兴见到她,然后把蜂蜜罐递了过去。她一只手伸过来拿礼物,另一只手捂在了心口上。

"这是你养的蜜蜂酿的吗?"

"是的,女士。"外公说。

"真是不可思议。"她小声说道。

我从来没听过外公管别人叫"女士",所以咯咯地笑了起来。他给我使了个眼色,叫我别暴露他的身份。这已经是他最礼貌的举止了,到目前为止表现还不错。还没有人问起他是谁,或者他为什么跟我在一起。我们是一块儿来的,这才是最重要的。我们紧紧地站在一起,看着其他人的爸爸对全班人讲述自己的职业。我一边听着那些在银行、法庭和高尔夫球场工作的人的故事,一边好奇外公准备说点什么。他没有正经的工作——带办公室、老板、薪水的那种。他就是修修东西、养养蜜蜂而已。我担心他没什么可说的,或者他会因为要在一群人面前讲话而慌张不安。他曾经跟我说过,当养蜂人的一个巨大的好处就是你可以自己一个人处理所有事情,不用跟任何人说话。外公是喜欢自己待着的那种人,而且总是用最少的字表达他的观点。我不确定他能不能完成这项任务。

班主任喊了他的名字,我松开了他的腿。他走到他的听众前,清了清嗓子。

"我叫弗兰克,我是跟我的外孙女梅雷迪斯一起来的。"他开口道,"我祖上四代都住在大苏尔海岸线一带。"

我听到人群里传出了饶有兴致的窃窃私语。

外公说他的曾祖父威廉·波斯特是大苏尔最早的拓荒者之一。1848年,十八岁的他离开康涅狄格州,做起了捕鲸人。他在蒙特雷捕鲸站负责把鲸油炼成灯油,还会收集鲸鱼的骨头用来做紧身胸衣。两年后,他在当地娶了一个叫安塞尔玛·奥尼西莫的印第安欧隆尼族姑娘,两人在卡梅尔布道所里完婚。他们创建了占地两百五十多万平方米的波斯特农场,那是大苏尔最早的家宅农场之一,他们在里面养了些猪和牛,还弄了个苹果园。他们赶着牛去蒙特雷,然后打包行囊,带猎人和渔夫进到大苏尔的穷乡僻壤里。他们也有养蜂箱。

外公说他在青少年时期就开始养蜂了,那会儿有一群蜜蜂落在了他家的院子里,他的爸爸就给他展示了下如何抓蜜蜂,把它们放到蜂箱里。很快,那些蜜蜂就开始繁衍后代,数量多到原来的蜂箱已经放不下了,而且它们还开始培育新的蜂后——这预示着拥挤的蜂群已经准备好通过分蜂的方式另起炉灶了。于是,他的爸爸又教会他如何把还在生长发育中的蜂后以及其他一些蜜蜂移到空蜂箱里,建立一个新的蜂群。两年内,父子俩位于帕西菲克格罗夫的家后面就多了五个蜂箱。帕西菲克格罗夫是一个小型海滨城市,从大苏尔开车往北一个小时就到。那边都是维多利亚式的房子,密密麻麻地挤在小小的地皮上。

邻居们对于他的蜜蜂很是宽容,也多少有点着迷,他是这么说的。后来邻居们更支持外公养蜂了,因为他往一户日本人家的门廊上放了个蜂箱。这家人在二战的时候曾被迫进了集中营。

"没有哪个打劫的敢靠近那栋房子。"他说。

虽然很多人都被他的蜜蜂迷住了,但他的妈妈却越来越不耐烦。在因为晾衣服而被蜇得忍无可忍之后,她终于发威了,勒令他给自己的新爱好找个更开阔的场地。

外公在大苏尔地区的亲朋好友都很乐意帮忙,于是他把蜂箱转移到了几个沿海的农场里去,在那儿蜜蜂不会惹到任何人。他把蜂箱放到了加拉帕塔大峡谷脚下一片偏僻的空地里，放到了一个堂亲在帕洛·科罗拉多峡谷的养牛场里，还放到了加尔默罗会隐修院的修女们用墙围起来的菜园里。大家开始称呼他为"大苏尔养蜂人"。

外公讲了他在罐头厂街与大海搏斗，收获一网又一网的沙丁鱼的故事。他甚至把修水管这项工作都讲得有滋有味。他描述着曾如何把自己系在树上，从圣卢西亚山的悬崖上垂下去凿钢筋、加固管道，好将一处天然泉水引到忘忧草餐厅——一家位于海平面上两百四十多米处的标志性波西米亚风格餐厅。说这些的时候，他听上去活像一个超级英雄。

我环视着教室。学生们在课堂上从没这么安静过。

"听上去你就像是从斯坦贝克的小说里走出来的一样。"一个父亲喊了一句，让外公跟蒙特雷湾的文学之子平分秋色。而实际上，外公真的记得斯坦贝克，还有出现在斯坦贝克的小说《罐头厂街》里的那些店主、流浪汉和海洋生物学家的现实原型。

所以外公也就直接从字面上理解那句评价了。"斯坦贝克是个很不错的家伙。就是有点独来独往。里基茨博士[1]更风趣一些。"外公说，"他老是付钱给我们，让我们从卡梅

---

[1] 美国海洋生物学家与哲学家，与约翰·斯坦贝克共同合作了《科茨海日志》。

尔河抓青蛙给他做实验。他办的爵士乐派对也都很棒。"

"你认识亨利·米勒[1]吗?"另一位家长开口问道。

"在忘忧草那儿跟他打过一次乒乓球,"外公回答,"他动不动就爆粗口。"

孩子们用关于蜜蜂的问题对他进行连番轰炸。蜜蜂蜇他吗?他怎么把蜂蜜从蜂箱里取出来?怎么抓住一群蜜蜂?外公开始调戏他的听众了。他说自己总是被蜜蜂蜇,但这也意味着他永远不会得关节炎。他说他"特别小心"地把蜂蜜从蜂箱里取出来,还告诉学生们他就是徒手抓蜜蜂而已。他们分辨不出他到底是在开玩笑还是在说实话,所以一个个目瞪口呆。外公一直霸占着大家的注意力,直到我的班主任客客气气地插了句话,好让排在后面的家长也有机会发言。

他转身面向我,我捏了捏他的手。他以一己之力抹掉了我之前在公共场合的所有失态之举,给了我一个在学校里重新开始的机会。他很酷,而且因为他告诉全班人我在帮他养蜂,所以以此类推我也很酷。我从一开始就不该怀疑他的,现在我为担心他会把事情搞砸而感到羞愧。外公跟别人不一样,但这让他更棒,而不是更差。他不是我爸爸这件事已经不重要了。我们两个在一起,这才是最重要

---

[1] 美国"垮掉派"作家。——编者注。

的。外公也捏了捏我的手。

"真棒。"我小声说。

到了回家的时候,我能感觉到有很多双眼睛盯着我们穿过操场,往家的方向走去。外公多了一堆新的蜂蜜订单,他把名字和电话号码潦草地记在餐巾纸上。而我则拥有了比钱更有价值的东西——他的忠诚。外公在全班同学面前宣布我跟他是一起的,这意味着当我跟他讲自己在学校遇到的麻烦的时候,他真的在听。他也一直在想办法,最后用自己的方式帮助我扭转乾坤。

那天我明白了一件事,外公会做我的坚强后盾,就像蜜蜂会为了自己的蜂群不惜性命奋勇一搏一样。他用自己默不作声的方式让我知道,他许下了一个承诺。他承诺永远都不会离开我。

07

FAKE GRANDPA

假外公

1975 | 冬

圣诞节前不久,那辆一直没有从横跨美国的旅行中完全恢复过来的沃尔沃不见了,取而代之的是我见过的最古怪的一辆车。它的颜色是移动公厕那种蓝色,车型像颗牛油果,车尾宽而前脸长。它贴地很近,而且车屁股的地方看着就像是被巨斧砍断了一样。车身两侧各有一条渐窄的白线,动感十足,从车尾一直蹿到车头灯后面一点点的地方。那是一辆美国汽车公司出品的格雷姆林,广告说这是全美最实惠的国民车,外婆分期付款也就只能给妈妈买这么一辆车了。

我和马修小心翼翼地靠近那辆车,从掀背的地方往车里望去——那辆车的掀背就是一块用折叶固定的厚厚的玻璃。我们看到白色的座套上被打了许多小孔,底下铺着还没被踩过的冰蓝色长毛绒地毯。车上有个带很多按键的收音机,白色的方向盘足有垃圾桶盖子那么大。车子尚未踏上征途,周身散发着前途无量的气息。

"小孩子别乱碰。"妈妈说。

她把所有枕头都垫在身后,支撑着自己坐在床上读驾驶员手册。

"我们能去兜个风吗？"我问道。

她把手册摔在大腿上。"我刚才说什么来着？"

"不许碰。"马修回答道。

"这就对了。起开吧。"她边说边挥挥手把我们打发走了。

外婆假装这份礼物是她垫钱给妈妈买的，提议妈妈找到工作之后把钱还给她。这有点像是贿赂，而且成功地讨了妈妈的欢心。但她并没有开着这辆格雷姆林去上班，倒是开着它去了别的地方。她时不时会帮忙运一下家里买的日用品，周末会去逛逛旧货摊。到最后她也没把买车的两千美金还给外婆，但这给了她一个下床走走的由头。这辆车给了她一点点行动的自由，她也探头探脑地试着重新步入社会。这进步虽然微弱但让我觉得很是欣喜，我也对这一切心存感激。

有一天，妈妈说要带我们去卡梅尔小镇转转，破例让小孩子进了她的车。妈妈打开车门后，一股很清新的、淡淡的化学品味道从里面飘了出来。她扳了扳一个把手，把副驾驶的座椅往前放倒，给我们腾出了几厘米的空隙好让我们钻进后排座位。那会儿离儿童安全座椅规定的出台还有十好几年，而且即使车上有安全带，大概也被埋到坐垫里面去了，因为我们根本没系过那东西。

"脚往哪儿踩呢！"妈妈边说边舔了舔大拇指，在座椅被我们的鞋蹭到的地方抹了抹，把不存在的磨痕给擦干净了。她弯下腰，把鞋从我们脚上扒下来，相互磕了磕把土抖掉，然后小心翼翼地把它们放在车内的地板上。我看着她绕到车门处，开门进来，然后把钱包扔到了副驾驶的座位上。白色的内饰像星际轨道一样在我们周围泛着光。坐定之后，她打了两次火才把车打着，然后慢慢地松开离合。但她踩油门的时候用力太大，车猛地往前蹿了一下就熄火了。

"妈的。"

她从后视镜里看了看我们。

"别告诉外婆我刚才说了那两个字。"

妈妈又打了下火，车又突然晃了起来，比刚才晃得还厉害。马修抓住他面前的座椅好维持平衡。他向我投来一抹坏笑。"妈的。"他对了对口型。我扭过头去，不让他看见我已经笑了出来。看一个可爱的小孩子说脏话实在是太好玩了。妈妈深深地叹了口气，双手抓住方向盘，胳膊伸得笔直，坐了一会儿。

"我们是要去梅西百货吗？"马修问道。圣诞老人正在蒙特雷的那家分店里收集大家的礼物心愿呢。

"不是，我们要去看你们的外公。"妈妈回答。

我的眉头挤成了一团。这说不通啊。我们已经有一个外公了,而且这个外公刚刚才从卡车车斗里扛下来一棵圣诞树放在客厅里,还在上面挂满了亮闪闪的灯。我跟妈妈辩解着。

"安静点,我听不见离合器的声音了。"她说。

发动机终于启动了,她小心翼翼地把车从车道里挪出来。开上卡梅尔谷路之后,她换到了二挡,而且就挂在二挡上往前开,全然不顾发动机刺啦作响要求她继续挂高挡。一排车被我们堵在了后面,因为这条路只有两条车道。后面那辆车的司机闪了闪大灯,灯光像一团闪电一样穿过大大的玻璃掀背,照亮了格雷姆林的内部。我们本能地弯下腰,但妈妈却完全无视紧跟着我们的这辆车,还按了下车上的点烟器,然后把一包烟在方向盘上磕了磕,直到有一根从顶上冒了出来。她用嘴唇把那根烟叼了出来,然后把烟盒又扔回了钱包里。等点烟器弹出来以后,她把红通通的加热丝对准了烟头。

"这个外公不是你们的亲外公,"说着她摇下车窗,从缝隙里把烟吹了出去,"我爸爸才是。我们就是要去看你们的亲外公,也就是外婆的第一任丈夫。"

我的脑袋里像敲了锣一样。外公并不真是我外公这个消息真是荒谬至极。我从来没见过妈妈口中的这另一个人,也没听说过谁自称是我的外公。我把指甲戳进白花花的座椅里,想戳个洞出来。不知道为什么,她想告诉我外公还不够好,但是我拒绝买账。我在后座上怒火冲天,因为妈妈这么漫不经心地就把外公看扁了,也因为这个陌生人竟然不经过我的同意就取代了外公的位置。妈妈把烟伸出窗外,让风吹掉上面的烟灰,然后又把它贴回嘴边。

"现在的外公就是我的亲外公。"我坚称道。

"不,他是你的后外公。"

当妈妈终于驶出一号公路、进入海洋大道的时候,我的心情阴晴不定。我们沿着陡峭的斜坡下了山,到了山底之后,卡梅尔镇中心的店铺在我们眼前铺陈开来。她把隆隆作响的格雷姆林开离了主干道,穿过一片都是木房子的街区往山上驶去。这些房子都是些喜气洋洋的别墅,看上去就像是加了糖霜的姜饼屋一样。它们的房顶都是波浪形的,上面盖着茅草,有些屋顶上还装饰着旗子或者风向标。花盆被摆放在窗边,门的两侧都挂着灯笼。我视野所及的地方全是鹅卵石铺成的小道,每户的门牌上都写着名字,而不是数字:"乡间逸趣""风笛召唤""海洋魅影"。

卡梅尔建立于二十世纪初,是艺术家们在海滨的一个聚集地。这些房子最早是属于画家、诗人和演员的,但后来被大力翻新了,现在里面住着当时那些人的后代或者富有的外来人。每栋房子都是独特的,但它们也有一个共同点,那就是我之前从来没进过这样的家。我突然感到很不自在，很担心妈妈到底在闹哪出。

我本就沉闷的心情变得更加阴郁。妈妈慢慢地绕过一棵长在了一条窄路正中间的橡树。在卡梅尔弯弯曲曲的小道上，树零零散散地从柏油路上冒出来，每一棵上面都缠着反光带，叫司机们尊重这景致，烦请大家绕着走。不知道是谁建的这些路，反正他们没狠下心来把这些树砍掉，当地人也习惯了把车开慢点，从它们旁边绕过去。

妈妈把车停进了一栋房子顶部的空地上。这栋房子紧傍着山坡，俯瞰着覆盖了整个大峡谷的蒙特雷松树林。我们沿着环绕房子一周的窄窄的阳台往前走，直到眼前出现了一扇大大的红门，门两边各有一尊中国石狮子，一个把爪子搭在球上，另一个把爪子搭在一只小狮子上。

妈妈抚平了裙子的褶皱，挺了挺腰板，然后敲了门。门瞬间就开了，似乎有人站在门的那边从猫眼往外瞄似的。一个穿着熨烫过的牛仔裤、带流苏的平底鞋和牛津布衬衫的矮矮瘦瘦的男人直勾勾地盯着我们。他的白发是用密齿梳梳过的，好像他还在军队里一样。他面无表情，红扑扑的脸上有一双深色的眼睛，嘴角很自然地耷拉了下来。我从没见过他，但却感觉他已经对我非常失望了。他和妈妈一言不发地对望了一阵。我突然有种想冲回车里的冲动。

"莎莉。"

"爸。"

他把门打开了一些,示意我们进去。我拉起了马修的手。

我们进来的这个地方与其说是个家,不如说是个现代艺术画廊,连迈步子都会有回声。这个设计感很强的两层住宅冷冰冰的,没什么人情味。它的中间是空的,上面那层沿着下面这层的边缘围出了一个圆环。从上面那层围廊的任何地方,你都可以低头看到一层。一层铺了装饰性的水泥地面,上面嵌着一些巨大的红杉树树干切片。面对着峡谷的那一整面墙都是用玻璃做的。房子的两层被一条悬浮梯连接起来。墙上挂了很多中国风的装饰画,画中都是云雾缭绕的山尖和奋力厮杀的战士。一棵巨大的冷杉圣诞树从底层耸立上来,它跟梅西百货里的那棵差不多大。在这栋跟展品差不多的房子里,任何角落都是一尘不染。

妈妈让我们跟外公打招呼。我有气无力地冲他笑了笑。他跟我握了手,仔细地端详了我一阵。我有一种必须为什么事道歉的不安感。我的心跳加快,紧张地咽了咽口水,等着他告诉我我做错了什么,会受到什么样的惩罚。

我听到背后传来了脚步声,他的妻子打破了魔咒。她冲上来跟我们打招呼,长袍飘在身后。她的项链上镶了几块巨大的红宝石,手指上戴着几枚翡翠戒指。她有一头灰白相间的头发,下巴很宽,颧骨很高,身高比她的丈夫还要高几十厘米。她说她准备给我们泡一壶绝妙的茶。她说了下茶的产地，我们两眼空空地看着她。于是她解释说那是中国的一座非常高的山，他们拜访的一些寺庙里会供这样的茶。我们被带到了顶层的一间客厅里，就在厨房旁边，坐在了硬邦邦的中国古董椅上。我们和妈妈坐在屋子的一头，她的爸爸坐在我们对面的另一头。妈妈的眼睛瞟了瞟挂毯，又望了望窗外，总之就是不看她的爸爸。她往茶里面撒了点糖，搅拌均匀。她讨厌喝茶，在家的时候只喝咖啡。

我什么都不敢碰。马修像小天使一样坐在椅子上一动不动，眼睛扫视着这个奇怪的地方。哪儿都没有玩具可玩。

我看得出妈妈已经后悔来拜访了。很明显她和她爸爸不喜欢共处一室，也不知道能跟对方说些什么。无言的憎恨把空气都劈碎了。

后来我得知他是个很残暴的父亲，会因为她胖而无情地嘲笑她，还会因为我妈妈没把房子打扫到让他满意的程度，或者冲他皱眉头这种特别小的过失而把她打得鼻青脸肿。说不准他什么时候会突然长篇大论地痛骂她们一番，这毁掉了我妈妈的童年，也毁掉了外婆的幸福。她们一直活在对他的恐惧中，直到妈妈十九岁的时候，她的父母终于离婚了。他离开的时候妈妈高兴坏了，为再也不用跟他说话而长舒了一口气。然而十几年后，她出现在了这里，他的茶室里。也许是外婆强迫她来的,让她来跟已经疏远了的父亲寻求经济上的支援,但我觉得她更可能是被好奇、期待和需要这些混合在一起的情绪吸引了过来。她假借放假的名义来求和,想探探自己的父亲,看看他有没有改变,有没有悔过自新,以及会不会帮助她渡过难关。

他清了清喉咙。

"嗯,莎莉,你们过得怎么样?"

她说日子还行,但也挺艰难的。她说自己有可能会去银行当出纳,或者去医院当护工。

"挺好的,莎莉。但是为什么不用你的社会学文凭找份工作呢?"

妈妈开始剥她的指甲油了。

"你想过念个研究生吗?"他穷追不舍地问。

妈妈回答说她念不起研究生。她有两个孩子要养。

我能看到他眼睛后面的某盏灯关上了。

"我会没事的,爸。"

我希望自己能说点什么来转移话题,但是却在这个突然冒出来的外公面前僵住了。我试着想象这个人,这个把羊绒衫搭在后背上、把袖子在前面打了个结的人,连同他那些艺术书籍和龙形雕塑一起挤在我们那个小小的乡村平房里,这画面根本讲不通。他看上去不像是个会砍柴生火、会在野外除草或者会跟泥土有任何接触的人。在他的房子里，一切都被陈列了起来，而且好像任何东西都不太常用。而在我们的房子里，每个角落都塞满了破旧不堪的东西。外公外婆会把橡皮筋绑成球，把锡纸捋平重复使用，还会留着每一个纸袋。我们是来自不同世界的人，我没法想象这个人待在我们的世界里。外公的那堆垃圾似乎是从地底下长出来的，而且好几个世纪以前就占领了那片地产。

他妻子端着一盘黄油饼干出现了。她一边把饼干放在茶几上，一边跟我们讲他们不久前去中国的事情。他们细致地讲着如何长途跋涉去了这个那个朝代遗留下来的古迹，谈话逐渐模糊成了大人们无聊的嗡嗡声，我睁着眼睛都快睡着了。我举起茶杯，看到有个像海草似的东西飘在上面，于是又把它放回到上了清漆的茶几上。妈妈假装听他讲着故事，但其实她的思绪已经在别的地方了。她盯着他肩膀上方一点点的墙面看着。我看到他的嘴在动，但却没有在听他说什么。当他终于说完了以后，又一阵长长的沉默笼罩在我们这群人上方。她的父亲又清了清喉咙。

"要到房子的其他地方看看吗？"他问。

他带着我们在上层转了一圈，给我们展示了一下厨房，还有带可滑动式隔离板的卧室，这样卧室的墙就能转出不同的形状。这层还有一间小小的书房，墙上挂着几把剑。之后我们就下到了底层，进到有圣诞树的那个大开间。楼下有一间办公室,另外几间墙可以转的房间,还有一架钢琴。新外公把注意力转到我身上,问我喜不喜欢上小学。我告诉他还行。然后他问我长大之后想当什么。还没有人问过我这样的问题呢。

"我不知道。"

"嗯,就是医生或者律师呗,不是这个就是那个,是不是?"说着他捏了捏我的脸。我好疼,于是揉着脸向后退了一步。妈妈的脸因为愤怒而唰的一下变红了。

"爸,她想当什么就当什么。"她坚定地说。

这下大家又没话可说了。妈妈向外看去,对着正在峡谷上方聚集的风暴云皱了皱眉头。她的父亲带着我们往圣诞树的方向走,树下密密麻麻放了一圈礼物。他伸手拿起一个给了妈妈。她打开了一件从尼曼百货[1]买的毛茸茸的V领毛衣,颜色介于绿色和棕色之间,有点像池塘水的颜色。妈妈不穿毛衣。她说了句衣服很好看,然后就把盒子放在地上了。

"这是给小伙子的。"说着他递给了马修一个礼物。当我弟弟打开礼物,发现里面是辆通卡牌翻斗车的时候,他立马撕开了包装,在地板上推着车到处跑,而我妈妈的父亲则看紧了他的花瓶。

---

[1] 美国专售奢侈品的百货公司。

我的礼物是一个有很多点点的鹅蛋形陶瓷首饰盒。我没有能放进去的东西,但还是觉得它很美,很精致,是一个翩翩淑女的家里会有的东西。被交予这样一件易碎品,让我觉得自己也是个大人了。我的情绪稍稍有所缓和。

我们留下来吃了几块饼干,然后妈妈起身说我们该走了。这家的主人也没有留我们。他感谢我们前来拜访,带着我们往大红门的方向走去。他没有跟任何人拥抱道别,只是站在那里,一只手扶着门,另一只手挥舞着。

妈妈快步走向车边。她使劲摔了下门,把钥匙塞进点火开关里,刺啦一下倒车开出了停车场。她气得发狂,都忘了强迫我们脱鞋子。她猛打方向盘,在弯弯曲曲的卡梅尔小路上左躲右闪。马修朝我这边靠了靠,小声说了句:"果冻人。"我点了点头,之后我们在后座上让自己的身体完全松弛下来,随着妈妈把车甩来甩去,我们两个也跟着晃来晃去。妈妈小声嘀咕着什么,把拳头狠狠地砸在大腿上。然后她又不知冲谁发起了牢骚。

"那房子你看过瘾了吗?我也需要点支援的,你懂的。但他就不!"她在"不"字上拉长了音。

她在发抖,也有可能一直在哭,我不太确定。我和马修猛地向左,然后又猛地向右,沉浸在把身体变成凝胶的任务中。

"我不知道为什么非要来试试。蠢啊,蠢啊,真蠢啊!我根本就不该花时间在他身上。他从来就没在乎过我,这他妈毫无疑问!"

马修正准备模仿那个"他"字开头的词,我见状赶紧用手捂住了他的嘴。妈妈继续对着她的烟发牢骚,在每两个句子中间都会使劲敲一下方向盘。

"他对我做了那么多坏事我还不长记性!"

梆!

"人永远都是那一副德行!"

梆!

"老不死的混蛋!"

梆!

即使在路已经变平坦之后,我和马修还是把身子紧紧地靠在一起。我们振作起来,一起面对扑面而来的一通责骂,尽可能给对方一点安慰,虽然跟一个拿着扩音器的人困在同一个密闭空间里怎么也不会好受到哪去。妈妈咆哮了起来,她的话在车里回荡,碰到车壁就反弹回来,在我们脑袋顶上碰撞,碎成了渣子。她把所有希望自己当面跟爸爸说的话都喷进了我们这个摇摇晃晃的忏悔室里。她才不需要他。他在她心里什么都不是。她诅咒他赶紧死。她永远都不会再跟他多费口舌。

我想安慰她一下,但是妈妈太遥不可及了。她迷失在自己糟糕至极的回忆里,别人没法替她分担。不论在她身上发生了什么，那些事情都太大了，光凭我说几句话是没用的。

我想赶快回到家，这样她就能重新躺回床上，回到那个安全的地方。她过往生活的这一瞥已经让我更加同情她了，我发誓再也不会因为她卧床不起而生她的气。世界对她太严苛了，我必须要耐心点，因为是根植在她过往生活中的某些原因，导致她放弃了当下。

当她转入通向我们后院的那片遮天蔽日的胡桃林时，她摇晃着食指宣布道："我告诉你们……这是他最后一次见我或者你们这两个小孩！"

我胃里的那个结解开了。两个外公的难题消失了，就像魔术师变的戏法一样消散在云烟中。当我在有生之年中最诡异的这一天醒来时，我只有一个外公。到了中午的时候我有两个。现在数量又变回了一。我猜对于大多数小孩子来说，在十二个小时之内多一个又少一个外公是件很让人困惑的事，但对于我来说，这不过再次印证了在我家人际关系的变化多么突然而已。前一天某个人还是家族成员，第二天他们就成了被遗忘的历史。我已经开始习惯人、地方和承诺的无常。所有事情都随着妈妈情绪的波动而变化着，所以她说的话当耳旁风就好，不用太往心里去。这件事也无所谓了，因为那个冒牌外公已经变成了不能提的人。反正对于我来说，他从来就不是真实存在的。

但我还是要留着那个漂亮的陶瓷蛋。

进门的时候，妈妈还在小声咒骂着。外婆在地毯上舒展着身子，享受着她的每日小酌。当妈妈从她身边经过却连个招呼都没打的时候，外婆哭笑不得地抬起头来，把冰块在塑料杯子里转来转去。

"呦，那个连长什么样我都记不起来了的亲爱的第一任丈夫怎么样？"外婆冲她的背影喊着。

妈妈摔上了卧室的门作为回应。

"我说什么来着。"她边说边冲我和马修耸了耸肩膀。我弟弟把自己的新玩具摆在了她面前。

"看我的卡车。"

她拿起玩具，从各个角度检查了一遍。

"这真是一辆上好的翻斗车啊。到外面去给它装上土吧。"

这话不用对马修说第二遍。他紧紧地抓着自己的奖赏，嗖的一下冲到了外面的沙盒里。因为我也没有什么其他事情好做，所以就跟着他出去了。马修边模仿发动机的声音，边推着卡车往前走，而我则把从柳叶石楠上掉下来的果子从沙子里挑出来，码好给他铺路。我们的沙盒就是个很简单的方形盒子，四周用红杉树板围起来，刚好能盛下我们两个人，里面的沙子是外公从卡梅尔沙滩偷回来的。这种沙子特别白、特别干净，我们用力挤的时候还会发出吱吱的声音。马修正在装卸一车车的沙子用来搭楼房，这时我们听到外公皮卡的咯咯声，还有被轮胎碾压的胡桃发出的嘎嘎声。

"外公回来啦！"马修欢快地唱了起来。

外公把车停在车棚下，把饭盒和钥匙放在发动机盖上。丽塔冲我们跑过来，跳进沙盒里刨起了土。外公从一株芥菜上揪了朵黄色的花，边嚼边向我们这边走来。

"你那是什么呀？"说完外公伸手来拿那辆卡车。

他试着在沙子里推了它几下。"不错，"他说，"马力很足。这是哪来的？"

我告诉外公我们去卡梅尔见妈妈的爸爸了。外公默不作声地点了点头，坐在沙盒的边缘，等着我继续往下说。

"妈妈说你不真是我们的外公。"

外公沉默了一会儿，思考着什么。然后他把我抱起来，让我坐在他的一个膝盖上。他又抱起了马修，把他放在另一个膝盖上。

"你们两个听着，而且给我听好了，"他说，"掐一下我的胳膊。"

我们仔细端详了一下他的脸，好看看他是不是认真的。

"我说真的。能使多大劲就使多大劲。"

我使劲捏着，还把指甲嵌进他的小臂里，压出了好多半月形的痕。

"感觉到皮肤了吗?"

我们点了点头。

"那我就是真的。我真的是你们的外公。"

心满意足的马修从外公的膝盖上蹦下去,慢悠悠地溜达回了屋子里。我感觉好些了,但有些东西还是在不断地困扰着我。

"'后'是什么意思?"我问道。

"'后'不过就是说你很幸运,因为你有不止一个外公。"

"但是妈妈说……"

外公把身子倾过来,直到我们的鼻子都快碰到一起了,直勾勾地盯着我的眼睛。"有时候她脑子糊涂。"他非常轻柔地小声说着,这样只有我才听得见。

他说我完全可以自己决定想认谁当外公。这太好选了,因为外公在生活里给我们留了位置,也没有什么纠缠不清的家族史来添乱。他是一个期待见到我们,喜欢教我们新的东西,而且真正在乎我们的想法的大人。他在用家长应有的样子爱我们。

一团阴影从沙盒上面飘过,外公抬头看了看那些预示着大雨的紫云。"我得赶快去检查一个蜂箱。想戴上防蜂帽一块儿去吗?"

我跟着他来到后院的围栏边,站在一米开外的地方看着他拆开了蜂箱。他先是把蜂箱的大盖翻转过来放在地上，然后再把工具楔进纱盖下面，撬开蜜蜂造的黏糊糊的封印。他把纱盖扭松，因为用力脸颊都鼓了起来，然后把它放在翻转过来的蜂箱大盖上，这样纱盖底下的蜜蜂就不会被压死了。蜂箱最上面的那层格子是蜜蜂储蜜的地方，等它们被填满之后能有差不多五十斤。这个蜂箱里有两个继箱，外公看都不看就把它们都拿了出来。他掂一掂分量就知道它们还没满呢。

而且，在每年的这个时候，他也不想从蜜蜂那里收蜜。它们需要这些食物来过冬。他只在春夏的流蜜期才会收蜂蜜，而且只拿走多余的部分，好让蜜蜂有足够的东西吃。外公今天的目标是进到最下面那些更大的育雏箱里，那里是蜂后的育儿室，她会把卵产在一片片蜡做的蜂窝里。

这个蜂箱已经折腾了他一整年。春天的时候，一半的蜜蜂跟着蜂后分蜂跑了，留下来的工蜂们供奉了第二个蜂后。但很快，这只蜂后也跑路了。虽说蜂群用这种方式繁衍是很自然的，但每次大规模的出逃都会给蜂群带来重挫，逼得它们不得不倾注时间和能量去养育一只新的蜂后，并且等它完成交配，再次为蜂群产卵。

今天，外公希望能在育儿室里面找到一些卵，这样才能说明蜂后很健康，蜂群再一次回归了正轨。

守卫蜂们特别不好惹，在他工作的时候一直绕着他的脑袋转，每隔一会儿就会有一只从巡逻队里冲出来用脑袋顶他，警告他蜂群正在逐渐失去耐心。它们暂时还没准备蜇人，但如果他在这儿看的时间太长的话它们就要出击了。外出觅食的蜜蜂们把一天中最好的几个小时都用来享受阳光了，到了傍晚这会儿都回来准备过夜了。它们不喜欢傍晚的阳光和凉飕飕的空气在它们互相偎依着取暖且正准备休息的时候侵入到家里来。

在外公把育儿室所在的那层箱子暴露出来之后，他把一排十个巢脾中最外层的那个拿了出来，把巢脾的两侧都仔细看了看，很快认定上面填了蜂蜜。他把这片巢脾靠着围栏放在地上。他拿出来的下一片巢脾也是类似的情况，上面填上了蜜。第三片巢脾中间的蜂窝是空的，只在顶部的位置有一丁点存储下来的花粉和蜂蜜。接下来是中间那几片巢脾了，他拿出了一片，发现上面全是在蜂巢里乱窜的保育工蜂，它们正把头伸进六边形的蜂窝里。他用手指扫开了几只蜜蜂，然后把巢脾在逐渐暗淡的日光下前后倾斜，想看看这些蜜蜂是不是在喂养蜂窝里的幼虫。

"万事俱备！"他兴奋地叫了起来。他把巢脾伸过来，我能看到小小的白色幼虫弯成了 C 的形状，蜷缩在小洞洞的底部。这些小虫子已经四天大了。他指了指巢脾的另一块区域，我看到了许多垂直的白色针尖状的东西，那些是刚产的卵。保育工蜂喂幼虫喂得太入神了，它们还待在巢脾上，根本没注意到我们正翻来覆去地检查着巢脾。

"蜂后在这里吗？"我问道。

"没在这片上。"他回答道，"还得接着找。"

就在那时，我感觉有雨滴落在了胳膊上。

雨很快就下大了，雨滴噼噼啪啪地落在外公手中的巢脾上。这会儿保育工蜂们抬起头来，开始注意周围的环境了，它们向同伴跑去，疯狂地互相拍着触角。很明显，它们对于育儿室里出现水这件事感到很不安。

"最好赶紧收工。"外公说道。他朝蜂箱走了几步，然后停在了半路上，紧盯着他手里的巢脾看。"噢，这太震撼了！"

他转过身来，把巢脾举得高高的。几秒钟之前，保育工蜂们还四处乱窜，撞来撞去的。在被突然出现的雨水吓了一遭之后，几百只蜜蜂整齐地排列起来，就像玉米上的粒似的。它们像军团一样井然有序，全都对着一个方向，头朝北，翅膀彼此相扣，为它们宝贵的卵做了一层防水。它们一动不动地站在一起，身体僵直，翅膀像西班牙的屋瓦一样紧紧地连在一起，保护下一代免受雨水的侵袭。

外公已经成功地让我相信蜜蜂是很聪明的。但我不知道蜜蜂还有爱的能力。我很惊讶它们能做出这样的牺牲，让自己的后背接受雨水的重击，用相互堆叠的翅膀把雨水汇聚成水流，从幼虫身边导开。如果我们不把巢脾放回蜂箱的话，它们会保持这个姿势多久？这些蜜蜂看上去那么坚定，我想它们会在雨停之前一直这样站岗的。也有可能它们会被雨打得太透或者感觉太冷，最后心脏停止跳动。

保育工蜂竟然知道怎么做这件事，这是很不合逻辑的。保育工蜂一直待在室内——不论是在人工培育的蜂箱里，还是树心空了的树洞里，还是谁家房子的墙缝里，总之只要是在干燥的地方，蜂群都能建起一个家。它们是"宅蜂"，不会冒险到外面去觅食，除非它们掌握了远距离飞行的能力，并且成长为外勤蜂。也就是说，它们对雨水并不熟悉。所以它们怎么会突然知道如何把自己临时排列成一把雨伞呢？而且它们是如何这么快地把信息传递出去，好让所有蜜蜂都同时开始排兵布阵的？

我站在那里，目瞪口呆。

"厉不厉害？"外公说道，"我的一个朋友说他见过一回这样的场面，我还不信他呢。"

"它们是怎么做到的？"

"这你就得问大自然母亲了。"他回答道。

外公把巢脾重新插回了安全的育雏箱，把剩下的几层箱子也都塞了回去，然后把大盖盖上，保险起见还在上面压了块砖头。保育工蜂很快就会在温暖的蜂箱里把身体晾干。

在走回家吃晚饭的路上，我思考着自己刚刚目睹的一切。我看到昆虫表现出了无条件的爱。那些挤作一团抵抗雨水的保育工蜂并不是它们所保护的这些幼虫的亲生父母，蜂后才是。但它们还是甘愿冒险，因为保育工蜂就是为抚养蜂后的后代而生的。它们是父母的替身，就像外公是我和弟弟的父母的替身。

照顾这么多蜂卵需要成千上万只蜜蜂的付出，所以蜂群对职责进行了划分。保育工蜂没办法产卵并不重要，即使如此，它们依旧知道该做什么。每只蜜蜂心中都有同等的爱，蜂巢里没有"后的"和"亲的"之分。

蜜蜂刚刚帮我确定了谁才是我的亲外公。

08

FIRST HARVEST
第一场丰收

1976 | 夏

在一年中的大多数月份里，蜂蜜巴士都处于休眠状态。但是等过了春季的流蜜期，夏天快要到来的时候，外公就开始留意钉在花园围栏上的温度计了。当红线超过三十二度的时候，最理想的取蜜条件就出现了。这种热度会让蜂蜜的流动性变强，在压力泵的作用下能更快地通过巴士内的管道。如果哪年春天的雨水特别多，使得花开得特别旺盛，那他的产出量也会增加，能灌将近三千八百升蜂蜜。

我一整个春天都在问外公，我能不能在丰收季给他打打下手。去年他不让我进蜂蜜巴士，是因为他说我得再长大点才行。现在我六岁了，穿的鞋都比以前大了两号，所以我特别努力想争取进去的机会。每天早上我都会看一看天气，让他知道我在监控环境。万一特别理想的丰收日到了，我随时都可以上岗。

最后，这一天终于出现了。七月的一个早晨，我在此起彼伏的蝉鸣中醒来，蝉在炎热的天气中嘶声尖叫着。我走下床，拉开窗帘，看到丽塔蜷缩在一棵扁桃树的阴影下，大口喘着气。这么早就这么炎热只意味着一件事——

丰收的大好时节来了。我连睡衣都没顾得上换就急急忙忙跑到屋外去检查温度计。已经快要到三十二度了。我在餐桌边找到了正低头吃着厚厚一沓薄煎饼的外公,把这个好消息告诉了他。

"是取蜜的好天气。"他宣布道。

外公慢悠悠地嚼着一大口薄煎饼,好像是在解一道特别复杂的代数题一样,然后又不紧不慢地吸溜了一大口咖啡,老年人对所有事情都是这种不紧不慢的态度。他把纸巾对折,再对折,煞有介事地把胡子边缘轻轻擦拭了一遍,然后清了清喉咙。我屏住呼吸,等待着他的宣判。

"你最好把连体服给穿上。"他说。

他继续戳着自己的薄煎饼,好像刚刚地球没有偏离轴心一样。我扯下睡衣换上了连体服,用时之短创了新纪录。我不知道为什么外公改变了心意,决定放我进蜂蜜巴士了。但我也不准备问他任何问题,万一他要重新考虑一下就惨了。

在蜂蜜巴士变成蜂蜜巴士之前,它被美军用来将士兵从蒙特雷北边的奥德堡军事基地转移到加利福尼亚沿海的其他驻地。这辆车是福特汽车公司在1951年生产的,是F车系的一员,也是福特在二战之后对卡车和巴士进行重新设计而推出的首款改良车。这辆核定载员二十九人的巴士被送到奥德堡,是因为一张政府在二战期间签订的订单。

虽然战争结束了，但新的器械还是不停地被运过来，导致基地里堆积了大量的车，于是他们开始变卖平时不太用得到的库存。外公在大苏尔的一个朋友拍下了这辆巴士，把它的六缸发动机卸下来安到了自己的卡车上。他把一个功率小一些的重型发动机换到了巴士上，在1963年的时候以六百美金的价格把车卖给了外公。

外公在养蜂杂志上读到过一则故事，说一些养蜂人会把取蜜装置放在福特A型卡车后面的平板车斗上，这样他们就可以开车去养蜂场，在现场取蜜。外公受了启发，也想建一个便携式蜂蜜工坊。但外公同时也觉得杂志上讲的方法很蠢，因为如果你在野外取蜜的话，蜜蜂们会找到蜜，发了疯似的跟你抢。但如果有一辆巴士的话，他就可以开着它去养蜂园，在一个密闭空间里取蜜，也不会被蜇。他把巴士的座位都卸了下来送给了朋友，朋友们把这些座椅安在了自家皮卡的车斗里。再加上从他越积越多的废品里挑出来的零部件，外公就这样建起了自己的蜂蜜工厂。

他对自己可满意了，直到他试着把这辆重一吨半的蜂蜜巴士开进大苏尔陡峭的峡谷里，结果好几次差点在之字形的土路上抛锚。从那以后，他就离自己那些比较偏远的养蜂场远远的，开这辆巴士的时候只去高速公路附近的养蜂园。

而且,他之前也没想到保养一辆巴士这么烧钱。他这辆福特 F5 简直就是在吞汽油,而且光保险和车辆登记每年就需要他撇出来好几百美金。所以,他干脆在 1965 年把这辆绿色的庞然大物停在了自家房子后面,把外婆吓得不轻。发动机则被卸下来送给了一个朋友。那个时候,卡梅尔谷还只是一个乡下小地方,真的会有牛仔猎野猪,或者从河里捞小龙虾。这都是在游客们开始在马车之轮餐厅的早餐柜台点浓缩咖啡之前,根据外婆的说法,那会儿他们身上的古龙香水还没把这个地方弄得臭气熏天,也没人大谈特谈跑车和高尔夫挥杆技巧。在那个时候,就算有人把噼啪作响的巴士停在了自家后院,也没有人会多眨一下眼。

外公在齐腰深的狐尾草丛中辟出一条小道向巴士走去,我跟在他的身后。他那条沾满了灰的李维斯牛仔裤不停地往下滑,他也懒得穿上衣,光着介于肉桂色和铁锈棕之间的膀子。他健壮的双臂连着两个厚实的手掌,手上布满了麻子、裂纹和工作时留下的伤疤。外公左手食指尖的地方少了一厘米多,长出来的指甲把那个地方都围住了,就像给它带了个头盔一样。他说这是高中一次手工课的意外弄的,那时候他正在切割金属,用来制造打仗用的防空警报铃。我们左躲右闪,避开一撮撮管道和碎陶器渣,在一块古旧的木制高速公路告示牌前停了下来。这告示牌靠着巴士的车背:"菲佛州立公园:8.2公里",下面还有一个箭头和"餐厅方向"这几个字。

他登上在车后门附近用栈板堆起来的台阶,摸索着他放在车顶上我够不到的地方的那条螺纹钢棍。见到此景,我的期待噌噌地往上涨。他把钢棍的一端插到之前门把手所在的位置,拧了一下,噗的一声把锁撬开了。门咯咯地打开了,他把我抱起来放进了巴士里。他紧跟着也上了车,立马关上了门,好把尾随着我们的个把蜜蜂挡在车外。它们是被外公堆在蜂蜜巴士里的巢脾吸引过来的,那东西散发着香草、奶油和新鲜泥土混合在一起的香气,我马上认出这就是外公的体香。那感觉就好像蜂蜜巴士里的空气有它自己的味道似的。

进到巴士里面后,我看到堆积如山的白色蜂箱被码在了机器对面的那一侧汽车内壁前,几乎快要触到车顶。我数起了数,数到三十七的时候停了下来。我猜我们要一桶接一桶地酿好多蜂蜜。外公打开了离他最近的那个蜂箱的大盖,提起一片盖满了蜂蜜的巢脾,欣赏着被薄薄的黄色蜂蜡封住的精致的六边形蜂窝。他将巢脾举起来对着阳光,让阳光照亮琥珀色的蜜,那效果跟彩绘玻璃没什么两样。他心满意足,低声吹了个长长的口哨。

"这个质量不错。"说完他将巢脾递给了我,让我感受下它的重量。它重得像本厚词典似的,轻轻松松就能酿出三斤蜂蜜。

外公把它从我手中拿走，轻轻地放回了蜂箱中，那里还有九片跟它一模一样的巢脾。他沿着狭窄的通道往车头的方向走去，脚踩在黑色的橡胶地板上时发出了黏糊糊的声音，好像捕蝇纸被铺在了地上，干起了捕人的勾当似的。

"这个东西能正常工作吗？"

我拽了拽一根绳子，它已经有些年头了，被磨得灰突突的，然后一个铃铛响了起来。外公正在往一个改装过的除草机引擎里倒汽油，这是他用来发动取蜜器的。他从驾驶座后面瞪了我一眼，我赶紧松开了绳子。外公抽动着一根拉绳以启动机器，它咯吱咯吱地喘了起来。不过最终引擎还是工作了起来，而且逐渐稳定，发出砰砰的声音，连带着我脚下的地板都跟着振动。整辆车都跟着晃动起来。为了把废气排到巴士外，外公在地板上钻了一个洞，从除草机的引擎上接了根金属管连到车外。

"过来，我给你看个东西。"外公的叫喊盖过了车内的嘈杂声，摆手示意我到取蜜器那里去。我向齐腰深的金属槽里面望去，看到里面有一个调速轮，六根轮轴每根下面都挂着一只长方形的笼子。那些笼子的大小刚好能装下一片巢脾。当调速轮转起来以后，蜂蜜会被从蜂窝里甩出来，滴进取蜜器里。随后蜂蜜会被泵上一根管道，再被分流到用鱼线吊在车顶扶手上的错综复杂的小管道里。最后蜂蜜从管道里倾泻而下,流入两个贮槽中。

我推了一下调速轮,但没想到它被锁住了。外公轻轻地把我的手拿开。

"第一条规矩,什么都别碰,尤其是别把手往取蜜器里伸,除非你不怎么待见自己那双手。"

我低头瞥了瞥他那根短了一截的食指,赶紧离取蜜器远远的。我必须得谨慎些,免得自己被从蜂蜜巴士里赶出去。我安静地站着,手揣在兜里,这样就不会手痒痒去碰其他东西了。外公挪开挡道的罐子和箱子,给机器上好油,把办公区准备好,而我则扫了一眼巴士,欣喜地发现了两条有整个车顶那么长的抓杆。这太棒了,简直就是专门给我训练用的猴架,这样我就能跟其他女生一起在操场上大展身手了。我忘了一分钟前才发过誓要乖乖听话,蹦起来抓住了那两根杆子,身子前后晃荡,直到我使上劲了之后把两腿抬了起来,架在了一条抓杆上,然后膝盖倒挂在上面垂了下来。外公看到我之后抓住了对面那根扶手,把脚从地面上抬起来,挂在了我的对面。

"是这样吗?"他说道。然后他伸出手来挠了挠我的胳肢窝,把我痒得直叫。后来我实在受不了了,晃了几下回到了地面。

"准备好开工了吗?"他问道。

我跟着他来到车尾,走到一个长长的金属盆前,盆里遍布着蜂蜡卷和蜜蜂的尸体。他递给我一把双刃刀,三十厘米长的刀刃上盖着好几层被烧得黑黑的蜂蜜。它的木把手是空心的,中间穿了两根橡胶软管,用夹子固定住。软管穿过车壁上的一个洞,连着外面坐在丙烷加热器上的一个装满了沸水的铜锅。

"小心,管子里面是热气,"外公提醒我,"所以它叫热切刀,能把你烫出个好歹来。"

我双臂伸直把那个武器端在自己身前,就像骑士举着利剑似的,等着外公给我下命令。随着刀刃的温度逐渐上升,上面硬邦邦的蜂蜜开始变得亮晶晶的,散发出一股焦糖的味道,刀尖的地方还冒出一缕烟。我把它拿得尽量离身体远一些,与此同时外公拿出了一块巢脾,把蜜比较少的那头挂在了从金属槽上方的一条横杠上冒出来的钉子上。他握住我的手,引导着热切刀从上到下划过被蜡封住的蜂巢。刀刃的角度刚刚好能够把蜂蜡切开,露出下面闪闪发光的蜂蜜。蜂蜡打着卷从蜂巢上脱落下来,掉进了下面负责接住它们的盆里。要想切开这层薄薄的蜂蜡而不划到里面的蜂蜜,下手一定要轻才行。

"换你试试。"

他松开了刀柄,刀在我的小手里一下就显得很笨重。我很害怕,于是就松手任它掉进了金属槽里,它接触到洒落的蜂蜜后开始冒烟。外公把它捞了出来,用湿抹布把刀柄上粘的蜂蜜都擦掉。或许外公是对的,我还没到能收蜂蜜的年纪。

"两只手一起。"

巴士里面实在太热了,弄得我的手都开始冒汗,没法把刀握紧。我努力想像外公那样稳住刀片,但最后还是把它戳进了蜂巢里,挖了一大坨蜂蜜出来。

"跟我学。"他边说边伸过手来。他把手放在我的手上,我们就这样开了几十片巢脾,直到我掌握了如何感受蜂蜡的弹性,慢慢地能自己用合适的力道把巢脾切开。我把巢脾两面的蜡都切开需要很长的时间,但外公很耐心地等着,不停地表扬我,还在我实在搞不定的时候把难活接过去。最后,我终于能切开薄薄的一片蜡,同时还把大部分蜂蜜留在蜂巢里面了。

现在车里燥热难耐,但是我们不能开窗,因为窗户上没有能把蜜蜂挡在外面的纱窗。外公打开了驾驶座附近的一台旋转式风扇,它倒是让空气流通了起来,但同时也让巴士里的噪声更大了。然后他干脆把牛仔裤也脱了,身上只剩一条白色的紧身内裤和一双匡威运动鞋。

"好多了。"外公叫喊着,这样他的声音才不会被嘈杂声淹没。他把手伸进没有盖盖子的金属槽里,拽了一片黏糊糊的蜡出来放进了嘴里。

"口香糖。"他咧嘴笑着。

他总想让我相信，那些看上去最恶心的东西其实好吃得要命，比如肝脏和蓝纹奶酪。他递给我一块蜂窝，我撕下来一小块，试探着咬了一口。那味道就像是我喜欢的所有糖果都被集合到了一起——我先尝出了椰子味，然后是红甘草，最后还有一股奶油糖的味儿。那口感就像是一块热乎乎的棉花糖在舌尖化开了一样，我不敢相信自己之前竟然从来不知道人间还有这等享受。我嚼着那块蜡，直到它变凉为止，然后学着外公的样子，把这个小硬块从嘴里拿出来，扔回金属槽里，然后再掰一块温温乎乎的新的。外公往后退了几步，冲我眨了眨眼睛。他把嘴里的蜡喷到了空中，好像是在吐西瓜子一样，让蜡落回了盆里。我明白了他的意思，于是学着他的样子，把我嘴里的蜡也喷出一条大大的弧线。

"两分！"说着他走到了巴士的另外一头，想喷一个长线试试。他喷了一口却打偏了，蜡块落在了我的脚边。他把那东西捡起来，往后退，退的时候还朝我这边倾了倾身子，好像想告诉我一个秘密似的。

"你妈妈怎么样？"

我耸了耸肩。

"你们俩关系还好吗？"

"应该还好吧。"我回答。

"她估计得缓上一阵子，你明白的。"他说。

"嗯。"

被关在巴士里意味着他可以随心所欲地表达自己的想法，而不用担心被外婆听到，于是外公的性格也变了。他是在以同辈的身份跟我说话，我过了好一会儿才适应。我能觉察出他想告诉我一些很重要的事情，所以他才苦苦搜寻着合适的字眼，既不想让我心烦，也不想说一些我无法应对的事情。他又开始切蜂蜡了，但还是继续用这种全新的成年人口吻跟我说着话。

"她这人就这样，连她自己都没办法。"

他的话悬在了半空中。我妈妈到底是什么样？我知道她去哪儿悲伤就跟到哪儿。我知道她卧床不起是因为她总是头疼，以及她真的很不喜欢她爸爸。听同学们聊天的时候，我知道了其他人的妈妈会去工作、来学校、做晚饭。我的妈妈整个圣诞节都是睡过去的，而且在圣诞树底下给我和弟弟留的是支票，而不是实实在在的玩具。我们的妈妈跟别人不一样。可现在，外公的话不停地戳着我。为什么妈妈"就这样"，为什么连她自己都没办法？我妈妈哪里出了问题？外公向我透露了一些事情，也许是我不该听到的事情。

"她自己没办法干什么？"

外公把一个空蜂箱倒扣过来，把没有盖子的那头扣在地上，然后拿它当板凳坐了上去。他用胳膊擦了擦眉毛，然后面对着我。我知道他在小心翼翼地措辞。

"你妈妈很爱你。"

我等着他继续说下去。他又试了试。

"有时候表达这份爱对她来说很困难。"

"为什么?"

外公抬起头,看着一只蜘蛛在车顶的某个长方形窗户上织着网。我明白自己问了一个没有办法回答的问题。沉默在我们之间蔓延,一种深深的悲伤压在我的心口,弄得我急需坐下来。我从他附近拉了一个空的蜂箱,给自己也弄了个板凳。

"我有没有给你讲过侦察蜂的故事?"他问道。

我摇了摇头。

"侦察蜂是专门负责找房子的。如果它们现在住的房子不对劲了——太挤,太潮湿什么的——它们就去找一个更好的。"

我不确定为什么他要告诉我这个,所以静候着他继续讲下去。

侦察蜂敢于冒险,是它们劝动一个蜂群进行分蜂,外公这样解释道。在蜜蜂们如乌云般倾巢出动的前几天,侦察蜂会在周边地区调查一番,探探树上的空树洞、烟囱的内壁甚至墙缝,寻找一个更好的居住地点。等到天气晴朗温和的时候,它们会在蜂箱里冲来冲去,把翅膀搭在其他蜜蜂身上不停地扇,给大家鼓劲。它们的兴奋是会传染的,蜂箱内的温度会上升,所有那些跟着一起扇动翅膀的蜜蜂会聚到一起,发出击鼓般的声音。蜜蜂的声音越来越大,当它们的声音变成轰鸣后,群蜂会在某个隐秘的信号的昭示下从蜂箱的入口喷涌而出,旋转着组成直径长达九米的圈,把蜂后围在中间的某个地方。

我想象着蜜蜂如烟花般出现在空中,成千上万个黑点在空中盘旋,然后像通过某个看不见的通道似的聚拢在一起。

"它们怎么决定去哪里的?"

"通过舞蹈。"

现如今我已经明白了,外公在谈论蜜蜂的时候从来不说瞎话,不论他的故事听起来多么难以置信。他已经说服我蜜蜂能做任何事情。我知道蜜蜂可以通过气味、声音和触觉来交流,所以为什么它们不能通过动作沟通呢?他说负责觅食的蜜蜂会在蜂箱里跳舞,好告诉其他蜜蜂哪里的花蜜更丰盛。侦察蜂就在聚拢起来的群蜂上方跳舞,告诉它们新家在什么地方。

"它们的舞蹈就像地图一样。"外公继续说道,"舞步会告诉其他蜜蜂它们新家的地址是什么。"

"我能看看吗?"

"看什么?"

"看蜜蜂跳舞。"

"如果你够幸运的话,哪天我们是能逮个正着的。"

外公站起身来,准备转第一轮蜂蜜。他把手伸进没有盖盖子的金属槽,拿起我们用热切刀切好的巢脾,然后把还滴着蜂蜜的巢脾放进从取蜜器的调速轮上垂下来的笼子里。等把每个笼子都装满之后,他给调速轮解了锁,在启动取蜜器之前停了一下。

"我不希望你因为你妈妈的事太烦心。你就像侦察蜂一样聪明。总有一天你会找到自己的路的。"

我当场立即决定侦察蜂就是我最喜欢的蜜蜂了。

"来吧,转一下把手。"他边说边指了指取蜜器顶部附近的一根杠杆。

调速轮转了起来,吱扭扭地加着速,直到下面的笼子模糊成了一片。最开始的时候,被甩出来的蜂蜜能汇成粗粗的线条,每转一圈线条就会细一点,再到后来变成了亮闪闪的如蜘蛛丝般的细线。这意味着该把调速轮上方凸出来的把手往相反的方向拧,让调速轮反方向转了。每个方向多多少少都要转上几分钟,具体用时取决于巢脾被塞得有多满。

盆里收集到的蜂蜜有将近三十厘米高,特别浓稠也特别亮,我们都能在上面看到自己脸的倒影。这时候泵开始工作了,大口吸着蜂蜜把它抽到上面的管道里去,蜂蜜表面上慢悠悠地翻腾起一些泡沫。泵把蜂蜜抽进从取蜜器的底盆伸上来的主管道里，一直抽到车顶。在那个位置，管道通过 Y 型接口分岔进了两个小一些的水管里。在这个过程中，整个管道网络都跟着震颤。这两根水管又把蜂蜜分进其他管道，它们流淌过巴士的车窗，直奔驾驶座后面那两个一百九十升的贮槽。运送蜂蜜的管道用金属鱼线吊着，就伸到贮槽敞口上方一点点的地方。外公还用修水管用的重型胶带把金属丝牢牢地固定在了车顶的扶杆上。我眼睁睁地等着蜂蜜喷出来，整个人都着了魔。

"来了！"外公说道。

第一批蜂蜜冒着泡泡从管道里流了出来，倾泻而下进入管道下面的贮槽里。那场面很美，就像女孩子的金色长发在风中飞扬。我记得外公曾经告诉过我，蜜蜂在一生中只能造一针管不到的蜂蜜。但是现在有这么多蜂蜜喷涌而出，这一定是好几千亿只蜜蜂的劳动成果。

我们工作了一整天，直到太阳开始沉下圣卢西亚山，把深绿色的山峰变成了灰色，直到我们造了将近三百八十升蜂蜜。我沉浸在举巢脾和划蜡这些动作中，想象着我们就是自己蜂箱内的工蜂。取蜜器旋转起来的声音就像是蜂群的嗡鸣一样，把我们的声音都吞没了，所以我们大多数情况下只好靠手势交流。我们把对方往这个或那个方向轻轻推着，如果有什么重要的事要说就晃晃对方的肩膀。如果我们分别在巴士的两头，就只好挥挥手，像蜜蜂似的跳动几下，好引起对方的注意。

外公赶在日光还没完全消散的时候关闭了引擎，即使在巴士颤颤巍巍重回平静之后，我的耳朵也还是嗡嗡作响。我的胳膊酸疼酸疼的，嗓子也干极了。我们的皮肤和头发上微微闪着蜡的光泽，身上散发出一股奶油和鼠尾草的味道。我从来没有这么卖力地工作过，所以还没到睡觉的时间整个身子就发沉了。外公拉开了贮槽底部的小门，用一个旧旧的蛋黄酱罐子接住流出来的蜂蜜，把罐子装满。他伸手去拿一卷带红字的白色方块标签，往罐子上拍了一张：

野花蜜

美国之选

来自大苏尔养蜂场

E. F. 匹斯

"给你的。"他边说边把罐子递给我，"这是你造的。"

蜂蜜在我手里闪闪发光，就像一个会呼吸的、活生生的东西。它暖暖的，我很爱这感觉，因为当其他一切都莫名其妙的时候，它给了我意义。它有力地证明了外公在巴士里一直想给我解释清楚的道理——美好的事物不会降临在只会空想的人身上。你必须努力奋斗，敢冒风险，这样才会得到回报。

但是他说我凭一己之力造了这罐蜂蜜也不完全对。是我们两个人一起收的蜂蜜没错，但蜜是蜜蜂酿的。它们从无数朵花上采集了花蜜，才酿出了我手上这寥寥一斤的蜂蜜。

芸芸众生，人也好，昆虫也好，以我们各自的方式踏上了遥远的征程，克服了重重危难，辛劳至极，才能共享这一点点让人魂牵梦绕之物。

我们造出了这罐蜂蜜，是因为我们相信自己有这个能力。

09

UNACCOMPANIED MINOR

无陪伴未成年人

1977

在我过完七岁生日的那年夏天,邮箱里多了一封寄给我的信。外婆在把信交给我之前先读了一遍。

"你爸爸想让你去看看他和他的新老婆,"她说,"如果你不想去的话就别去。"

自从两年前在车道告别以后,我跟爸爸就断了联系。我打开光滑的信纸,把它们贴在胸膛,用手摸着爸爸用钢笔在纸页上压下的印记,好像是想说服自己这些印记真的是他亲手划下的,这些话是他专门为我而写的。这是一份物证,证明不论如何,爸爸都是爱我的。外婆和妈妈几乎让我相信爸爸永远地离开我们了,但是现在我有证据证明她们百分之百错了。我相信自己终于转运了,好的事情终于要开始在我身上发生了。我不仅又能跟爸爸见面了,而且还多了一个妈妈。外公说过"后"这个字意味着同样的东西你可以拥有两份。有没有可能情况就像蜂群那样,我要迎来一个新的王后,取代原来那个不称职的?

"我想去。"我说,"马修也去吗?"

"他太小了不能自己坐飞机。航空公司的规定。"

外婆皱了皱眉,把信塞回了信封里,我吃不准这个意思是我能去还是不能去。她坐了一会儿，把信的一角在掌心敲了敲，仔细推敲着整件事。

"咱们去跟你妈妈商量一下吧。"她说。

妈妈在床上坐直了身子，面无表情地把那封信扫了一遍，然后手一松让它从指间滑落，晃晃悠悠地掉到了地上。她拿起自己的简装版悬疑小说继续读了起来，假装我和外婆不在房间里。几秒钟后，她把书往下拿了拿，越过书顶看着我们。

"你们两个可以走了。"她用呆板的语调说着。

"莎莉……"外婆用专门安慰小学生的那种舒缓语气跟妈妈说着，然后又往床边挪了几步。

"我让你们出去！"

外婆往后跳了下，用手捂住心口，然后把我赶出了房间，咔嗒一声轻轻关上了身后的门。我能听见妈妈躲在被子里哭的声音，于是明白我的旅行计划无限期延后了。我窝回客厅里，把电视的声音调大，让自己淹没在情景喜剧的假笑声里，想用这种强颜欢笑的方式麻痹自己的神经。我下定了决心，不管妈妈哭得多厉害，我都一定要见到爸爸，我才不要因为她不好受就让自己的探亲计划不了了之。妈妈的坏情绪能把房间里所有的能量都吸光，让周围的每个人都灰心丧气、疲惫不堪。既然爸爸向我递出了橄榄枝，我就不能让妈妈把它给折了。

最后她们还是决定让我去了。没有人来直接跟我商量这件事，只是有一天，外婆突然告诉我她已经给我爸爸写过信了，安排好了让我去他那里待一周。临近旅程的那几天，妈妈变得越来越焦虑。晚上睡觉的时候她不停地翻身、叹气，脑子里翻腾着一堆她想让我从爸爸家里拿回来的东西，而且这个单子越来越长。

"嘿，嘿，你还醒着吗？"她会在半夜悄悄地问。

我会假装打呼噜，但这样一来她就会开始轻轻地摇晃我的肩膀。

"梅雷迪斯。"

"嗯？"

"一定要把巴比·达林[1]的唱片给我拿回来。还有金斯顿三重唱[2]的。这些都是我的，不是他的。"

我昏昏沉沉的，但是明白她还会反复提醒我很多次，所以就没有搭茬。她又戳了戳我："你听见我的话了吗？给我重复一遍。"

"巴比和金山。"我咕哝着。

突然间，她把手伸到被子底下，把我翻过来面对着她。我噌的一下被肾上腺素唤醒，等我的视线聚焦之后，我发现她的脸离我的脸只有几厘米的距离。她抓着我的肩

---

[1] 美国著名创作型歌手，"格莱美最佳新人奖"的首位获奖者。
[2] 美国著名民谣组合，1950至1960年期间帮助民谣再攀高峰。

膀，慢慢地说了下面的话，每个字都说得字正腔圆。

"巴——比·达——林。金——斯顿——三重——唱。"

她抓得很紧，太紧了，那里面蕴含的绝望让我毛骨悚然。我重复了这两个名字，好让她赶紧放开我。她放开了手，我扭到了床的另一头，远离她的魔掌。但她的声音还是穿透黑暗传到了我的耳朵里。

"别忘了婴儿金手镯。听好了——手镯有两个，一个是你的，一个是马修的。上面刻着你们的名字。我知道手镯就在他那儿。如果他说没有的话，那他就是在说瞎话。"

我跟她说我不会忘的，但也只是为了安抚她。这些东西我一点都不在意，我也不想跟爸爸要它们。我恨她霸占了我的旅行，还把我的旅行变成了她的。但我知道如果不按她说的做，我可有的受了。每晚，她的单子都会变得更长一些。她想要她在婚礼当天戴的那条珍珠项链，还有配套的泪珠形耳环；想要我和马修在西尔斯工作室拍的那些带框的婴儿照；想要一件从她外婆那里传下来的羊毛大衣。外婆帮我收拾行李的时候她一直在旁边晃悠，把我的几件衣服从白色的行李箱里拿出来，以确保箱子里有足够的空间来放她的东西。因为担心我记不住所有的事，所以她干脆给自己的财产列了个单子，钉在行李箱的橘黄色内衬上。

当我的机票寄到之后，外婆撕开了信封，仔细检查着上面的价格。"如果那个小气鬼掏得起这个数的话,那抚养费他也能多给点。"

她在书桌前坐定,打开一个抽屉,抽出了厚厚一叠奶油色的信纸。我听得出她下笔的时候带着控诉般的愤怒。她偶尔会把信举起来,仔细检查自己的措辞,思考片刻之后再把信纸重新拍回桌子上,强调一下自己的诉求。满意了以后,她舔了舔信封,把它粘上,然后把那封信也放进了我的行李箱里。

虽然妈妈和外婆交给了我这一堆差事,但我也没把烦躁的情绪都写在脸上。而当我在云霄之上喝着第四罐免费七喜的时候,忘掉她们塞在我行李箱里的小纸条简直易如反掌。我被要求在右肩上佩戴一个"无陪伴未成年人"标志,而且很快就明白了这意味着我会从发小零食和玩具的空姐那儿得到无尽的溺爱。那些漂亮的空姐们总是来看我,问我要不要枕头,需不需要多来几根蜡笔,或者想不想往牛仔外套上别一对银色的翅膀。我是飞机上唯一一个独自出行的小孩,所以其他乘客都对我很感兴趣,问了我很多关于我要去哪里的问题。终于要跟爸爸见面的我实在太激动了,所以我热切地给他们解释着,但他们的反应却不总是像我期待的那样。有一些大人在得知我要去探望爸爸的时候显得特别开心;另外一些却在给了我一个苦涩的微笑后转移了话题。

飞机落地之后，一个空姐让我在原地等候，等所有人都出了机舱之后我才能从座位上起身。这是只身乘坐飞机的儿童必须遵守的规定，但这规定实在太折磨人了。时间似乎倒流了一样，别人都在忙着穿大衣、拿行李，而我却只能在座位上晃来晃去，在脑海里默默地用扫雪车把他们从通道上铲走。最后，负责接我的人终于现形了。她拉起我的手，把我带下了飞机。机场里全是人，好多双胳膊和腿挡住了我的视线，弄得我找不到爸爸。我握紧了空姐的手，担心自己会被人群冲散。

"你爸爸长什么样？"

"他头发是黑色的，个子高高的。"我尽力描述着，但还是没有把搜索范围缩小太多。我已经太久没见过他了，我也不是很确定自己能不能在人群中认出他来。她指了指一个站在窗户附近的棕发陌生人，又指了指一个在座位上读报纸的胖嘟嘟的男人。我对这两个人都摇了摇头，但她还是领着我走到了那个坐着的人面前。

"先生，这是您的女儿吗？"

那人吓了一跳，把报纸往下垂了垂。他摇了摇头，然后又躲回报纸后面去了。我更加努力地想望穿乱糟糟的人群，但还是不知道爸爸在哪儿。我们又一次地穿过人群，然后又折返回来走了第三次，我的期待也慢慢变成了压在喉咙上的一块石头。他忘了来接我。或者更糟，他记得这件事但还是没来。他改变主意了，最后还是决定不要我了。我做好了准备，等待着空姐把我重新领回飞机上，让我飞回加利福尼亚的那个瞬间。外婆说得对。爸爸就是个废物。

我感觉出空姐加快了脚步。人群正在消散，她的选择也不多了。我好奇她会不会把我领回她自己家里。当护送我的人把我往问询台的方向领时，一个留着蘑菇头、蓄着八字胡的男人开始向我们走来。空姐又指了指他。

"是他吗？"

那个男的穿了一件蹦迪时穿的衬衫，领口敞得大大的。那衣服的面料看上去滑滑的，酱紫色里透着绿，上面印着黑色的螺旋形花纹。他还穿了一条棕色的灯芯绒喇叭裤。我爸爸跟这个人完全相反——他头发短短的，胡子刮得很干净，而且他总会把素色的纽扣领工作衫塞到宽松的直筒裤里。这个人邋邋遢遢的，像个搭便车的。或者说像顽童合唱团[1]里的人。

"不是。"我回答道。

"嘿，小不点。"

深沉的嗓音让我突然停下了脚步，我立马松开了那个漂亮的小姐的手。那个搭便车的人把刘海从眼睛前面甩

---

[1] The Monkees，美国摇滚乐团，主要活跃于二十世纪六十至七十年代。

开，咧嘴笑了起来。"你肯定跟我擦肩而过来着。我一直站在这儿。"他说。

我抬起头，看到了他那个尖尖的美人尖，于是知道了他就是我爸爸。我跳进他的怀中，把头埋在他的脖子里，深吸着那股熟悉的WD-40金属润滑剂和欧仕派香水的味道。当我再次抬起头来时，空姐已经离开了。爸爸吻了吻我的额头，胡子把我蹭得直痒痒。

"你变样了。"我说。

"什么？这个吗？"说着他揪了揪自己的八字胡。

"是啊，可扎人了。"

他把我放下，然后让我把胳膊伸平，想看看我的胳膊伸开后有多长。"我没想到你这个小姑娘长这么高了。"

我从他的语气中听出了自豪感，感觉好像长身体就已经是很了不起的成就了。在他赞许的目光下，我就是个奇迹，才华横溢，十全十美。他带着我穿过迷宫般拥挤的走廊，我感觉到自己身体里有什么东西重回了正轨，感觉自己再次变得完整了起来。

爸爸开了一辆双门的福特水星君王，他给这辆车起了个名字叫"环城香蕉"。这辆车从里到外全是黄的，从喷漆到内饰全是，甚至连方向盘和安全带也是黄的。这个热情洋溢的颜色让本就激动的我变得更加飘飘然。在路上，爸爸告诉了我后妈的名字应该如何发音："旳（dì）安"。这名字在我听来可真迷人，绝对是一个空姐该有的名字。爸爸告诉我，旸安来自一个意大利大家庭，有很多亲兄弟姐妹和堂兄弟姐妹，我会把这些人都见一遍。他说，二十多个亲戚会围坐在斯特拉奶奶家餐厅正中央的长饭桌上一起吃饭，意面和西西里酥皮点心随便吃，吃到我们肚圆为止。

"而且，"爸爸故意在这里停了一下，好制造戏剧效果，"斯特拉总会做三道甜点。"

我不知道原来爸爸过得这么开心。我只顾着想他，却从来没想过他在罗德岛做些什么。现在我明白了，他一直在重新组建家庭。但是这些新人也是我的家人吗？我不太知道这东西是怎么运作的。

"你收到我的那些信了吗？"爸爸问道。

我告诉他我收到了带机票的那封。

"其他那些呢？"

"还有其他的？"

爸爸咬紧牙关，似乎小声咕哝了一句骂人的话。我告诉他我没有收到过他的其他来信。

"她们肯定把信给扔了。"他说。

每天，外婆都开车沿着康腾塔路去街区尽头的邮局，打开写着"23"这个数字的小门，把里面的邮件都取出来。她把账单、报刊杂志和亲戚朋友寄来的信带回家。即使里面有爸爸寄来的信，我也从来没见过。外婆总说爸爸靠不住，但这让外婆显得无比卑鄙。我低头看了看自己身上的牛仔背带裤和配套的夹克——这些是外婆为我独自坐飞机而准备的礼物。我不明白这个带我去买新衣服的人，怎么还会把我最珍视的东西偷走。我的脑袋飞速运转，想要找到一个合理的解释。也许是邮局把他的信弄丢了。也许是爸爸写错了，把信寄到了别的地方。也许外婆只是想把信存起来，等我长大些再给我。爸爸真的给我写信了吗？还是他只不过是嘴上说说而已？也许不过是因为有太多的秘密和谎言飞来飞去，弄得我什么都搞不明白。

"你为什么不打电话呢？"我问道。

"我试过了。你外婆总是挂我电话。"

我觉得自己被困住了。外婆、妈妈和爸爸被锁在一场战争里，这场战争比我更重要，力量也比我更强。我的家人跟蜜蜂完全相反。他们非但不为对方考虑，反而还处心积虑，想让对方过得悲惨一些。

爸爸打开了收音机，节奏感强烈的爵士乐声在车内回荡，那曲调温柔地将我们的坏情绪一扫而光。他和着旋律用手指在方向盘上打着节拍，还告诉我吹萨克斯管的人叫查尔斯·洛依德，他就住在大苏尔。我和外公去检查蜂箱的时候很少看到别人，想到还有其他人住在那边我觉得很奇怪，尤其是一个名人。

"弗兰克还养蜜蜂吗?"

我告诉爸爸外公在教我如何成为一个养蜂人。

"我记得他带我进过一次那辆旧巴士。"

"你进过蜂蜜巴士?"我不敢相信自己生活中彼此分隔的两部分曾经也有过交集。

爸爸看了看远方,说那是我出生之前的事了。"你外公一直对我很好。一定要代我向他问好啊。"

我保证做到。

如今爸爸住在纳拉干海湾对面的威克福德,那是一个小小的殖民镇,主路两边全是十八世纪风格的砖楼。我们路过了一个海港,看到帆船在海面上轻轻摇晃,然后转入了一个满是新英格兰风格平房的街区。这里的房子都很简约,百叶窗被漆成了各种颜色,门廊则是封闭式的。爸爸在一座褪色的蓝色房子前停下了车,我们正往下走时,门廊的玻璃门一下子打开了,一个小个子女人蹦蹦跳跳地朝我们走来,她的黑色长发在脑后系成了一个长长的马尾辫。她浑身上下的搭配很是和谐,时髦的衣服搭着配套的高跟鞋。她化了妆,还涂了指甲油,我立马就想起了自己幻想中的那个开敞篷跑车的妈妈。

"我听说了好多关于你的事。"她边说边把我拥入香奈儿5号香水味的怀抱中。

旸安拉起我的手,让我转了个圈,好好地看了看我。

"你跟你爸爸长得一模一样。"她说。她不发轻音,所以她念"爸爸"这个词的时候我不好意思地咯咯笑了起来。她跟着我一块儿哈哈大笑,好像我们俩是挚友,而这个笑话只有我们俩才听得懂似的。"谁想吃冰激凌?"她问道。

她通过考核了,就这么简单。

走进爸爸家之后,熟悉的物件触发了一种梦幻的感觉,好像我穿越回了过去似的。我认出了从前生活中的点滴,但是在新环境的映衬下,我也搞不清自己记起来的到底是什么。黑色的人造皮革沙发还在,但是原来贝蒂坐下来给我卷头发的那个地方现在趴着一只呼呼大睡的黑白大胖猫。摇椅头板上那只彩绘的鹰看上去有点眼熟。爸爸的卷盘磁带机还在客厅里,但现在它的边上却放了架立式自动钢琴。

旳安拍了拍钢琴椅上她旁边的空位,于是我坐了过去。她掀开键盘盖,露出了象牙般的琴键,然后又滑开了谱台上的一个小门,把一卷事先打好孔的纸卷放了进去。她把脚分别放在两个踏板上,交替踩着,琴键竟然自己动了起来,弹奏着猫王的《猎狗》。我目瞪口呆,没想到鬼能把曲子弹得这么好,于是就让她再来一遍,然后又来一遍,整个人都呆住了。旳安换了一个纸卷,随后《大火球》的声音弥漫在空气中。她打开了附近的一个柜子,让我看最上面那层，那里面塞的纸卷都捅到天花板上去了。

我享受公主待遇的一周就这样开始了。我假装自己是家中的独子，被一对幸福的父母宠爱着。我甚至都不用跟马修争宠了——这个想法很邪恶，但我控制不住我自己。尝试另一个女孩的生活让我兴奋至极，我也全身心地投入到了这个新角色里，以至于都把妈妈给淡忘了。爸爸和旳安为接下来的七天安排了那么多好玩的事情，我根本没空去想加利福尼亚。我们在海滩上野餐，开车去摘草莓，然后熬了一整夜把草莓做成了果酱。旳安用她的缝纫机给我做了一件衬衫，还让我试用了她的所有面霜。到了周末，旳安带我们去她家吃了顿意式大餐。她的父母和兄弟姐妹都是闹闹哄哄的人，嘴要么在讲笑话要么在吃东西。他们把我的盘子也盛得满满的，还邀请我去地下室玩桌上足球，一块儿骑双人自行车，或者一起打羽毛球比赛。到了该走的时候，我新认识的这些叔叔阿姨们使劲往我手里塞五美元的钞票，让我"自己买冰激凌吃"。

我当万众瞩目的焦点当上了瘾，很快就开始没大没小的。每次当我向爸爸或旳安要什么东西而且得逞了以后，我就会壮着胆蹬鼻子上脸。被宠坏是很危险的，但我就是忍不住想试探一下他们对我的感情，看看这感情有多浓烈，能持续多久。每当返回来的测试结果是正向的时候，那感觉都像是嗑了多巴胺一样，只要听到那声惹人爱的

"没问题",我就会得意忘形。我之所以唆使他们继续宠爱我,是因为我越发害怕这一切终将会结束。很快我就要回到那个不会围着我转的世界里了。

一天晚上,我们三个人一起窝在床上看电影。爸爸站起身来,问需不需要帮我们从厨房里拿点什么东西。

"英式马芬!加奶油!"我用命令的口吻说道,眼睛都没离开电视一下。旳安拱了拱我,又指了指爸爸,他正双手叉腰站在门口。"说这话的时候难道不该在某个位置加上一句'麻烦你了'吗?"他说。

我感觉自己被羞辱了一顿。我忘了自己是谁。我已经变成了一只贪得无厌的小鸟,不管爸爸往我嘴里塞了多少只虫子,我还是喊着要更多。我要的甚至都不是吃的东西本身,我渴望的是弄清他能纵容我到什么程度。但最终我还是探到了他的底线。

"麻烦你了。"我用沙哑的声音说。

他点了点头。我瘫回床上,用被子蒙住自己的头,以躲避他的不满。我差点因为一块面包而失去了爸爸。我发誓要更礼貌些,重新做回那个把话都憋在心里的女孩。

第二天早上我看见爸爸的时候,他正在咕嘟咕嘟地从一个高高的玻璃杯里喝牛奶。他穿着短裤,配了双已经被盐腐蚀开裂的平底皮鞋,而旳安则在往一个便携式冰箱里放三明治。新英格兰地区的夏天有时就会这样,一大早空气就已经像奶昔般黏稠了，不管我坐在什么家具上都会黏腿。爸爸喝完牛奶后把杯子放进了水池里。我不知道他是不是还在生我的气，所以就等着他先开口。

"咱们去找个地方吹吹风吧。"他说。

于是我知道一切都冰释前嫌了。

海滩是我跟爸爸和旸安共度最后一天的完美地点。在海滩上，时间似乎总是过得慢一些，远离闹钟、电话和日程的干扰。我想让我们在一起的最后这几个小时拉长一些，因为我很害怕要再次跟爸爸道别。跟他分别会让我有过激的反应，因为这会让我想起我们被迫分开的所有时光。我很害怕每次我们分开时的感觉，身体里像是被什么东西撕拽了一样，好像有人用指甲在我的锁骨上划了一道，然后顺着身体一直划到肚脐。我害怕他不陪着我上飞机。我不知道自己是否坚强到能应付这样的场面。

蓝色的海映入眼帘，我也把这些思绪暂时放到了一边。一定有人事先打了电话，给我们预定了整片海滩——停车场空荡荡的，只有海鸥在头顶盘旋，还有寥寥几个冲浪的人在脱被海水浸湿的泳衣。我们沿着栈道往前走，路过了一个零食铺子。铺子里有台棉花糖机正旋转着吐丝，在机器上方的二楼，一个不带任何小人的旋转木马音乐盒正在古老的钢琴曲声中旋转着。我们爬上了一个土坡，亮晶晶的海湾像一轮蔚蓝的新月在我们面前展开，泛着泡沫的卷浪稳步向海滩涌来。

爸爸是第一个到达海边的，海水飞溅到了他的膝盖上。我跟着他走了过去，尖叫着，好像皮肤被冰针刺穿了一样。海水在我们腿边泛着泡沫，当暗流把沙子从我脚底吸走的时候还会发出嘶嘶的声音。爸爸将双手在头顶合十，像个箭头一样钻进了正往这边涌来的海浪中，然后潜到水下，从浪的另一头冒了出来。他仰面浮在水面上，双臂伸平好维持平衡，双脚像鲨鱼鳍一样不停地划破水面。他看起来毫不费力，好像他的身体是泡沫塑料做的一样。这时他抬起头看着我。

"该你了！"他喊道。

我模仿着他钻进海浪的动作，直接扑进了下一波滚滚而来的海浪的正下方。我在刺骨的咸海水中眨了下眼睛，虽然水下朦朦胧胧的，但我还是能看到周围漂浮着泛着磷光的碎片，就像水中的金色尘埃一样。我踢着脚冲着有光亮的地方游去，刚把头伸出水面就感觉到有人从背后抱住了我。突然间我坐在了爸爸用自己的胸膛和弯曲的膝盖为我搭建的王座上，他用后背帮我挡住了下一波海浪。

他给我展示了下怎么浮在海面上，我要深吸一口气让肺里填满空气，然后屏住呼吸。我们像水獭一样在水面上晃悠了好久，久到我的手指头都皱成西梅干了，最后我的胃也饿得咕咕直叫。我们乘着下一波海浪匍匐滑上了沙滩，跟旳安一起坐在毯子上准备吃午饭。

"我差点叫海岸巡逻队来，你们在外面浪了那么久。"她打趣地说。她把火腿三明治递给我们，打开了一包薯片，放在了毯子中央。爸爸狼吞虎咽地啃着三明治，四口就吃完了一整个。然后他四仰八叉地躺在地上，用一块毛巾把头支起来，在肚子上摞了一叠薯片。他大声地嚼着薯片，然后心满意足地长叹了一口气。

"真不想回去上班啊。"他冲像知更鸟一样蓝的天空宣布着自己的心情，我觉得他的意思是他也不希望这周就这样结束吧。

我用脚趾头挖着沙子。

"我也不想。"

旳安伸出手来，默默地在我的后背上画圈揉搓着。我们一言不发地吃完了午饭，慢慢地咀嚼着。我努力不去想明天的事情。

那天晚上，爸爸像这周的其他时候一样哄我睡觉，但是他陪我的时间却比之前长了一些。他关上灯，窗外的电子灭虫灯在屋内洒下了紫色的光。

"我真希望你不用走。"他边说边把被子拽上来，盖到我下巴的地方。他重新坐了下来，床的弹簧被他压得响了起来。我能听出他在挠头，可能是神经痛。

"所以说，你喜欢在加州生活吗？"他问道。在黑暗中,他的话听上去很沉重,也很重要。

一只大大的飞蛾飞进了灭虫灯里,被烧得嘶嘶响。

"我的意思是,"他继续说道,"你幸福吗?"

从没有人问过我这么大的问题,我也不确定他想听到什么样的答案。我从没考虑过自己幸不幸福,所以这问题真是把我问住了。我没有那些可以在音乐课上瞎闹的孩子那么幸福,但我也没有妈妈那么悲伤。我处于这两者中间的某种状态,但这是我应该有的状态吗?我不确定,所以我没有回答,而是拽起了被单上的线头。

这是我们已经回避了一整周的严肃对话。我们两个都不愿意让现实打扰了我们的假期。现在,他的这些话毁掉了那种美妙的感觉,提醒我给他当全职女儿的这周不过是假象而已。

爸爸又试了试。

"妈妈对你好吗?"

"好"这个字不太准确。妈妈就是妈妈而已。她不好,她也不坏。说实话她什么都不是。我努力想准确地描述她,但我不知道该用什么样的辞藻形容她。他肯定觉得我默不作声是因为心里藏着话,于是把声音压得比耳语还低。

"你妈妈有没有……打过你?"

我噌的一下从床上坐了起来,突然就不喜欢这次谈话的走向了。这个问题太荒唐了。她永远不会这么做的。"什么?没有!"一阵让人很不舒服的沉默在我和爸爸之间蔓延开来。我还没跟他说妈妈列了个单子,也没说外婆写了封信,并不是因为我想隐藏什么,而是因为我们这周热热闹闹过得太开心了,我把这事完全给忘了。他又挠了挠头,说很开心能知道加州一切都好。

"但你知道有任何事情都可以随时跟我说的,对吧?"

看起来这是请出妈妈列的清单的好时机。我把行李箱从小床底下拉了出来,找出外婆放在里面的信递给了他。

"外婆给你的。她想多要点钱。"

他连信封都没拆就把信揉成了一团,往书桌旁边的垃圾桶里扔去,但是没扔进去。

"她的信太恶心了,我实在看不下去了。"

我又给他看了看妈妈想要回去的物品清单。爸爸把那张纸放在了床上,清了清嗓子。

"你想跟我一起住在这儿吗?"

他的提议像彗星的尾巴一样在黑暗里闪闪发光。很美,但遥不可及。玩了一个礼拜之后,我的内心尖叫着"想",但是偷偷跟爸爸商量离开卡梅尔谷这件事把我弄得像墙头草一样。我不能抛下马修不管。也没人再帮外公养蜂了。当女儿的不能抛弃自己的妈妈,是不是?这个主意给人的感觉太邪恶了。爸爸的提议的确很诱人,但我不觉得自己有权力，或者有能力，让父母对调一下。如果蜜蜂们决定在某地生活，那这个决定一定是全体一起做出的。它们会花好几天的时间侦查备选的家，然后通过跳舞的方式进行投票，一起决定什么时候分蜂，以及分蜂去哪里。它们会先讨论这件事，充分听取每个人的意见。如果我自己一个人就把决定做了，我会惹上麻烦的，不是吗？

"你不用非得回去。"他说。

爸爸紧张地转着腕表，等我给他一个答案。我被这个重大的决定压得喘不过气来，好像肺里吸不进足够的氧气一样。我知道我永远不能告诉任何人爸爸跟我提了这件事。我很担心这件事有诈，但如果他再问我一遍的话，我会同意的。如果我不回家的话，我很怕外婆和妈妈会做出什么事来。我想要的东西我是不可能拥有的，这让我的内心倍感挣扎——我想要我生命里的所有成年人友好相处。此刻的犹疑不决让我感到窒息，我想让爸爸替我做这个决定。

当我们之间的沉默变得让人无法忍受时，我小声告诉爸爸我过得还行。

我说我想留在加州。我骗他说家里的一切都好，妈妈也挺好的。这是我知道的最好的回答，所以就选择了它，即使这意味着我要回去面对妈妈那颗破碎的心。但我在做完选择的瞬间就后悔了，觉得自己根本不该做任何决定。

"好吧。不过万一哪天你改主意了,还是可以来跟我生活,你明白的。"说完他亲吻了我的额头。

他关上了门,而我则盯着灭虫器投在墙上的紫色花纹,不知道自己是不是犯了一个可怕的错误。当我终于睡着了以后,我做了个噩梦,梦见一个幸灾乐祸的女巫用她瘦骨嶙峋的长长的手指掐住了我的腰,把我掐成了两半。

爸爸摇醒我的时候,天还黑着。当我们驶离这属于另一个女孩的七日生活时,旳安在车道上冲我们挥着手。爸爸在一家卖甜甜圈的商店停了一下,我一口气连吃了三个沾满糖霜的甜甜圈,都没仔细尝它们的味道如何。

"明年夏天我再见你。还有马修。"他说。

"还好远呢。"我说。

这一路上我们想不到还有什么别的可说的,在分离之前就已经感觉到了它的到来。到了登机的时候,爸爸要使劲把我的胳膊从他脖子上掰开才行。另一个洋娃娃般的空姐不知从哪儿冒了出来,拉起了我的手。我已经知道流程了,所以乖乖让她把标志别在我的衣服上,把我带走。我用尽了浑身的力气才忍住没有回头。

直到我坐到座位上扣好了安全带她才松开手。她刚一走,我就用手捂住脸号啕大哭了起来。难过到那种份上,我已经不在意有没有人在看了。我比想象中更渴望跟爸爸在一起,因为现在我明白了自己会失去什么。但如果跟他在一起的话，我就要放弃家里的生活，这也不是我想做的。我想跟他在一起，同时我也想留在加州。我两个都想要，但没有两个都要这个选项。我不知道自己是否做了正确的选择，希望能有人告诉我该怎么做，任何人都行。想弄明白这件事就像被人从中间扯开了一样，爸爸拉着一头，妈妈拉着另一头。我试着把注意力集中在这趟旅行中那些让人开心的事情上——那架自动钢琴，还有跟我新认识的意大利亲戚们吃的那几碗意大利面——但我明白这些东西只不过是暂时借给我的，这让我哭得更厉害了。

空姐回到了我身边，跪在过道上递给了我一张纸巾。她拍了拍我的胳膊，告诉我一切都会好起来的。我撇过头去，不想理会她这愚蠢的承诺。她不了解我，也不知道到底发生了什么，她之所以这么说，是因为我把其他乘客弄得很不自在。我使出浑身解数哭了起来，看都不看她放在我膝盖上的涂色书、蜡笔和零食。我一直哭，直到鼻子堵得特别厉害，再也哭不动了为止。我把头靠在舷窗上，闭上了眼睛，希望老天爷能一口把我吞进去。

我在飞机上断断续续地睡着，不停地在醒来、纳闷自己在哪、回过神来、再次变麻木这个过程中循环。飞机落地的时候，我的脾气很暴躁，肚子很饿，还对妈妈和外婆把我家的家庭关系搞成我们和他对立的状态产生了更多的怀疑。

外婆在机场的大门口等我,让我吃惊的是妈妈竟然站在她旁边。我以为这意味着妈妈一定是想我了。我放松了一些,也许我选加州选对了。我们边往车的方向走边闲聊,我回答说那边的天气挺好的,我玩儿得也不错。是的,见到我的爸爸是"挺好的"。

"挺好。"外婆说。

我们要开两个小时的车才能到家。我在后座上舒展着身体,外婆则发动了引擎。妈妈在副驾驶的座位上咔的一下扣好了安全带,然后转过头来看着我。

"她长什么样?"

我过了一会儿才反应过来她指的是谁。

"我说不上来。她的头发是黑色的。"

"什么叫'你说不上来'?她比我好看吗?"

我抠了抠指甲,没跟她说实话。

"她多大?"

我告诉妈妈我没问。

"哎,你觉得她看起来比我年轻还是比我老?"

我扭过头去盯着车子的天花板。

"梅雷迪斯!你听见我的话没有?"

我想说我真的很累。我很努力地想睡着。外婆一言不发地开着车,而妈妈则不停地审问着我。她的话我左耳朵进右耳朵出,直到后来变成了嗡嗡声。我的身体又穿越回了斯特拉家，意式番茄酱在炉子上冒着泡，杜克爷爷开了一瓶啤酒，聊着高尔夫，而爸爸则假装他对这项体育运动很感兴趣。罗兰德叔叔在车道上修补着独木舟上破的洞。杰夫叔叔在帮我推车轮做的秋千。背景中有一场足球赛正在进行。

妈妈想知道我有没有把她单子上的所有东西都拿回来。

外婆眼睛盯着路面。"回答你妈妈的问题。"她命令道。

我咕哝说我只拿到了小婴儿时候的照片。妈妈的脸挤作一团，好像她刚闻了一盒过期的牛奶似的。

"梅雷迪斯，去你妈的！我交代过你的！就这么简单的一件事。你连这么简单的一件事都办不好！"

妈妈和外婆吵来吵去，在争到底是应该让我回家以后给爸爸打个电话，让他把落下的东西都寄过来，还是让外婆再给他写封信。妈妈想让我回家立马打电话，而且她要在旁边监听。外婆劝住了她，最后她们决定先写封信试试。她们聊她们的，这正好给了我十五分钟的安宁。然后妈妈又把注意力放回了我身上。

她问了问我关于爸爸的新房子的事情。房子有多大？他们开什么车？旳安会做饭吗？她都做了什么？我只用一个字回答这些问题，把她惹得更愤怒了。她把手挥向空中。

"你都干吗了？一直睡觉来着吗？"

我告诉她我们周日去了趟教堂。妈妈不屑地哼了一下。

"她是天主教徒,对吧?她家人怎么看这件事呢?离婚以后的天主教徒是不能二婚的,你知道吗!"

我不耐烦了,从后面踹了踹妈妈的座位。"我不知道!"

外婆也终于插话了。"梅雷迪斯,不许这么跟你妈说话!"

我也踹了踹外婆的座位。"爸爸说你把他的信都扔了!"

现在我们三个人全都像笼子里的猴子一样哇哇乱叫了起来。

"我没干过这种事!"外婆说,"他竟敢说这种话!"

总之有人没说真话,但我也不在乎了。我试图想明白该拿自己的生活如何是好,这已经让我精疲力竭了,我现在只想睡觉。妈妈不停地问我问题,一直问到卡梅尔谷。她用不同的方式问着同样的问题,想引我上钩给她答案。但等到家之后,她才问出了她最想问的那个问题。她的声音突然变得很柔很小,像个小孩子的声音似的。

"你爸爸有没有问起我?"

我犹豫了一下,最后告诉她:"没有。"

她瘫在副驾驶的座位上,整个人灰心丧气的。

我走下旅行车,发现外公办公室的门开着。他的办公室占据了车棚左边的一块位置。我看见他站在桌边,把纸都推到了一边,弓着身子趴在他亲手用红杉木做的夹具上，给蜂箱组装新的巢脾，把钢丝穿到木框上。这些水平的钢丝可以支撑住只有纸片薄的蜡，蜡片上满满都是六边形，这能给蜜蜂一个组建新蜂巢的根基。他拆下了一个灯泡的底座，自己造了个不知什么玩意儿，用这个东西给钢丝加热，然后把薄薄的蜡片压到烧热的钢丝上，让它们贴合在一起。

"你回来了！"他说，"太好了。来帮我一把。"说着他递给了我一把钢丝剪。"帮我把线从这剪开，行不？"

外公的办公室闻起来有股热蜂蜡、灰尘和须后水混合的味道。我深吸了一口气，马上就觉得平静了下来。到了这个时候我才意识到自己有多么想他。我怀念那些蜜蜂，还有我们去大苏尔的那些旅程。

他把做好的巢脾递给我，意思是让我再递给他一个空的。他把空的这块放在夹具上，继续穿钢丝。他问我玩得好不好，我给他讲了讲海滩、我的后妈还有我吃的所有那些冰激凌。我提到说爸爸向他问好。我把所有那些在坐车回来的路上没说的事情都告诉了他。

能和真的在听我说话的人聊这次旅行的事让我如释重负。我问他蜜蜂怎么样了，他说他一直忙着抓分蜂出来的蜂群，抓了三波。

"有一波飞得特别高，飞到了一栋房子的椽子上。"他说，"你要是在的话我就让你扶梯子了。"

"你把分蜂出来的蜂群放在哪儿了?"

"后院呢,跟其他蜂箱在一块儿。"

他从手边的工作中抬起头来,在我开口之前就看出来了我要说什么。他放下工具,把滑下去的裤子往上提了提,然后拉起了我的手。

"得,咱们去看看它们吧。"

他完全裹住了我的手。我感觉到他手上的老茧压住了我的掌心,于是明白了这就是正确的选择。

10

FOULBROOD

烂子病

1978

妈妈在卧室里叫我。有时当她想喝水或者想吃阿司匹林的时候就会这么干，所以我以为这次也不过如此——她需要我给她拿点东西。但是当我走进卧室后，她正在衣柜里翻来倒去，把柜子顶层的盒子和运动衫都推到了一边。她拿出了一个棋盘，递给了站在下面的我。

"我要你跟我玩这个。"说完她回到了床上，伸手去够装棋盘的盒子。她打开盖子，把里面的东西拿了出来。

"这是什么？"

"占卜板。"说完她歇了口气，喝了长长的一口苏打水，同时用苍白的手指把烟平衡住。

她拍了拍床罩，示意我坐到她边上去。她把棋盘放在我俩面前，我发现棋盘顶端的一个角上有个月亮，另一个角上有个太阳。棋盘中间是用花体英文写出来的字母表，弯弯曲曲地排列在一行数字上方。在棋盘底端有这么几个词："否"，"是"，"再见"。奇怪的是，这套棋没有配纸牌、骰子或其他可以玩的东西。看上去这个游戏会无聊透顶。

"怎么玩啊？"

"你可以用这个东西跟鬼聊天，"妈妈说，"比如我那个过世了的外婆。"

我过了一阵才反应过来她刚说的是什么意思。她想跟她已经去世的外婆的鬼魂聊天。还要拉上我。我没兴趣掺和来世的事，因为谁都知道鬼不喜欢被打扰，而且报起仇来它们的实力是占上风的。但是妈妈没有在开玩笑。她的指令是实打实的，好像她真的相信她能成功一样。在她窝在床上研究星图的某个时刻，她从占星学进阶到了招魂。我可没料到这一点。我不知道是不是她在房间里待的时间太久了，已经开始捏造假想的朋友了。我不知道该说什么才好。

"我曾经也是有外婆的，你知道吗？"她继续说道，"我很爱我外婆——她是唯一一个对我好的人。可惜你永远没机会见她了。"她的脸上闪过一丝感伤的神情。"她刚去世你就出生了。"

她把烟头上的灰磕进烟灰缸里，然后举起了一个白色的塑料三角形，上面还嵌着一个小小的圆形窗户。

"咱们俩都得放两根手指头在这上面。然后你闭上眼睛，绝对不要动。鬼魂有话想说的时候，这个东西就会动。他们会把想说的话拼出来。"

这听上去可不大正常。但妈妈是在邀请我跟她一块儿做点什么，这非常罕见，而且这很可能是情况要好转的迹象。虽然我胆战心惊的，但还是伸出两根手指放在了那个圆片上，就在她的手指旁边。我们的指尖相碰，那感觉就像是一个小小的拥抱一样。跟她在床上歪七扭八随意抱住我相比，这个表达爱意的姿态更有心一些。我们保持这个姿势等了好几分钟，两个人的手都放在塑料读词器上，眼睛死死地盯住它，想用意念让它动起来。跟妈妈坐得这么近给我的感觉很棒，我真的不在意那个读词器到底动不动。她让我陪着她，这就够了。

最后，我终于感觉到指尖下传来了微弱至极的颤动。

"是你在动它吗？"我问道。

"嘘，我在通灵呢。外婆，是你来了吗？"

那个圆盘加速动了起来，绕了一个圈，最后停在了这个字上：是。

一阵寒战在我全身蔓延开来。我确定我没有在移动这个圆片，如果妈妈也没动的话，那就意味着真的有我们看不见的东西在控制着它。我彻底松了劲，好再次确认我没有在不经意间移动这个东西。我能听出妈妈的呼吸都变得急促了。

"你有什么话想捎给我吗？"妈妈小声说道。

读词器在棋盘上划来划去，速度之快弄得我们要摇晃着才能跟上它。妈妈趴在棋盘上，通过读词器上的透明圆圈辨识着字母，把它们逐个念出来，好破解外婆想捎给她的话。

我——想——你。

我的胃抽搐了一下,突然间我很想去上厕所。不知怎的,妈妈那个已经去世的外婆真的在跟我们说话。不到五分钟的功夫,我们这个天真无邪的游戏就猛然拐进了神秘莫测的领域,我也突然感觉自己好像被困在了一部恐怖电影里。我屏住呼吸,在房间里搜寻着超自然的迹象。我实在是被吓得不轻,任何东西都能让我大惊小怪的。窗帘后面是什么在动?门附近是不是有脚步声?从卧室里穿堂而过的是风还是死去的外婆?我想逃跑,但实在是吓得不敢动。读词器停在了棋盘上,幽灵等待着下一个问题。妈妈坐直了身子,全神贯注地眯起眼睛。

"我会再找个新老公吗?"

白色的塑料盘纹丝未动。她重复着同样的问题,反复问了六七遍。毫无反应。不管刚刚房间里有什么东西,很明显这会儿它已经回到彼岸去了。没什么可说的了。我觉得占卜已经失败了。

但是妈妈还没准备放弃。她依然趴在棋盘上,带着不讨到答案就决不放弃的决心。

这会儿我才真的害怕起来。比见鬼更糟糕的,是意识到我妈妈可能正在失去理智。她坚信占卜板是真的。她需要用这个从一元店买来的廉价神谕来安慰自己,告诉自己一切都会变好的。

看她祈求空气给她一个能让她重新幸福起来的男人，我真的深感同情。她是在向宇宙、向鬼魂、向虚无祈求一丝丝的希望。在我夏天去爸爸家探完亲后，她似乎更绝望了，好像这次探亲让她更真切地感受到自己被困在了某个地方，而生活却弃她不顾。

我和妈妈继续等着，但那个塑料读词器还是没有反应。妈妈又对占卜板发了一次问，这次提问的声音大了一些，好让幽灵们听见。当还是没有答案反馈回来时，她开始讨价还价了。

"好吧，要么就找个男朋友将就下？我能在短时间内找到一个男朋友吗？"

我们又等了一会儿。我的胳膊已经麻了，感觉好像一个蚁窝在我肩膀上炸裂开来，一群被迸出来的小虫子迈着小碎步跑到了我的手指上。最后我的手指头滑了下来，把读词器推到了右边。

"等会儿！刚才它动了，往'是'的那边动了。"妈妈突然拽住了我的手，把它重新放回了游戏局里。发现读词器依旧一动不动后，她妥协了。

"我就当它是给了个肯定的回答。它刚才就是在往'是'的那边动，你看见了对不对？"

"绝对的。"我边说边揉搓着小臂上抽筋的地方。我听到外公发动了卡车，让车提前预热一下，于是起身准备离开。我们计划好要去检查一下海岸线上的蜜蜂。

"没完事呢！"妈妈边喊边拽住我的手腕，把我拉回床上。她抓得太紧，用力也太过生猛了，掐到了我的皮。这一拽带着一丝粗鲁，让人很不安心。

"啊，妈，你弄疼我了。"

"抱歉。"她心不在焉地说着，头都没从占卜板上抬起来，"就差一点点了。就五分钟。"

我揉搓着被她稍稍一攥就泛红了的手腕，知道自己别无选择：我只能继续玩下去，直到她让我离开为止。我被困在了妈妈正分崩离析的心智里。我听到外公踩了踩卡车的油门，担心也许他不得不抛下我自己出发了。

"关于这个男朋友……他会很富吗？"

这回我作弊推了下那个读词器。快速果断地推到了"是"这个字上。我觉得我们俩都知道我做了什么，但是我们谁都没出声。但我必须想办法离开这个局，因为不管要花多长时间，妈妈都准备逼迫鬼魂说出她想听的话。于是我想到撒一个我们都能接受的白色谎言。

妈妈把棋盘收回盒子里，脸上露出了放松的神情。她把盒子递给我，我把盒子放回了衣柜，埋在运动衫底下，希望她能把这东西忘掉。等我转过身来的时候，她已经面含微笑地小憩起来了。她心满意足，知道好日子马上就要来了。

我发现外公正坐在卡车的车斗门上,用撬蜂箱的工具抠靴子上的泥巴。

"我差点以为你忘了呢。"他说。

"我妈想让我帮她搞搞算命的事。"

外公往一边歪了歪头。"再说一遍?"

"占卜。"

"没听说过。"

"没有克里比奇纸牌好玩。"我点名了外公最喜欢的游戏。那会儿他正在教我玩这个游戏,用火柴当木钉,用一块他钻了很多个孔的木板当记分板。他对我的评价回以一个微笑,然后把副驾驶一侧的车门打开,夸张地对我鞠了个躬,摆摆手叫我进去,好像他是我雇来的司机一样。

我们到达大苏尔的时候,低低的晨雾还没有从海岸线散去。晨雾上方,浓密的粉色与橘色在天空交织。我们朝外公在格兰姆斯农场里开设的一个小型养蜂场走去,脚下的土地湿湿的。外公从野花丛中辟出了一条路,我拿着喷烟器和我俩的防蜂头罩跟在后面。在他所有的养蜂园里,这群蜂箱是最容易去到的地方,它们聚拢在一个能看到一号公路和太平洋的空牧场里。很久以前,外公的一位住在牧场里的堂兄弟开始养蜂,但是他的兴致维持了一年都不到。这位堂兄弟向外公请教了几次,后来请教变成了上课，上课变成了帮忙照看蜜蜂，最后照看蜜蜂变成了全权接管蜂箱。在其间的那几年，蜂群按照习性扩大了规模。这一天，我和外公正徒步走进一个堆放着二十八个蜂箱的空地，它们在第一缕阳光的照射下开始发出嗡嗡的声音。

夏天的流蜜期正在步入尾声，夜晚来得更早，气温也更低了。晚秋时收获的蜜会比这异常成功的夏日收成少一些，外公也需要额外谨慎自己从蜂箱里取多少蜜出来，好让蜜蜂有足够的口粮熬到春天，等花朵重新开放。到了天气非常冷的时候，他的蜂群会静候冬天的离去。蜜蜂们会在蜂箱里抱作一团，抖动翅膀来发热。蜂后会待在育王箱里最暖和的地方，她也会放缓产卵的节奏以保存能量。当最外面那圈蜜蜂太冷的时候，它们就会爬到里面来给自己解冻，把其他蜜蜂推到外层去。所有的蜜蜂都会轮流为大家保暖。这不是严格意义上的冬眠，而更像是放缓节奏，蜜蜂只有在想上厕所或者需要取水喝的时候才会斗胆到外面去。外公说，蜂群会提前为这一切做准备，在离蜂箱壁最近的巢脾上储存大量的花粉和蜂蜜，这样它们的过冬食品储藏室就有了双重功效，既能给它们提供营养，又能为它们保暖隔热。外公了解每个蜂群的个性和觅食习惯，知道哪些蜂群即使匀给他一些蜂蜜也挨得住，哪些碰不得，以及哪些没有他喂食的话就会饿死。

最容易挨饿的蜂群会得到外公从达旦[1]养蜂用品目录上买的黏糊糊的花粉馅饼。这种馅饼是用花粉和酿酒酵母做成的,被压成薄煎饼的形状夹在蜡纸中间,颜色像花生酱一样。他把馅饼放在育雏箱的巢脾顶端,这样保育工蜂不用走很远的路就可以快速把它们吞掉。其他时候外公把水和白糖等比例混合,给蜜蜂们喂糖浆喝。他把糖浆倒进一个旧的蛋黄酱罐子里,用锥子在盖子上打几个眼,然后把罐子倒扣进一个他刻好的木槽里,再把木槽插进蜂箱的入口充当喂食器。木槽上有一部分是被打穿的,好让蜜蜂能够进去,舔从罐子里滴落下来的糖浆。他的第三个选择是从产蜜量丰富的蜂箱里拿出来几片装满蜂蜜的巢脾,把它们换到蜂蜜存储量少得可怜的蜂箱里。

我们今天的任务是把他所有的蜂箱都打开,把装满蜜的巢脾从生命力顽强的蜂箱换到弱的蜂箱里去。如果这之后还有蜂蜜剩下,我们就把剩余的部分带回蜂蜜巴士里,留给自己吃。

在我们往养蜂园走的时候,一群鸟腾空而起,用它们自己的语言宣告着我们的入侵:有山雀、丛山雀、刺嘴莺、蓝松鸦。所有这些鸟的翅膀一起扇动,听起来就像大风吹动我学校里的旗帜的声音一样,我停了片刻,只为感

---

[1] 美国历史最悠久、规模最大的养蜂设备生产商。

受一下它们共同释放的这股声波能量。我和外公目送它们腾空直上,向加拉帕塔大峡谷飞去。当它们飞出我的视线后,我低头望向地面,想看看是什么让那些鸟产生了这么大的兴趣。

我感觉有什么东西被我的鞋踩得咯吱作响,发现我正站在一片蜜蜂的战场上,地上满是已经报废了的雄蜂。一些雄性蜜蜂还没有完全死掉,拖着身躯徒劳地绕着屠杀现场一圈一圈地转,断掉的或瘸掉的腿每走几步就会趔趄一下。一只可怜的雄蜂想回到蜂箱里去,但却不停地被守卫在蜂箱入口的蜜蜂推出来。两只蜜蜂对它发起了攻击,每只都紧咬住一只翅膀使劲拉扯,直到它们仨摔在了地上,摔倒后还继续扭打成一团。我目瞪口呆地看着它们咬掉了它的一只翅膀,随后一只守卫蜂把虚弱无力的雄蜂抬到空中,钳住它飞向远方,非常粗鲁地把它扔在了离蜂箱几米远的地方。

外公一定也看到了那些雄蜂,但他还是目无一切地踩了上去,忙着做准备,点喷烟器,戴防蜂头罩,把蜜蜂踩在脚下,好像什么状况都没出似的。我拽了拽他的袖子,指了指地上的灾难现场。他低头看了一眼,然后把喷烟器递给了我。我小心翼翼抓住风箱的地方,因为这里不烫手。

"冬天要来了,"他说,"吃的不够。到了女士们把男士们踢出去的时候。"

就在那时，一只黄蜂像喷气战机似的冲了过来，把自己流线型的光滑身体降落在了一只正挣扎着想站起来的毛茸茸的雄蜂后背上。黄蜂两口就麻利地把雄蜂的脑袋咬了下来，并趁这具无头的躯体还在扭动的时候吞掉了它的眼睛。我的脸都扭在了一起，问他为什么蜜蜂突然一下变得这么残忍了。

每年，每个蜂箱都会把雄蜂赶出来，外公解释道。

"少几张吃饭的嘴。"他说。

雄蜂也会尽全力反击，但一个蜂箱里的女性工蜂数以万计，雄蜂却只有寥寥几百只，所以雄蜂们根本打不赢。

"还记得我告诉过你雄蜂什么工作都不做吗？它们只是无所事事地到处讨饭吃？"

我点了点头。

"现在到了还债的时候。如果你有用的话，别人也同样会帮你。但如果你只在乎自己的话，那就……咔！"他伸出食指，慢慢地划过了脖子。

"我的妈呀。"我学着外婆最爱用的说法之一。

外公说没什么大不了的，等天气暖和起来以后，蜂后再多造一些雄蜂就可以了。

那个时候，我特别、特别庆幸自己是个女生。蜂群是母权制的，它建立在工作与回报这个基本原则上，但是姐妹们似乎有点滥用职权了。杀掉自己兄弟的做法似乎是不对的。就算它很懒也不对。我已经跟外公一起看了足够多的自然节目,知道所有生物都同时需要男性和女性才能生出小宝宝。如果蜂群把所有雄蜂都推到冰天雪地里受死,蜂后怎么继续产卵呢?

外公听到我的问题后沉思了一会儿。他帮我戴上了防蜂头罩,然后放低了声音说道:"好吧,小机灵鬼,雄蜂确实有一项工作。那就是让蜂后怀孕。"

我感觉自己会听到一个非常刺激的故事,于是就把喷烟器放在了蜂箱顶上,不让它把草地点燃。我全神贯注地听外公讲述着争夺蜂后宠爱的竞争多么你死我活。他说,一切都缘起于未交配的蜂后从附近飞过,雄蜂们闻到气味的那一刻。

"就像如果有一只狗发情了,其他狗都会知道一样?"

"差不多吧。"

他继续讲着,用手势解释着雄蜂们如何腾空而起,聚集成一团,做好准备等着未交配的蜂后从它们中间穿堂而过。当它离开蜂箱开始自己的新婚之旅后,它只会在空中与速度最快、最强壮的追求者们交配,也只有这些追求者能跟上它的速度。它会与十几只甚至更多的雄蜂一一交配,然后就把它们的精子存在身体里带回蜂箱。它会用余下的一生产卵,并且亲自为它们受精。

因为一个健康的蜂箱能在同一个蜂后的领导下存活长

达五年之久，而且因为每个月都有成百上千只雄蜂被孵化出来然后又死掉，所以雄蜂真的不占优势。只有极少的一部分才有机会完成它们与生俱来的那一个任务。在多数情况下，雄蜂的存在不过就是为了以防万一而已，它们一直处于待命状态，以防有未交配的蜂后突然从身边飞过。但外公说，就算一只雄蜂得到了交配的机会，它也活不过这次相遇。

四下实在太安静了，安静到我能听到远处的海浪拍打岸上的岩石。

"为什么？"

"它的雄性器官会断掉，然后它就摔到地上死翘翘了。"

"好恶心！"

外公看上去吃了一惊。我能看出我这样大惊小怪让他很是失望，我们在大苏尔乡间待了这么长时间，我的心理素质应该更强的，或者说至少应该能够接受自然法则。我惊呼的那一句是软弱的、常待在室内的孩子才会说的话。

"恶心？哪里恶心了？这不过是生命的一部分而已。如果很安静的话，你都能听见它断掉的声音。它会发出一个微弱的噗声。"

我颤抖了起来，想让他的故事快点结束。我一把抓起喷烟器，把一团团的烟雾喷到蜂箱入口上方，好让蜜蜂镇定下来。我用比平时更多的烟雾喷了喷守卫蜂，因为我觉得有为雄蜂报仇的需要。那些蜜蜂一路小跑着回到了蜂箱里,好躲避牛粪燃烧后发出的气味,这气味盖过了它们释放的香蕉味的警报信息素。外公意识到我的兴趣点已经不在他的故事上了,于是撬开了一个蜂箱的大盖,端详着里面的蜂蜜量。

我们特意把卡车停在了离养蜂场几百米远的地方,把空蜂箱放在了车斗门上。从蜜蜂那里偷蜂蜜需要点技巧,所以我们设计了一套以智取胜的方案。首先,外公要取出一片两侧都紧紧实实塞满了蜂蜜的巢脾,然后,他再使劲地摇一摇这片巢脾,把蜜蜂都甩回蜂箱里去。它们会被激怒,很多会飞回空中去搜寻被盗的财产。蜜蜂发狂地绕着外公的脑袋转,而外公则用一根乌鸦的羽毛把返回来的蜜蜂从蜂巢上掸下去,争分夺秒在这场意志力的较量中胜它们一筹。

等巢脾上尽可能已经没有蜜蜂以后,他把巢脾递给我,我则全速跑到卡车那里,后面跟着一小撮气急败坏的守卫蜂。到了车斗门的位置之后,我会检查下蜂巢上有没有偷渡的,然后像外公展示给我的那样轻轻地熏一下它们,把它们惹恼到刚好想要飞走的程度。一旦巢脾上没有蜜蜂了,我就把它插进空蜂箱里,藏在被子底下。蜜蜂能闻到蜂蜜的味道,如果我们不把蜜藏好的话,它们还会回来的。它们会紧紧地贴在巢脾上,一路跟到卡梅尔谷,而这会要了它们的命。它们能熬过这趟旅程，但我们家实在太远了，它们是无法找到回蜂箱的路的，最后就只能孤零零地死掉了。

最先打开的两个蜂箱没有多余的蜂蜜给我们。外公挪开了第三个蜂箱上层的几个贮藏室，然后弯下身子看着带育儿室的那层。他的胡子几乎都碰到了顶层的横木，好像他想扑进去似的。我走近了一些，鼻子闻到了他闻到的气味——一股像肉变质以后的恶臭。外公站起身来摇了摇头。

"不好。"

这个蜂箱跟其他的不一样。当我把手放在它的一侧时，那侧的木板摸起来冷冰冰的，没有一般情况下蜂群集体用身体散发出的热量。我低头看了看蜂箱入口的位置，几乎看不到有蜜蜂进出。

外公拿出了一片巢脾，那颜色绝对有问题。蜂蜡的颜色太暗了，像咖啡一样；而本该被照料幼雏的保育工蜂覆盖满的地方，现在只有没精打采的寥寥几只蜜蜂，它们在腐烂的育儿室上面走来走去，拼命想找一只健康的幼虫去喂食。育儿室外面封的那层蜡已经瘪了进去，而且上面全是洞，但它们本应该像被抻平的纸袋一样光滑的。

外公从地上拔起了一根狐尾草，把硬的那头戳进了一个皱巴巴的育儿巢房里。当他把狐尾草拉出来的时候，一条黏糊糊的棕线也跟着出来了。他检查了草尖那坨黏糊糊的东西很久,好像他不敢相信自己看到了什么。他又仔细检查了另外几个巢房,里面本该是白色幼虫的地方都被这种像鼻涕一样的东西取代了。不知道为什么,那些幼虫在变成蜜蜂之前都液化了。

"烂子病。"他说。我从他的声音里听出了失败的意味,于是便知道情况很糟糕。情况很严重。

"烂什么?"

"一种病。传染性特别强。消灭它的唯一办法是用火烧。"

外公把蜂箱重新组装好,然后从后口袋拿出了一支铅笔,在箱子上画了一个大大的X。我倒吸了一口凉气,意识到这意味着他要把箱子连同里面的蜜蜂一起烧掉。外公的额头皱成了一团,好像他犯了偏头疼一样,然后他用手捋了捋头发,眼睛看向远方。他脑子里正盘算着什么,所以我等了一会儿才问出了自己的问题。

"为什么会发生这种事?"

"保育工蜂喂给幼虫的食物里有致病性很强的细菌。把它们的内脏都毁了。"

至于这些细菌是从哪来的,外公也毫无头绪。哪都有可能,他说,接触其他蜜蜂,从受感染的蜂箱抢蜜,甚至降落在患病的蜜蜂也曾驻足的花上都可能会让一只蜜蜂变成细菌的携带者。如果保育工蜂把花蜜和掺有细菌的花粉混在一起,做成蜜蜂面包喂给正在发育中的蜜蜂吃,它们就会染上烂子病。

"我知道的是,这东西很顽固。能持续上五十年。"

我看着外公拆开了一个又一个蜂箱,用干草戳开育儿巢房。他的动作有条不紊,更像是台机器而不像是个人。等他完工的时候,十多个蜂箱都惨遭被画 X 的厄运。他需要搭一把篝火,把这些全都一起烧掉,阻止这场疾病殃及整个养蜂园。我目视着他从车斗拿出来了一把铁锹,走到离蜂箱很远的地方,开始为他的蜜蜂掘一个坟墓。

我不知道蜜蜂也会生病。在我的脑海里,蜜蜂是一团团势不可挡的能量球。大多数蜜蜂都会在六周过后因劳累而死,所以它们会充分利用每一分钟。每天,它们都会造访蜂箱方圆八公里范围内的成千上万朵鲜花,只有当它们残破不堪的翅膀不允许它们继续飞翔的时候才会停下来。年迈的蜜蜂很容易被看到,它们的身体更加瘦长,茸毛也脱落了,这让它们看上去光溜溜的。在我意识到蜜蜂是多么脆弱之后,我觉得自己没有尽到保护它们的责任。一个好的养蜂人应该把蜜蜂养活,而不是把它们养死。

外公挖的坑有三十厘米深,当我走过去的时候他正站在里面。

"你今天就要动手吗?"

"我得明天带着汽油回来。"他边说边用脚踩住铁锹,把它插进土里。他把铁锹的柄往自己的方向拽了拽,好松动一下土壤,然后弯下腰去,把一铲子土堆到了一旁。

外公的声音从没这么微弱过,这下我不知道该怎么跟他相处了。我坐在坑边等着,直到他挖得筋疲力尽为止。他坐在我身边,把头埋进了手里。我靠在他的身上,感受到了他卖力工作后身体散发出的热量。我们就这样待了很久,一言不发地陪伴着彼此。

"嗯,也就只能这样了。"最后他开口说道。

"你会损失很多钱吗?"

外公看着远方,我不确定他有没有听到我的话。

"钱?你以为我做这些是为了钱?"

他的问题让我觉得自己惹了麻烦,但我不知道自己做了什么。我又因为想歪了而让他失望了,尽管他花了很大的力气要把我培养成一个正直的人。

"蜂蜜不重要。"他说。

我张开嘴想反驳,却连一个完整的句子都组织不起来。如果他不在乎蜂蜜的话,为什么要有一辆蜂蜜巴士呢?谁都知道蜜蜂身上最重要的东西绝对是蜂蜜。这也是为什么它们叫蜜蜂。

"你以为蜜蜂只干酿蜜这一件事吗?"

我一听就知道这问题有诈,于是小心翼翼地用一个问题回答了他的话。

"对?"

"错。蜜蜂帮助食物生长，"他说，"我们树上结的所有水果和坚果；咱家菜园里的那些蔬菜。"

外公的悲伤情绪一定让他整个人都多愁善感起来了。我曾见过比我还高的茎从他的洋蓟丛中冒了出来，然后顶端还长出一个满头紫发的朋克脑袋——全程没借助任何外力。我们前院的那棵扁桃树会开白色的花，这些花最终会变成毛茸茸的绿色的荚，我会看着这些荚逐渐剥落，留下一个个带坚果的木色的小壳。所有工作都是树完成的。

"是植物在生产食物。"我想跟他把这件事说明白。

"没有蜜蜂的话它们就不行了。"外公纠正了我的说法，"一些花朵需要跟另一些花朵交换花粉，这样它们才能变成食物。因为花没有腿，所以它们需要蜜蜂帮它们传递花粉。当蜜蜂从一朵花飞到另一朵花上时，花粉会粘在蜜蜂的腿上，于是这事儿就成了。授粉了。"

如果没有蜜蜂帮忙传递花粉的话，外公解释道，百货店农产品区的很多东西都会消失。我会失去心爱的黄瓜和黑莓；万圣节会没有南瓜；夏天会没有西瓜；外婆喜欢放在曼哈顿鸡尾酒里的樱桃——都没了。世界会变得索然无味，无聊至极，没有了蜜蜂世界上也就没有花了，这是他给我的警告。

现在我能说通为什么外公如此心烦意乱了。失去蜂箱远远不止是一场私人灾难；那是大自然所经历的一次挫败。外公说，不只是我们会没有农产品吃，其他动物也会陷入麻烦的境地。我们需要蜜蜂给苜蓿和其他的草授粉，这样马和牛才有的吃。大自然母亲编织了一个非常周密的计划，如果你拽掉其中的一根线，整个计划都会瓦解。这些让人闻风丧胆的昆虫是地球上的隐形胶水，将我们紧紧地联系在一起。

外公刚刚仿佛为我打开了通向新世界的大门，告诉我世界上有那么多的东西需要去学习，比我用眼睛看到的要多。以前，当我往蜂箱里看时，我看到的只是蜜蜂在忙活它们自己的事而已，从来没想过它们的劳动会跟我产生任何关系。意识到每个生物，不管多小的生物，都在一个看不见的组织结构中帮助其他人生存下去，让我觉得很震撼。如果就连像蜜蜂这样看上去微不足道的东西都在默默地照顾着我们，那蚂蚁呢？其他虫子呢？米诺鱼呢？在我周围，大自然做的哪些看不见的贡献是我尚且不知道的？这让我想到，宇宙对我是有安排的。虽然我不是总能看到或感觉到这种安排，但我必须相信它的确存在。因为这可能恰恰意味着归根结底，我的生活不是随机发生的，也不是不幸的。我稍事思考了一下这个可能性，在我记事以来的很长一段时间内，我第一次感觉到有一丝焦虑溜走了。

这段时间以来，我一直以为是我和外公在照顾蜜蜂。而实际上，从始至终都是蜜蜂在照顾我们。

"很遗憾你没了蜜蜂。"我向他表达了自己的心意。

外公站起身来，把手指伸进了嘴里，一阵刺耳的口哨声响彻帕洛·科罗拉多大峡谷。他重新坐下，几秒钟内丽塔就不知从哪里蹿了出来，跳到他的膝盖上，舔着他的下巴。

"有时候一些东西会被从你身边夺走，"他说，"但是你不能让这件事影响你太多。"

蜜蜂好的一点，他说，就是它们繁衍得很快。如果我们小心一些，对剩下的蜂箱多上点心，一两年之内他就能把养蜂场恢复到原来的规模。蜜蜂会遭遇很多的打击，但是它们总能重新振作起来，他说。

我爬进卡车里，让丽塔坐在我的膝盖上，等着外公把蜂蜜继箱放到后面的车斗里。鉴于现在已经到了季末，还赶上了烂子病这么个大灾，所以蜂蜜产量少得可怜，只有几个蜂箱可以带回家。我听到外公撞上了车斗门，而当他坐到我旁边的时候，我很惊讶他看起来竟那么疲惫，两颊毫无光泽，忧虑不安在他的额头上刻满了深深的皱纹。他越过肩头朝养蜂场看了一眼，又看了一眼摆在他面前的那项可怕的工作，然后我们就开车离开了。

现在阳光直直地照着海面，大海上像漂浮着闪闪发光的钻石一样。这一次，我在回家的路上没有故事可听了。

外公神色凝重,沉浸在他自己的思绪里。丽塔离开了我的膝盖,蜷到了他的腿上,好像它也感觉到他需要一些鼓励似的。它顶了他的肚子几下,然后把头放在那上面,打起了哈欠。

"我帮你。"我说。

"什么意思?"

"我帮你把蜜蜂重新养起来。"我说。

外公突然露出了大大的微笑,他的面孔也一下子变得熟悉了。他伸过手来,拍了拍我的膝盖。

"谢谢。"他说。

我伸出手,打开收音机并拨着旋钮,直到约翰尼·卡什的一首歌让车内的气氛活跃起来。这首歌我听外婆在唱片机上放过。

外公唱了起来,还凑过来问我水面有多高,妈妈[1]。我知道答案:六十厘米高而且还在涨。

外公一次又一次地唱出这个问题,每次声音都会抬高一些,而我则也用相应的方式回应着他,大喊着九十厘米!一百二十厘米!当约翰尼唱到他的蜂箱都没了,他的蜜蜂都没了,他的鸡都待在柳树上的时候,我们也跟着他一起大喊。

---

1 约翰尼·卡什的一句歌词。

我第一次在那首歌中听出了悲伤的味道,但很奇怪的是,这让我们两个人都好受了一些。不是只有我们两个人才在大自然面前束手无策。

11

PARENTS WITHOUT PARTNERS
单身带娃小组

1980

事情发生的时候我和马修还穿着睡衣，四仰八叉地趴在电视前冲它嚷着价格。到了周末，我们会雷打不动地看《价格猜猜猜》和《咱们成交吧》这两档节目，见证像我们一样的普通人赢得大奖，收获源源不断的幸福。我们记住了这些游戏，这样某一天当我们到了可以开车的年龄之后，我们就会开足马力一路奔到好莱坞，报名参加节目，玩票大的——大到我们能买下一座庄园，里面的房间多到我们自己都数不清。而且每个房间里都会有一张水床。

在潜心研究了几年后，我能说出几乎所有在售商品的价格，从一辆科尔维特到一瓶高乐氏漂白剂，误差不会超过几分钱。电视上，一个老师在猜一趟夏威夷之旅和一辆吉普车加起来的总价，虽然我在场外使劲地给她提示，但她猜的价钱还是太高了。我看电视看得太专注了，根本没听见妈妈走进了客厅里。

"谁想去打保龄球？"

我们艰难地把目光从幸运大转盘上挪开。妈妈不耐烦地把她白色的仿皮手包从一个肩膀换到另一个肩膀。看到她在白天的时候就从床上下来让人觉得慒慒的。

"怎么了？你干吗用这种奇怪的眼神看着我？"

这是我们跟外公外婆一起住的第六个年头，现在妈妈更像是我们的姐姐，只在不得已的时候才会容忍我们一下，而大多数情况下她都带着一种坐立不安的不耐烦躲着所有人。爸爸信守了他的诺言，每年夏天都让我和弟弟飞过去探亲，但是外婆已经全权接管了监护人的职责，这样一来妈妈就不用忍受成年人的苦差了。她依然没有工作，没有朋友，没有起床的动力。我和弟弟已经很不习惯听从妈妈的指令了，以至于最开始我们都没想到她是在邀请我们去一个地方。

"保龄球？"我重复着她的话，心里还是觉得很震惊。

她满腔怒火地叹了一口气。她太苍白了，太阳穴和手腕的地方都青筋暴露。她穿了一条黄色的涤纶裤，系了条松紧带来调整腰围。自从我们搬进来之后，她的腰粗了不少。

"我不就是这么说的吗？我没空在这儿耗一整天。你们两个小孩来不来？"

我觉得我们应该先问问外婆同不同意，或者外婆是不是应该以监护人的身份跟我们一起去。万一出了岔子呢？我很犹豫，但我也很好奇，不想拒绝。

离我们最近的保龄球馆在海滨，开车要一个小时才到。路上妈妈跟我们解释说她最近加入了一个"单身带娃小组",我们就是要去给像她一样的人组的一个保龄球局。

"没有老公的女的?"马修问道。

妈妈把她那边的车窗往下摇出了一条小缝,让风把烟头上的灰吹走。"也有没老婆的男的。"她纠正道。

我朝马修挤了挤眉毛,往他那边歪了歪。"相亲局。"我小声说。我假装跟自己的手掌亲热,狠命地亲着它,直到马修乐得浑身颤抖了起来。

"后边干什么呢这么好笑?"

妈妈通过后视镜给了我们一眼。她看到的不过是格雷姆林后座上坐着两个天真无邪的小孩。我小心地捏住鼻子,好让自己憋住别笑出声来。"我需要你们两个都乖乖听话。别做任何会让我难堪的事情。"

我们保证会乖乖的,虽然我并不明白我们不过是要把球往保龄球瓶上扔而已,怎么会让她难堪呢。我往窗外望去,看到一排排菠菜和草莓忽闪而过,模糊成了一片,好像有人在洗一叠绿色的牌似的。萨利纳斯城扁扁的,田地像排兵布阵一样排列着,似乎上帝在创造它之前,先在方格纸上把它画了一遍。

当我们走下车时,空气中有股化肥的味道,把妈妈的查理香水味都盖过去了。她推搡着我和马修往入口的方向走,耳环颠来颠去的,可等我们快到入口的时候她反而放慢了脚步。她站在玻璃门前,好像是改变了心意一样。她对着玻璃中的影子补了补口红,把几缕头发别在了耳后。然后她又调整了一下裤子的腰带。她最近开始节食了,听从了一个叫斯卡斯代尔的高人气医生的建议,差不多只吃葡萄柚和茅屋芝士。

"我看着胖吗?"她边问边侧过身来对着玻璃。

她的肚子有点鼓,但是腿和胳膊依然是正常的粗细,所以她看上去有点像孕妇。我和马修对此只字未提。我们让她放心,她苗条得很。

"你们真的这么想吗?"她的目光越过肩膀,想在玻璃里看看自己的背影什么样。

我们使劲地点着头。

她咬了咬嘴唇,回头看了看那辆格雷姆林,似乎要在一号帘和二号帘之间做个选择。一面帘子后面有很多钻石,而另一面后面则有一头驴。她收了收腹,屏住了呼吸。然后她泄了气,皱起了眉头。

"你们不是嘴上说说而已吧?你们真的觉得我看着还行?"

其他的孩子都已经跑进保龄球馆里了。他们把门敞得大大的,炸薯条和油乎乎的意大利腊香肠披萨的香味从里面飘了出来,闻得人陶醉得很。她抓起我们的手捏了捏。"你们俩听好了,别让我给你们买东西,因为你们知道我掏不起这个钱。"她说。

我和马修答应了。她推开了门,我听到了保龄球瓶被撞倒时发出的空洞的咔嗒声,紧接着是一片沸腾的欢呼。棉花糖的味道惹得我口水直流,一片弹球机用闪闪的灯和欢快的旋律召唤着我。在工作人员把皮制的保龄球鞋递给我们后,妈妈把我和马修带到了一条球道上,一群臭着脸的孩子聚在这边,坐在一张用橘黄色塑料做成的弯弯曲曲的长椅上。这些人是单身父母们的儿女,他们被强制一起玩耍,但是很明显他们都希望自己这会儿正待在别的什么地方。

"我就在那边。"妈妈边说边往四条球道外的地方指了指,成年人都在那里寒暄。她快步离开了我们,手包在屁股上一颠一颠的。旁边的球道传来碰撞后的巨响,一群男人欢呼雀跃,举起了他们的扎啤。扔球的那个玩家对着空气弹了弹吉他,然后把舌头伸出来模仿接吻的样子。

我和马修回过头来看了看我们的新伙伴,发现有六双眼睛正在我们的身上钻洞。有一个人把瓜子吐到了我脚边的地板上,这绝对是故意的。戴耳环的那个家伙用西班牙语说了些什么,他的兄弟们窃笑了起来。

"嗨。"我说道。

没有人回答。我能感觉到,我们都是有时候就想照着什么东西打上去的那类孩子。附近有更多的保龄球瓶被撞倒,发出了雷鸣般的声响,我吓了一跳。我试图掩饰过去，假装身上痒痒想用手去挠肩胛骨，然后若无其事地走到保龄球传送带旁边，伸手去拿一个红色的球，但是一个女孩赶在我前面把球抢走了。

"这是我的，婊子[1]。"她边说边扬起了下巴，跟我在学校看见男孩子挑事打架前做的动作一样。我不知道那个词是什么意思，但我知道它不是什么好词，跟大便有点关系。灰心丧气的我挨着马修在长椅上坐了下来。我把一只手搭在了他的后背上，他背部的肌肉绷得很紧。

"玩吗？"我问他。

"呵，你可真逗。"他边说边堵住耳朵，不去听砰砰响的保龄球瓶声。他讨厌这个地方。我起身想再试一次，小心不去碰那个红色的球。只要马修看到我在玩，他也许也会想加入进来。但是当我往球道上走时，一个男孩挡住了我的去路。

"你想怎么着？这是我们的场子。"他往上指了指从天花板上吊下来的电子监控屏，"想玩就自己掏钱。"

我一屁股坐回了马修身边，这会儿他已经不出声地哭了起来。我本想悄悄地让他止住眼泪，但是那些刻薄的男孩嗅到了他眼泪中的咸味，一下子扑了上来。他们用娘娘腔假装在他面前号啕大哭，于是我站到了马修前面，挡住

---

[1] 原文为西班牙语 puta，发音与英文中的"大便"（poo）相似，所以作者在下文说觉得这个词跟大便有点关系。

了他的视线，同时用自己的眼睛发射隐形的死亡光波。可这些人不为所动，继续哭哭啼啼并用西班牙语叽叽喳喳，因为自己能吓到一个小孩子而高兴得过了头。马修把膝盖往前胸的地方抱了抱，把身体蜷成了一个球。这释放了我心中的猛虎。我走到了那些男孩跟前。

"瞧你们干的好事。"我说，"我要叫我妈过来。"

那些小霸王突然安静了下来。我脚跟一转，快步朝妈妈走去，但心里并不确定该跟她说些什么。她正坐在一块控制面板前给自己队里的某个人加油助威，面板上都是些控制着比分板的亮闪闪的按钮。她容光焕发，那股幸福劲是我从来没有见到过的，有那么一刻，我几乎忘了自己为什么要过来跟她说话。我好像在看一个自己并不认识的人，那个人的身体里充满了欢声笑语，她也把这欢笑传递给了周围的所有朋友。我喊了她一声，她从座位上转了个身，所有愉快的表情都从脸上消失了。

"怎么了？肯定出事了。"

我解释说我们在二号球道那边被欺负了。情况很糟，马修都哭了。

"你说马修都哭了是什么意思？"

"那些孩子对他特别刻薄。"我说，"而且他们也不让我们打保龄球。"

她把烟放进嵌入控制台的烟灰缸里磕灭了。

"嗯，那你想让我怎么着？"

"交钱以后我们才能自己玩。"

她突然抽出手，拽住了我的手腕，把我拉近了一些。她说话咬牙切齿："我怎么说要钱的事来着？"

"我知道，但是……"我话还没能说完，她就站了起来。她把手包狠狠地塞到腋下，几乎是跺着脚往小孩子们的那条球道走去。她走近的时候，我看到那帮刻薄的男孩子瞪大了眼睛，但她却径直走向了马修，弯下身子对着他的后脑勺大喊起来。

"你哭什么！"

我感觉到自己的脸火辣辣的，恐惧和尴尬这两道火焰双双舔舐着我的脸颊。事情不该是这样的。她应该保护马修让他不被欺负才对。这会儿折磨他的人脸上都挂出了大仇已报的神情，窃喜我们这群人中的小矬子被他自己的亲妈妈给骂了一顿。等她一走，这群人会更加肆无忌惮地对付马修的。意识到这一点之后，他整个人都崩溃了，又往膝盖的方向沉了沉。

妈妈转过身来，摇晃着手指对我大加指责。

"你们两个甭想坏了我的好事！我们开了这么远的路过来，你们两个给我待在这儿，我说走再走。听见了吗？"

马修忍不住了，放声哭了起来。妈妈抓住他的胳膊，把他从长椅上拽了起来。他用手捂住脸，想让她和整个保龄球馆都消失。旁边球道的那些男人放下了啤酒,扭过头来看。保龄球瓶的碰撞声也消失了。讲西班牙语的那些孩子屏住了呼吸。保龄球馆变得像图书馆一样安静。

我拔腿就跑。

"你他妈的想往哪儿跑?"妈妈大喊着。正在玩弹球机的人也别过了头,看着这片骚乱。我被自己的腿带到了洗手间,只有在那里我才能躲避这次虚情假意的家庭出游所留下的烂摊子。我把自己锁在一个隔间里,蹲在马桶盖上,徒劳地希望只要妈妈看不到我的鞋,就不会知道我在这里。随后我听到了她咚咚响的脚步声,于是紧紧地闭上眼睛,屏住呼吸,颤抖着。

妈妈像头公牛一样跺着脚冲进了洗手间,砰砰地大声推开了每个隔间的门想把我揪出来。我看到有几双脚慌慌张张地跑出了洗手间,越发难为情起来:我妈妈已经可怕到陌生人见她就跑的地步了。我想告诉那些女孩,她不会伤害她们的,她们不用那样子跑开。但是当妈妈不停摔着门沿着隔间往前走时,我脑子里冒出了另一个可怕的念头:也许那些女孩的直觉是对的。我才是那个把自己逼到墙角,连个逃生计划都没有的蠢货。

当妈妈停在我这间隔间前面时,我看到了她的脑袋顶。一根青筋在她的额头上跳动。她砸着金属门,弄得墙都跟着微微颤抖了起来。

"梅雷迪斯,我知道你在里面!你现在就给我出来!"

她把一只胳膊从门上抡进来,拼命地用爪子般的手指头去够门锁。让人放心的是她够不到。

"你现在就给我把这个打开!"

她用两只手抓住门顶使劲摇晃,想要把门拽开。我看着那个并不怎么结实的门闩与她抗衡着,紧张得备受煎熬,试着不去想她抓到我之后会做些什么。她又拍了一下门,我往后退了一下。外公外婆在很远的地方,救不了我的。我把膝盖抱得更紧了,告诉自己这不过是一场噩梦而已。

"回答我!"妈妈大吼着。

我张开了嘴,但嗓子里却像被塞了棉花球一样。我的嗓子像上次扁桃体发炎时一样干,只能发出微弱的嘶嘶声。我想大声叫喊寻求帮助,但实在不好意思求陌生人来救我。不过是妈妈而已,她不会真的伤害我的,是不是?在此之前我从没怕过她,我也不确定该怎么应对这个新出现的状况。她吓坏我了,没错,但这是私事,不该跟文明社会里的人分享。我因为犹豫不决而僵住了,无助地呜咽着。

突然,隔间不抖了。在几秒钟的安静过后,妈妈像橄榄球运动员似的把整个身子都撞到了门上,想用肩膀把门撞开。

"妈妈,别撞了。"我小声说着,"求你了。"

"你们两个孩子都是什么毛病?"她大喊着,"现在你们俩全都哭了?照我说,你们俩该长大了!"

她照着门踢了一脚。

"这儿不是你说了算。我说了才算。"她说。她的呼吸特别急促,好像她刚跑了几公里似的。然后我听到了打火机的咔嗒声,还有她吸烟时烟草燃烧的噼啪声。一团烟气从门的另一边升腾了起来。我不知道我们这样静静地僵持了多久。然后我听到了一个男人的声音。

"女士。不好意思,女士。"

妈妈重新操起了正常对话的声音。"你不能进女厕所。"她向那个人指明。

"是的,所以我需要你从洗手间里出来,不然我就报警了。"

"你是哪位?"

"我是经理。里面有人跟你在一起吗?"

我看到烟蒂掉到了地上,被她的保龄球鞋踩扁了。她深深地叹了口气,然后便离开了我。我等了几分钟,等到一切看起来平安无事后才抬起门闩,从洗手间里爬了出来。马修坐在一间带窗的办公室外的长椅上冲我招着手,让我过去。他往房间里指了指,我看到妈妈正疯狂地做着各种手势,向叉着双臂站在一旁的经理解释着什么。我坐在马修身边等了起来，直到经理为妈妈打开了办公室的门，伸出一只手臂，手掌示意着出口的方向。

"过来吧，咱们走。"妈妈边说边用两只手分别拉起了我们。她快步往大门的方向走去，我们小跑着才能跟上她。

"现在高兴了吗？"说完她猛地挂上挡，大脚踩住油门呼啸而去。

我们知道不是真的在问话，所以就没有回答。

"我今天本来没准能遇上谁的，但是全被你们俩给搅黄了！以后哪也别想让我带你们俩去。"

我只想让这一整天都消失。我很抱歉我就是这个样子；我很抱歉她没有老公，所以只好来参加这种愚蠢的保龄球局；我很抱歉我弟弟永远是被挑衅的那个，因为他不愿意打架。但最重要的是，我很抱歉眼下所有一切都出了岔子。妈妈从卧室出来的时候，跟她进去的时候判若两人。她从一只小老鼠变成了一头美洲狮。

我闭上眼睛，努力回想着在来加州之前妈妈是什么样的。这很难，因为那时候我还太小，而现在我马上就要上初中了。已经过去了太长时间，罗德岛的很多事情我都已经忘了，比如那里的雪，比如在树叶堆里跑来跑去，比如披头士的歌词。只有一点点关于妈妈的记忆还清晰地留存于我的脑海里——某次复活节我们做了个兔子形状的大蛋糕，整体是用白色的椰蓉装饰的，还用细细的甘草做了胡须。我记得跟她一起窝在床上看《谜中谜》，猜宝物到底被埋在了哪里。我还能感觉到她把双手放在我的后背上推着我荡秋千。肯定还有更多的记忆。

到家以后，妈妈还在生气。她回到卧室里，躺回了床上，不用说我们也知道还是别让她看见我们为好。我和马修走到外面去捡黑莓，在往花园走的路上，我们路过了蜂蜜巴士，而且止不住留意到巴士的后门半开着。我们把门拉开，发现外公正坐在里面，两只脚中间夹了一个二十升的威臣牌油罐。

"去找两块小石头来。"他说，好像他一直在等我们似的。

我们回来后，他把每块石头都系到了一根三十厘米长的绳子上。他把石头浸入装着滚烫蜂蜡的罐子里，浸大概半根绳子的深度。他很快就把它拉了出来，提着它直到它变硬为止，然后把它再次浸到蜂蜡里。每蘸一下，蜡烛都会变大一点。他把蜡烛芯递给我们，我们便模仿起了他的动作。阳光斜射进巴士里，我们一起静静地坐着，慢慢地做着蜡烛，每隔一会儿就停下来，让外公把蜂蜡拿到外面的丙烷加热器上重新化开。马修的蜡烛开始打弯了。外公把蜡烛从他手上拿过来，在自己的手掌里搓了搓把它弄直，然后再还给马修。我突然想到，我从来没问过外公蜜蜂是怎么做蜂蜡的。

"它们的腹部会排小薄片出来。"他说。

"什么?"马修说。

蜜蜂的身体天生就能产蜂蜡片,外公解释说。

"然后它们把蜂蜡片拽进嘴里咀嚼,把它们嚼成蜂窝的形状。"他说。

一些蜜蜂负责制蜡,另一些负责筑蜡,外公解释道。当一群蜜蜂准备在空的木制巢脾上筑窝的时候,它们会像葡萄串似的从最上面的横杆上吊下来,聚在一起产热。当温度上升得足够高之后,八片雪白的蜡制鳞片会从它们腹部下面的蜡腺里分泌出来。一只蜜蜂会从蜂群中脱离出来,顺着其他蜜蜂爬到木制巢脾的顶端,从那开始啃咬、弯折、咀嚼这些蜡片,把自己的唾液跟蜡片混在一起,直到它觉得黏稠度合适了为止。这只蜜蜂会把这个小球粘在巢脾的顶端,然后就离开了。一只又一只的蜜蜂连续做着这件事,直到一小团不成形的蜂蜡达到了刚刚好的厚度,可以被塑形成蜂窝为止。

之后负责筑巢的蜜蜂就来了,外公说。它们舀起蜂蜡进行拉扯,轮流雕刻六边形的巢房。它们建好的第一个巢房会为剩下的奠定几何基础,他说。

"真酷。"马修边说边高高举起他的蜡烛,这样他就能看着热乎乎的蜡顺着蜡烛往下滑,重新滴回油罐里了。

做蜡烛时不断重复的缓慢动作让我的神经放松了一些，但我还是不能把保龄球馆里发生的事完全从脑子里赶出去。

"外公？"

"嗯。"

"我们被从保龄球馆里赶出来了。"

"妈妈惹了麻烦。"马修说。

我们把发生的一切都告诉了外公。他举着自己的蜡烛，忘了蘸蜡，蜡烛在冷却的过程中从白色变成了芥末黄。听我们讲话的时候，我看到外公下巴上的肌肉都紧绷了起来。他把蜡烛放在了一个空蜂箱上，身子往我们这边倾了倾。

"你们的妈妈改不了了，所以最好还是别去招惹她。离她远点，耐心一些。等你们再长大一点的时候，你们就能自己生活了。"

我跟他说我们两个睡一张床，想躲也躲不开。

"她说什么你就做什么，别顶撞她。听见了吗？"他等着我们回他的话，好确认我们听进了他的指示。我们保证会按他说的做。

但是我没有告诉他我怕她。现在看来，妈妈真的有可能会伤害我们。

等蜡烛都做好以后，外公剪掉了上面的绳子，递给我们每人一对，让我们把蜡烛拿给外婆，放在餐桌上。精致的烛芯这会儿还是温热的，闻起来像是在新鲜出炉的饼干上抹了蜂蜜黄油一样。外婆深深地吸了一口它们的香气，睫毛都抖动了起来。她让我从橱柜里把她的银制烛台拿过来，然后教我用一种紫色的黏稠制剂仔细打磨这几件传家宝，让它们亮起来。

那晚，她把一根蜡烛放在了妈妈的餐盘上，把另外三根放在了餐厅的桌子上。妈妈是自己吃的饭，我们四个人则就着烛光吃，蜡烛的火焰给房间笼罩上了一层节庆的光晕。这期间外婆谈着政治，还给外公解释为什么他，以及每个头脑正常的美国人，都应该给吉米·卡特投票。

我偷偷地朝坐在我对面的马修翻了个白眼，他会心地咯咯笑了起来。然后他伸出右脚，在桌子底下够到了我的左脚。我们把鞋底对在一起，像拉锯一样把我们的腿推来推去，这是我们秘密的握手方式。

我们透过自己刚刚做的这些漂亮的蜡烛冲对方咧嘴笑着，有那么一瞬间，这一天被我抛在了脑后。

12

SOCIAL INSECT
群居昆虫

1982

我一上中学,离妈妈远点这件事就变得容易了很多。现在我比以前早一个小时溜下床,然后走到我之前上小学的地方去赶校车,我要在黄色的校车上坐半个小时到卡梅尔谷。校车的座位是按阶级划分的,已经沿用了好几代:八年级的人纵向坐在后方,调度着所有的双人座,七年级的人零零散散地坐在中间,总想通过游说的方式上位,而六年级的人被迫只得坐在暴脾气的司机附近,我们只要举止不当就会被他从后视镜里瞪。

但只要校车开进卡梅尔中学的校园,这种等级制就消失了。校园里涌动着几百名学生,他们来自蒙特雷半岛的各个地方。突然间,我每天要在五个不同的教室间穿梭,每个教室里的学生都由来自卡梅尔谷、圆石滩和大苏尔的不同人群组成。这让我光荣地成了一个无名之辈。谁都不会知道我是那个一听披头士的歌就会哭起来的姑娘,也不会知道我的家人古怪到连件像样的万圣节戏服都没法给我弄到。我融进了所有人组成的马赛克里,为能够成为这面墙上的一小块砖瓦而感到无比开心。

外婆帮我选了选修课,让我去学打字和德语。让我特别高兴的是，她还给我选了家政课，在这门课上我学会了做饭和用缝纫机。上这门课的全是女生，但我并不觉得它在把我们往人妻的方向培养，我把它看作是在为外公承诺一定会来的成年生活做准备，到那时我就终于能自己做饭而不把饭烧糊，而且再也不用穿别人淘汰下来的衣服了。

在学校新开了课外计算机课后，外婆给我买了一个隔热垫那么大的薄薄的软盘，好让我能学会在一台叫 IBM 的机器上编程。当学校年刊的负责人召集志愿者，让大家周末来帮他把所有学生的肖像照剪切并粘贴在付印页面上的时候，我举起了手。不管我的新学校提供什么，我都想尝试一下。我很惊讶、也很高兴我家之外发生着这么多事情，我想把每样东西都试一遍。

中学像是给我这场开局不利的人生重新起了个头，在最开始的那几周里我一直在观察别人，想找找可能跟我成为新伙伴的人。英语课上的一个女孩不仅吸引了我的注意力，而且快把我的注意力榨干了。索菲娅拥有能让一整个房间安静下来的那种美——她轻盈且优雅，穿 CK 牛仔裤的样子有点像波姬·小丝。她的举止带着欧洲交换生的那种酷酷的冷漠，她见的世面比她老师见的都多。

她学德语的速度比班上任何人都快。上英语课时她坐在我旁边，每当她把长长的黑色头发从脸上拨开的时候，头发都会哗的一下飘过。她老是傻笑，我万分想知道她在想什么、她听什么音乐，以及放学以后她会去哪。她告诉我她可以在吃晚饭的时候喝红酒，她妈妈有时候会坐在副驾驶的位置上，让她开着她们那辆手动挡雷诺来上学。我毫不怀疑这话的真实性。索菲娅太迷人了，高中男生都已经开始在圆石滩私人学校的电台KSPB上给她点情歌了。考试的时候，只要她靠到我这边小声说她不知道答案，我就会把试卷转过去让她抄。我不在意自己会不会被抓到。

一天，我鼓起勇气问她用的是什么洗发水，能让头发这么好闻。

"是我妈妈发廊里的东西。"她说。

发廊这个词像好莱坞的标志一样在我脑海里亮了起来。我现在还去村里的理发店剪头发呢，师傅每次都给我剪一样的蘑菇头，剪完以后还会给我一根棒棒糖。我嘟囔了句能免费用那么贵的洗发水感觉一定很好吧，然后马上又后悔让自己听上去这么肤浅。

"我可以给你弄一些。"她提议道，"放学以后跟我去我妈妈的发廊吧。她不会介意的。"

我幻想着游戏节目的光辉在我的周围闪闪发亮。

"你确定吗？"我问道，竭尽所能让自己看上去犹豫不决。

那天剩下的事情模糊成了一片,在最后一声下课铃响后,我和索菲娅在体育馆后面碰了头。她带着我在一片旷野上抄近道,走了十五分钟后就到了伯尼亚购物村。这是一个连锁精品购物中心,被设计成了一群谷仓围着一个大风车的样子,一般是一个游客喜欢逛的地方,他们会在这里买羊绒衫或者中央海岸风景的油画,但它的旗舰店却更合当地人的口味:那里有一家巨大的书店,后面还有一间有机咖啡厅。索菲娅带我沿伯尼亚购物村的石砖花园小径往前走去,上了一段楼梯,然后又沿着一个阳台往前走。我听到了吹风机的呜呜声,于是知道我们快到了。索菲娅推开了门,一首亚当·安特的舞曲砰砰地传了出来,全是号角声和鼓声。

"宝贝是你吗?"一个声音从屏风后面传了出来,"我马上就出来。"

等候区的皮革访客椅像建筑物一样,索菲娅悄悄地钻到了其中一把椅子上,把一条腿搭在扶手上,翻着一本《时尚》杂志。她用镭射眼般的专注研究着每套行头,翻每一页之前都心不在焉地舔舔指尖。现在说得通为什么索菲娅在学校里穿行的时候脚下像踩了个隐形的T台了——她在家自学的就是时尚。我听到水龙头关上的声音,亚当·安特的曲子也从高分贝降为了背景音。

索菲娅的妈妈走进了房间里,突然间我感觉自己好像误打误撞进了一个 MTV 音乐录影带中。她跟佩·班娜塔[1]简直是一个模子刻出来的,美得像精灵一样,有着短短的黑发、高高的颧骨和随时可以上台的妆容。她穿了条带垫肩的金色连体裤,整个人闪闪发光,一条小臂上套满了亮晶晶的手镯,小仙女般的身体踩在一双细高跟靴子上。为了让眼睛更加瞩目,她画了很浓的眼影,抹了特别多的睫毛膏,多到我都不知道睫毛禁得住这么重的东西。她的眼皮是金属紫色的,在眉毛的地方过渡成了荧光蓝,就差再配一把电吉他了。她把索菲娅揽进怀里,亲了亲她的双颊,好像她们上次见面已经是好几年前、而不是几个小时前的事。

随后索菲娅介绍了我,多米尼克靠过来,在我的脸上也留下了两个口红印。我抬起脸到半空去迎她,像一株奄奄一息的植物终于被移到了阳光下。

"幸会。"[2]她娇嗔道。

"意思就是很高兴见到你。"索菲娅说。

"幸……幸会。"我重复着她的话,因为太崇拜她了所以不知道自己该说些什么。

多米尼克和索菲娅就像两个在咖啡馆见面的朋友一样边聊边咯咯地笑,互相讲述着自己这一天遇到的事,接着

---
1 美国摇滚女歌手。
2 原文为法语。

对方的话茬。多米尼克开了一位粗鲁的顾客的玩笑，而索菲娅则告诉她妈妈我们的英语老师又发堂吉诃德的疯了，非要让全班排练那部剧里的台词，虽然学校并没有要上这部剧的计划。我既好奇又满怀渴望地打量着她们。

多米尼克问我喜不喜欢上学，我告诉她我什么都喜欢，除了躲避球。只要一下雨，体育课就只好移到体育馆里面上，老师会把我们分成两队并且给我们每人一个橡皮球，让我们把球往对方身上扔。我缩在后排，希望自己能在不被砸得一身青的情况下奇迹般地混过这场煎熬。只有恶霸才会喜欢玩躲避球。

"真够野蛮的。"多米尼克边说边把手指伸进我的头发里，好感受下我的发质。"需要滋润一下。"说完她把我带到了摆着各种瓶子的货架前。多米尼克取下了三瓶制剂，打开盖子让我闻一闻。我挑了闻起来像柑橘的那个。

"真会挑。"多米尼克说。她把这东西放进了一个小小的手提礼品袋里，看上去就像一份生日礼物一样。

我和索菲娅把作业摊在了等候区的茶几上。多米尼克把一瓶圣培露果汁放在我们面前，然后又递给了索菲娅一点钱，让我们去买点三明治，边学习边吃。我几乎是沿着石砖小径飘到书店咖啡厅去的。索菲娅拥有我幻想中的妈妈。

最后一个顾客离店之后，多米尼克开着那辆黄色的雷诺送我们回家。我坐在后排,索菲娅坐在副驾驶。当她的妈妈踩下离合器并且说出某个数字的时候,她就伸过手去换挡。索菲娅的动作娴熟到在她妈妈加速的时候她都不用去看挡位上的标识,这证明当她说自己会开车的时候是在说真话。在去卡梅尔谷的路上,我发现原来她们住的地方离我只有几公里,以及索菲娅还有一个姐姐。她们三个人住在一起,家里同样没有爸爸。可是不管是什么致使她们家人分离,这东西都没有将她们封印在悲伤里。多米尼克依然是索菲娅的母亲,从始至终一贯如此。

当多米尼克问起我家的情况的时候,我长话短说,只告诉她我跟外公外婆住在一起。多米尼克和索菲娅都没有继续追问这是怎么回事,这让我松了一口气。我给多米尼克指路,让她开到了我家的车道上,当我下车的时候,她指了指那辆蜂蜜巴士。

"那是什么?"

"我外公的蜂蜜巴士。"

"蜂蜜巴士?"

"他在里面做蜂蜜。"

"他养蜜蜂?"

她们有数不清的问题要问。她们想知道他把蜂箱放在哪里,蜜蜂怎么造蜂蜜,我们怎么把蜜从蜂箱里取出来,以及我被蜇了多少次。我即兴开了堂一对一养蜂指导课,把蜂箱比喻成了一个拥有集成大脑的超级器官。

这里有皇后却没有国王,我解释道,但皇后也并不掌权。所有蜜蜂都一起工作,共同做决定。蜜蜂非常忠诚,也非常慷慨,但它们也有暴力的一面,会把身子弱的、得了病的和对蜂群不再有用的男蜜蜂都扔出去。蜜蜂有自己的语言,它们高兴时会哼出嗡嗡声,紧张时会尖叫,悲伤时会沉默下来,面对威胁时还会发出恐吓的低吼。甚至在有竞争对手挑战蜂后的皇位时,它还会发出特殊的喊杀声。

我沐浴在听众的注意力中,试着用外公跟我说话的方式对她们讲话,在故事中加入一点点的润色,结果越说越自信。我让她们猜蜜蜂有几只眼睛(五只),然后接着说它们毛茸茸的眼珠子能看到紫外线,还能在花朵上看到对我们来说不可见的迷幻色彩和图案。多米尼克问开蜂箱危不危险。养蜂人不能害怕,我用吓人的口吻说道,因为蜜蜂能闻见你的恐惧。

多米尼克和索菲娅互相看了一眼。

"外公说这是真的。"我加了一句。

蜜蜂也不喜欢口气,我继续说道,暗的颜色也不喜欢,所以养蜂人需要刷牙,还得穿白色的衣服,这样蜜蜂才不会把他们误当作狗熊。索菲娅和她的妈妈对我的话着了迷,所以我把恶心的东西也告诉她们了——就是蜜蜂在空中交配，交配完成后雄蜂就死了，因为他的那东西会断在蜂后的身体里。我还告诉她们蜂蜜其实就是蜜蜂吐出来的花蜜，吐完之后它们用翅膀不停地扇，直到把它扇黏稠为止。我真的是想尽办法想让她们拍案叫绝。

我话音落下的时候，车里面沉寂了一阵。我觉得她们可能在犹豫我的想象力是不是太丰富了。

"这也太……酷了吧。"索菲娅说。

这感觉好像反了，她怎么崇拜起我来了，但这是所有错误里面让我感觉最好的一个。现在我知道了，我们无疑会成为朋友。我们都有对方想交换过去的东西。

"别忘了这个。"多米尼克边说边把我落在后座的洗发水递给了我，"随时再来。"

"就明天吧？"索菲娅问我。

好，当然好。

从那以后我们成了形影不离的朋友，每周都有几天一起走路去发廊。我跟索菲娅的家人一起吃饭的次数太多了，弄得我像是寄宿在她们家的外国交换生一样。我已经成了她们日常生活的一部分，多米尼克给我预备了牙刷，索菲娅还把她的旧歌莉亚温德比牛仔裤和拉科斯特毛衣都给了我。

外婆允许我去索菲娅家玩，我也跟着我这个时髦的新伙伴体验了一把生活。她和她的妈妈带我去法式餐厅，让我见识到了食用蜗牛，还让我尝到了人生中的第一口酒。她们还带我去看了《开放的美国学府》，这是我看的第一部 R 级电影。虽然我和索菲娅同岁，但在我看来她更像成年人。她房间里净是斯堪的纳维亚风格的立体派家具，它们总会被我们堆成不同的形状。我们把音箱的声音开得大大的，花掉好几个小时改造房间，时不时在有男生打她的私人电话时停下。我坐在她附近，假装没有在听她调情，但实际上却把她的话事无巨细地记了下来，万一哪天有人爱上我，我好知道该跟那个人说点什么。索菲娅喜欢熬夜看电影，如果我在她家过了夜，第二天早上她妈妈会送我们两个一起去上学。

我无法嫉妒索菲娅，因为她对待我就像对待亲姐妹一样。可是我跟她家人相处的时间越长，就越难回到自己的家人身边。在一个满是欢声笑语、聚餐和音乐声的家里待久了之后，我妈妈的缺席感更强了。在索菲娅家里，单身妈妈不像在我家那样代表着失败。多米尼克比我妈妈坚强得多，这也让我对妈妈越来越不耐烦，因为似乎她并没有真的在努力。法律有没有规定人最多只能悲伤到什么程度呢？

索菲娅和她的妈妈让我从她们这儿借了越来越多的幸福，与此同时我也越来越觉得自己自私，因为我永远没法回报她们。为数不多的几次，索菲娅问我她能不能去我家里，但我总是转移话题，含含糊糊地告诉她我妈妈病了。

我为妈妈的软弱感到羞愧，也不知道该如何向别人解释她躲在一扇紧闭的房门后面这件事。跟索菲娅的生活相比，我的生活实在太寡淡了，我也很害怕让她看到在我家有多少东西是需要大家共用的，床是共用的，洗手间是共用的，悲伤也是共用的。我觉得索菲娅是理解不了的，反正我也不确定自己能把这件事给她讲明白。

我跟妈妈同睡一张床的时间变少了，我觉得这对我们两个人来说都好。她没问过我去哪了，所以我也就没提索菲娅，我猜外婆一定把这些事都跟她说过了。渐渐地，我开始觉得自己过着双重生活。

某个周六的大清早，我闻着榛子咖啡的香味醒来，发现妈妈正坐在餐桌旁握着一只冒热气的马克杯暖手，面前摊开了一份《蒙特雷先驱报》。她从不关心新闻，所以我越过她的肩膀，想瞥一眼她在看什么。她在圈车库旧货摊，而且挑的都是开在高档社区里的那些。她吐了一个烟柱出来，抬头看着我。

"如果咱们现在就出门的话，能在好东西都卖光之前赶到那儿。"她说。

"咱们？"

"有什么更好的安排吗？"

我不确定这是不是个好主意。我上次跟妈妈出门的时候差点被扣在保龄球馆里。她把钥匙从手包里提了出来。

"来吧。我让你选一个东西。"

成交。我对白来的礼物没有抵抗力。

当妈妈挂上高挡,强行把格雷姆林往劳雷莱斯坡弯弯曲曲的双向道上开时,车都抗议了。她在邮箱面前放慢速度,好看清门牌号,直到她找到了报纸上列出来的那户人家。随后她调转车头驶入了一扇带立柱的大门,朝一栋有酒店那么大的房子开去,从房子那里还能看到村庄的全貌。我从板条做的围栏间隙看到了一个网球场,还有一个碧绿的游泳池。我们把车停在了喷泉边,里面的水正冒着泡从一条鱼的口中喷出来,然后往车库的方向走去,那里有一个女人正把书往箱子外面搬,码到折叠桌上。我们早了一个小时。

"哦,你们是……第一波到的。"她边说边把袖口往后撸了撸,看了下时间。

"太棒了!"妈妈说,"所以你可以把好东西给我看看了。"

那女人强挤出了一个笑容,把妈妈带到了一个放着水晶花瓶和中国风盘子的桌子边。

"这一套都是我姑妈在婚礼上用的。"女人说道。

妈妈慢慢地审视着这些物件,把每件东西都翻过来看了看价签,然后又轻轻地把每件器物都放了回去。

"骗钱的玩意儿!"妈妈的悄悄话说得太大声了,我畏缩了一下,希望那个女人没听到。妈妈沿着车库的四周走了一圈,把所有东西都摸了个遍,好像在找线索似的。她把毛衣举在胸前比胳膊的长度。她翻了翻书。她甚至把我知道她根本不想买的东西也检查了个遍,比如电钻和滑雪装备。

看到那家的主人在监视她,我真想钻到墙缝里去。我们想知道她到底在干什么。这时我明白过来了。她根本不是在买东西——她来这儿只不过是因为她喜欢打探别人的生活。有钱人的生活。

我拽了拽她的袖子。"咱们能走了吗?"

"*我*说能走的时候我们再走。"她压低嗓音呵斥道。然后她转过身去面对着这家的主人,脸上带着温柔、慈善的表情。

"不好意思,您介不介意让我用一下您的洗手间?实在抱歉麻烦您。"她压低了声音,悄声说,"身体不舒服。"

这家主人看起来大吃一惊。她犹豫了一下,然后嘱咐妈妈动作快一些——她不能撇下院子里的摊子不管。女主人让我们进了屋子,带我们沿着走廊往里走。走廊顶上有很多扇窗户,一柱柱阳光从窗户射进来,在赤棕色的地板上映出亮黄色的小方块。妈妈跟在后面慢慢地走,好把周围的一切一一记下。她的手指滑过一个光洁的厨房台面,记下了一台能从门上出冰和出水的冰箱,还快速地往几个房间里扫了几眼。我跟在后面,为妈妈竟用这种下三滥的手段进到别人家里而感到耻辱。女主人把她带到了洗手间,妈妈在身后锁上了门。我能听到她打开了橱柜和药箱,寻找着蛛丝马迹,想知道如果一切如她所愿,她的生活会是什么样子的。我和房子的主人并排站着,尴尬地清着我们各自的喉咙,听着妈妈翻箱倒柜。

"你在里面还好吗?"女主人边说边不停地敲门。我听到了脚步声,然后是抽水马桶声,然后妈妈稍微开了一会儿水龙头,之后嗖的一下打开了门。

"哦,嗨!"妈妈欢快地说,"我好喜欢你放在里面的那个水疗浴缸啊。"

那女人有气无力地笑了笑,然后是一阵让人很是别扭的沉默。"嗯,我们真的该回外面去了。"

我们跟在那个心不甘情不愿的导游后面,但是妈妈没准备这么轻易就放弃。她冲着那个女人的后背喋喋不休地念叨着。

"你们的承包商是谁?这年头想找个靠谱的承包商真难。我老公想把洗手间改造一下,放一个水疗浴缸进去。最开始我是反对的,因为我们已经在屋外放了一个热水浴盆了。是那种红杉木的,你知道吗?但是看见你们的这个以后,我又开始改主意了。你们这个用得勤吗?"

那个女人没回话,我们刚到屋外,她就从我们身边大步走开，跑到了一个男的身边。我估计那个人是她的老公，因为他马上就怒视着我们这边了。我觉得特别丢人，因为妈妈一点都没意识到她越了界，还被别人发现了。她从这些人身上偷了东西，虽然不是能拿在手里的实实在在的东西。她把别人私生活的一小部分据为己有了。我非常羞愧，需要赶在妈妈造成更多的伤害之前让她回到车里去。

"妈，我们该走了。"

她张开嘴，似乎是想抗议，但是却看到了那个男的在往我们的方向看。她挽住我的胳膊，靠过来似乎想要私下里跟我说些什么，但实际上却抬高了音量。"反正这儿也不过就有一堆贵得要命的废物。"

我拽着她往车的方向走，脚下加快了速度。

"你是什么毛病？"她说。

"我就是冷而已。"

妈妈本来还想再逛几个旧货摊，但我还是说服她带我回家了，我告诉她外公在等着我去检查蜜蜂。这话不完全是真的，但只要到家后我发现他正在院子里修修补补，就能轻而易举地把这话变成真的。我只要告诉他我想看蜜蜂了，他就会把手里拿着的不管什么工具扔掉，抄起防蜂罩。我只需要把妈妈带回家，让她重新回到我家的四面墙围起来的安全地带里，在那里她不会羞辱到我，也不会跟谁打起来。

自从我们搬到加州以来,我一直希望她能重新融入社会。但是从她离开家的这寥寥几次来看,好像什么事情都跟她对着干。我们想去哪儿,她就有办法把自己从哪个地方赶出来,而事后她那副自以为是的模样总会让我非常尴尬。她的愤怒虽然反复无常,但总会到场,最细微的小事都能让她直接炸开了锅——比如一个忘了打转向灯的司机,或一个拒绝兑现过期优惠券的杂货店收银员。

在我的活动范围超出康腾塔路之后,我越发怀疑妈妈这反复无常的情绪是她性格的一部分,而不是因为失去爸爸或生活艰难而悲伤一时。卧床那么久也没见她气色好转。她带着戒备之心在世间穿梭,总把人想得特别坏,比这更甚的是她还坚信别人都要害她。我担心如果我拧着她来的话,她也会轻而易举地与我为敌。有时我甚至觉得她永远都待在床上才最保险。

我在养蜂园里寻求庇护。我跟外公待在一起的时间越多,就越庆幸跟他相处多么容易。我们可以聊天,也可以不聊,怎样都没关系。我们喜欢彼此的陪伴,这种简简单单的自在感让我觉得也许事情并没有那么糟糕。我很好奇,想知道在我出现在他家大门口之前,外公是什么样的人。他现在教给我的这些东西,当初是谁教给他的?我突然想到,在外公成为我的外公之前,他一定还是别的什么人。但关于这个已经成为我生命中最特殊的一部分的男人,我知道得太少了。

在某次开车去大苏尔的途中,我终于问了他为什么他要当养蜂人。

"这个,我爸养蜜蜂,他爸养蜜蜂,我的堂兄弟们都养蜜蜂。波斯特农场上有蜂箱,我妈是在那个农场出生的。她爸和她外公也都养蜜蜂,所以我也就这么养了。"

"那你为什么喜欢这个?"

我们在一号公路上减速停下,因为我们前面有一辆房车正慢吞吞地往海边的一个停车点开去,游客们正在那里给连通了两部分海岸的单拱比克斯比大桥拍照。卡车慢悠悠地往前蹭,外公则耐心地等着。

"这个嘛……你可以自己一个人工作。没人会来打扰你。因为鼓弄蜜蜂的时候你必须慢慢来,所以这是一份让人平静的工作,我猜。而且我把蜂蜜送给别人的时候他们总是很喜欢。"

房车现在不挡我们的路了,外公跟那辆车的司机互相招了招手,然后我们就继续往南开去。

"而且大苏尔这个地方对蜜蜂特别好。"外公接着说。

"为什么?"

"我必须得好好照顾它们,把它们安置在可以自由飞翔的地方。"

我很困惑。难道蜜蜂不是想往哪儿飞就往哪儿飞吗?

他拧开了保温壶的盖子，另一只手握着方向盘，然后把壶盖递给我，示意我往里面倒上咖啡。我等着咖啡因在他的身体内起效，随后他摇下了他那侧的车窗，把胳膊肘垫在车门上，调整好姿势准备给我解释些什么。

"养蜂人分为三个不同的种类。"他开始了。

出于爱好而养蜂的人，他说，也就是弄几个蜂箱，观察观察蜜蜂，收一点蜂蜜；像他这样把养蜂当成副业的人会在几个固定的地点安置一百多个蜂箱，做点小本生意；除此之外还有那些拥有成千上万个蜂箱的巨头们，他们用卡车运着自己的蜜蜂横穿美国，去给大型农场授粉。

"那些游牧的养蜂人甚至都不在乎蜂蜜。他们就靠出租蜜蜂给农民赚钱。"他说。

我从来没想过除了用外公的方式之外，还能用其他法子养蜂。他跟蜜蜂合作得很融洽，习惯了它们会有什么样的需求。很难想象出了大苏尔以后，事情完全变了味。蜜蜂被在高速公路上运来运去，还被强迫着给人类打工。

"那些蜜蜂要去哪儿？"

大多数都要去中央谷地的扁桃树园，他回答说。整个州的蜜蜂加起来也不够给所有的扁桃花授粉的，但扁桃树只能依靠蜜蜂，因为它们的花粉太沉了，风带不动。所以养蜂人会从其他的州赶过来，用叉车把蜂箱放进果园里，在春天的时候把蜜蜂在那里放上几个星期，为目之所及的一排排扁桃树授粉。蜜蜂需要吃各种各样的花粉才能保持健康,他说,但旅居的蜜蜂被迫日复一日吃着同样的东西。

"想象一下每天吃一个热狗,连续吃一个月;然后每天一个汉堡,再吃一个月。"外公说,"你觉得你会怎么样?"

"估计我会吐的。"我说。

"就是这种感觉。"

蜜蜂给一个农场授完粉后,养蜂人马上就会把蜂箱收回去,把它们拉到下一个鲜花盛开的庄稼地里,把这些蜜蜂放到斯托克顿的樱桃园或华盛顿的苹果园里去。雇佣蜂要从二月苦干到八月,这意味着一只典型的美国蜜蜂在高速公路上度过的时间比在野外度过的时间还要长。

"这就是为什么我不挪我的蜜蜂。"外公说,"我觉得那些商业蜜蜂已经被榨干了。把蜜蜂从它们生活的环境中剥离出去是很不自然的。它们会分不清方向,而且要过好一阵才能调整过来。这对它们身体的打击太大了。"

给蜜蜂造成伤害的不仅仅只有长途跋涉而已,外公说。还有蜜蜂从农作物上带进蜂巢结构里的农药。这就像是住在用含铅的油漆粉刷过的房子里一样,最开始的时候我们可能察觉不到什么影响,但是时间一长,蜜蜂的神经系统就会紊乱,失去飞行的能力并最终死去。

"这就是为什么我把我的蜜蜂安置在了离人远远的地方,那地方没有化学农药。这样我才能保护它们。"

外公的蜜蜂是安全的,但是现在我担心起那些长途跋涉的蜜蜂来了。它们都会患病死去吗?

"蜜蜂们有麻烦了吗?"

"暂时还没有,"外公说,"但如果我们还继续拿它们当奴隶使的话,我们可能就要永远地失去它们了。"

"然后呢?"

"然后咱们就没饭吃了。"

这才是我那个问题的答案。外公之所以当养蜂人,是因为他明白那些真正重要的事情。

他明白在人的一生中,付出和索取应该是相当的。他明白好的关系,比如人与蜜蜂之间的关系,或两个初中同学之间的关系,或母女之间的关系,都应该以一个共识作为出发点,那就是对方是无比珍贵的。

13

HOT WATER

热 水

1982

我上初中后不久,家里的起居安排突然发生了变化。我们家旁边的出租房空了出来,外婆赶紧抓住了这个机会。邻居那位编柳条摇篮的女士刚把最后一节线头打包好,外婆就对我们宣布:妈妈、我和马修要搬到那里面去,她来付房租。作为交易的一部分,妈妈需要去找一份工作,以应付水电费和日常开销。妈妈上钩了。她在银行找了份兼职,负责办理贷款。终于,在我们来到这个地方七年后,房子重归外婆所有了。

我们的新家比外公外婆的房子还小,没有淋浴也没有暖气,地板在某些地方还翘了起来,但它毕竟是完全属于我们的。洗手间和厨房里铺的油毡已经破了洞、裂了口,纱门歪到了一边,青苔绿的地毯上还有烟头烫出的痕迹,但是这些都不重要,因为我相信在这栋破旧不堪的小房子里,我们终于要重新找回家的感觉了。离开外婆的羽翼之后,妈妈可以从头开始当我们的家长。这栋房子将帮助我们东山再起,而且也许,只是也许,某天当事情都变好之后,我能请索菲娅过来玩。

两间卧室分列在房子的两头。妈妈占了一个,我和马修则共用另一个从车库改造出来的卧室。推开我们卧室的门之后有三级下行的台阶，卧室的地面是水泥的，上面盖了一层薄薄的棕褐色地毯衬垫，而没有铺正经的地毯。房间里有两扇齐腰高的窗户，位于两堵对立的墙面上。这个房间很冷，坑坑洼洼布满节疤的松木墙也没有隔热层，但它有个好处，就是里面有两个柜子，这让我和马修第一次有了零星的私人空间。

我们的家具是外婆从蒙特雷的拍卖行里买的。她买了一个上下铺的床，还买了一个复古的韦斯顿牌梳妆台让我和弟弟共用，梳妆台上的镜子因为年头已久，已经很斑驳了。拍卖行还送来了一张双人床，一个贴了膜的木制梳妆台，还有一个带一层抽屉的茶几，这些是给妈妈的卧室准备的。因为沙发太贵了，所以外婆就买了一把带木头扶手的鸳鸯椅，上面粗糙地印着各种植物。这是我们起居室里唯一能坐人的地方，但对于三口之家来说这又是个最不切实际的选择，因为这个椅子每次只能坐两个人。我们成了一个摇摇欲坠的书架的新主人，从上面拿书的时候整个书架都会晃。在壁炉的罩子上，妈妈给我们放了一台带兔耳天线的六英寸黑白电视，但从鸳鸯椅上看过去还是太远了。最后，妈妈往已经倾斜了的茶几上放了一台便携式唱机以画龙点睛，这样就能循环播放她的三张专辑了：《周末夜狂热》《油脂》和比吉斯乐队的歌。妈妈还用她在车库旧货摊淘到的流苏植物悬架和蜘蛛蕨装饰了一下屋子。

搬进来的那天,我和马修仔细地把我们的衣服和鞋子在那两个柜子里收了又收。

"嘿。"说着马修把头从衣柜里探了出来,他正把他的乐高组件往架子上堆呢。

"怎么了?"

"厨房里有什么可吃的吗?"

"你去看看。"

"不去,你去吧。"

"你怎么跟个小孩似的。"我呵斥了他一句。

冰箱是牛油果色的,跟烤箱配套。我撩开冰箱门,发现里面没什么可吃的东西:六连装的苏打水,一大桶低脂茅屋芝士,芹菜,半个已经干瘪了的葡萄柚,还有一袋英式马芬。妈妈又开始节食了。我把所有的橱柜都打开,最后终于看见了一只碗,然后用勺子挖了一些茅屋芝士放进去。

"你想干吗?"

我往后跳了一下,突然觉得很是愧疚。

妈妈把碗从台面上抄起来,把里面的东西又倒回了装茅屋芝士的桶里,盖好盖子重新放回了冰箱。她撞上了冰箱门,这是在摆架子给我看。

"首先,那些吃的是我给自己买的,这房子里的东西不是你想拿就能拿的;"她说,"第二,冰箱门别就这么开着，冷气都被你放光了。"

于是，新规矩就这么定下了：房子是她的，我和马修不过是凑巧住在里面的一个小角落里而已。我把空碗洗了洗，努力记住外公的建议，不让妈妈惹恼我。我想要反抗，但知道那是徒劳的。妈妈发狂的时候就像一列正在行进中的火车，没法被从铁轨上拽下来。她的怒火是很麻烦的那种，因为这怒火会想把自己粘到她周围的所有人身上，好像她已经知道自己的余生都会在愤怒中度过，所以想要拉人下水一样。我一言不发地擦干了碗，把它放回橱柜里，全程一句话都没有说，然后便往我的新卧室走去，留她一个人在那里等着我向她道歉。我之前以为只要换个地方，妈妈就不会那么烦我和马修了，这个想法实在太天真了。一个人的执念是不会因为环境的改变而改变的。当初这希望来得多快，我如今就放弃得多快，它就像一条漂亮的绸带从我的手中滑落。看到我空着手回来，马修的脸沉了下来。

"咱们去翻翻外婆的冰箱吧。"我说。

在接下来的几周内，我们掌握了妈妈的家规。食物被仔细地分开了，无糖苏打水和低糖零食是她的；微波食物是让我们自己加热后吃的：速冻的墨西哥肉卷、汉堡和速冻快餐。但是她的占有欲远远地超过了日常用品。我和弟弟需要经她允许才能开电视、打电话或者给小型供暖器接上电源。既然现在妈妈要考虑账单的问题,她就算计起我们用的每一度电、每一滴水来了。当我们中有一个人在洗澡的时候,妈妈会站在门外听,等我们的用水量达到了她设想的那个上限之后她就会梆梆地敲门。我和弟弟学会了赶在妈妈下班回来之前使用电器,而且至少在她到家一个小时前把电视关掉,这样它的热才能散开,不让我们露出马脚。她报复我们的方式就是把电视拽到了她自己的卧室,这样我们就看不了了。然后她把电话也拽了进去。再然后是收音机,直到最终我们比在之前的房子里见她的次数更少。没过多久,我和马修就迁徙回了外公外婆家,去那里吃热乎的饭,洗没人打扰的澡,看看电视。

等到妈妈付不起账单之后,她也开始往对门迁徙了。为了省钱,她先是取消了垃圾清理服务,开始把她的垃圾袋往外公外婆家的垃圾桶里扔。为了省水,她把衣服都拿到外婆家去洗。然后她开始过来借牛奶,或者黄油,或者从外公的木柴堆里顺一些木头回去。外婆开始每月给妈妈一些零花钱,好让她待在自己的房子里。

新租来的房子里我最喜欢的地方是浴室,因为只有那一个地方能给人真正的隐私。我喜欢在浴缸里躲上整整一个小时,读上一本哈迪男孩[1]的悬疑小说,直到水变凉了

---

[1] 美国作家爱德华·斯特莱梅耶笔下的虚构人物,青少年悬疑小说系列的主人公。

为止。某天下午当我正在这么干时，我突然想到如果我放掉一些已经变温乎的水、再放进来一些更热的水的话，我就能延长自己洗澡的时间并且多看会儿书了。我知道这很冒险，因为妈妈可能会听出来我用了不止一浴缸的水。但如果我用脚趾头把浴缸塞撬起来一毫米，让水静静地滴出去的话，也许她不会听见的。这过程花了很久，但最后我还是放掉了半个浴缸的水。我把热水龙头打开了一点点，又把浴巾放在了水流下好消掉声音。我这场光荣的叛乱所带来的暖意在腿边汇集起来，当热气再次从水中蒸腾起来时，我放松身心，再次读起了书来。

刚读了两句，我就听到了越走越快的脚步声，随后洗手间的门砰的一声被打开了。妈妈猛地拧上了水龙头，把书从我手里夺走砸到了墙上。她抓住浴缸的边缘，身子向我倾斜过来，炙热的呼吸和我的融在了一起。她像头野兽一样，好像她靠过来是想嗅嗅我的恐惧。

"你他妈的想干什么？"

我努力不让自己突然动起来。我和她都知道我刚才到底干了什么。偷水。妈妈抓住我的小臂，把我从浴缸里拽了出来。她的速度太快了，以至于我要紧紧地抱住她才不会摔倒。我站稳了脚后就守在原地，身上滴着水，而她则用身体挡住了我的去路。她怒火中烧，脸涨成了我从未见过的红色。

"别以为你比我聪明。"她边说边用手指戳了戳我。

"我没有。"

我开始抖了。我需要想出来一个绕过她、从门那边出去的办法。也许道歉可行。

"你们两个孩子浪费水这件事真的让我很恶心也让我觉得很累。你们好像觉得我是用钱做的。你们给我听着而且给我听好了——我不是。"

"抱歉。"我嘟囔了一句。

事实是,我一点都不觉得抱歉。我气得像个冒烟的茶壶一样。用水量在索菲娅家里从来都不是事儿。如果我们需要洗碗、洗澡或者冲马桶的话,我们根本不用考虑再三。但是在家里,我成天为了水的事心烦,光是看见它就够让我胃里打结、为它的稀缺而担忧了。我知道我不该超额用水。我的脑子飞快地转着,想要找个办法让她平静下来,也给自己找条毛巾。

"你听起来不抱歉。"

"可以给我一条毛巾吗?"

妈妈眯起了眼睛。"我还没跟你算完账呢。"

我不知道她刚刚到底是给了我个缓刑期,还是一个威胁。但是我没有干等着去确认答案。我一下子扑到毛巾架上,扯下来了一条毛巾,然后趁她还没来得及反应的时候就从她身后溜出了洗手间的门。我往卧室跑去,希望马修在那里面，因为我们两个人对付一个人胜算大一些。

我的脑子还没来得及搞清楚发生了什么，就感觉到她的身体像个床垫一样压在了我的后背上。我往前跌了一跤，重重地摔在了地毯上，气都被摔断了。上不来气的时候，我感觉时间静止了，然后我就像个破烂娃娃一样被翻了过来，仰面躺着，而妈妈则像摔跤手一样把我紧紧压在身下。她的身体像个沙袋一样压在我的身上，我大口喘着气。

"你们这些孩子只会要，要，要！我都为你们做了多少了！这些我都只能一个人担着，但是你们有一次谢过我吗？没有！"

我的心贴着她大腿内侧的肌肉咚咚跳着，我拍打着她的胳膊想要坐起来，但是却被牢牢困住了。肾上腺素流过我的全身，我用尽自己最大的力气想要起来，但就是没法让她挪动一丁点。我们像两只猫一样冲对方张牙舞爪，她试图抓住我疯狂挥舞的手臂。最终她抓住了我的手腕，把我的胳膊扭到我的胸前，并且在那里交叉着压住它们。她因为愤怒而颤抖着嘴唇，越过我，对着墙上的一个点大吼着。

"你根本不知道我忍受了什么样的折磨！"她这莫名其妙的爆发吓得我直接屈服了。我停止了挣扎，不知道发生了什么。她好像正对着我看不见的什么人说话。

"没人喜欢我。从来没人喜欢我!"

恐惧占满了我的肺部,让我安静下来。妈妈正处在她脑海里的某个地方,处于一个我无法触碰到她的异常状态。从她嘴里发出来的声音听起来很熟悉,却要年轻很多,我想象中她小时候的声音就是这样。看样子,有可能连她自己都不知道自己在做什么。这也是最让人害怕的一点,因为如果她能对我做出糟糕得多得多的事情呢?我求她放了我,但我的话却从她身上反弹开了,她听不到。她的痛苦浓缩成了由一个词组成的叩击。

"没人!没人!没人!"

她把手埋在我湿湿的头发内,用手指环住两卷头发使劲拉扯着。一瞬间,我的头皮像被一千根针扎了一样剧痛无比。她抓着我的头来回甩,我们两个现在都尖叫了起来,像被囚困的动物呜咽着寻求救援一样发出含糊不清的声音。我感觉自己的毛囊被扯掉了,从眼角望出去,我看到我的头发从她的指尖脱落,飘到了地上。我扭动着想脱身,但是她稍微调整了下重心,挡住了我的逃跑路线。我没有出路了。

我的身子软了下来,不管接下来会发生什么我都认栽了。我闭上眼睛,看见自己沉入了黑漆漆的海底,朝离她越来越远的地方漂浮。下沉时,我的周围越来越安静,直到她的尖叫声也消散了。我缓缓地漂向海底,什么都看不见，也什么都听不见。当我在软软的沙滩上休息时，围绕在我的心四周的钢铁收缩门猛然关闭，把它围在了里面，她再也够不到了。

就是在这个时刻我下定了决心，决定自己再也不属于她了。这念头刚一冒出来，一道温暖的光束就冲破黑暗，直达海底，温暖了我全身的肌肤。我自由了。她想对我做什么就可以做什么，无所谓了。现在我属于自己了，永远不再属于她了。解脱感像茧一样包裹住了我，因为我明白了我不用因为她是我妈妈就必须爱她。我要做的就是在她手底下活下来，这样终有一天我就可以永远离开她了。外公是对的。如果我服从她、不去招惹她，我就能活下来。我的身体被囚禁在了她的身体之下，但我的心灵却不必如此。这个想法让我笑了出来。

"哦，你觉得这好笑是吗？"

她举起了手掌，这一巴掌打得既干脆又剧痛无比，好像有一股电流冲过了我的面颊。我用手捂住脸，把头扭到了一边。透过指缝，我看到马修刚好赶在妈妈一巴掌扇到我的另一面脸颊时从卧室里出来了。

"妈！"他喊道，"别打她了！"

他的声音像套索一样落在了她的身上，她当即就愣住了。她低下头，用困惑的表情看着我，好像认不出来我是谁似的。她倒吸了一口气，从我身上滚了下去，瘫在了地毯上，肩膀起伏着。我像螃蟹一样往相反的方向逃去，一路后退到墙根，这样就可以提防着她了。她哭了起来，用手臂环绕着膝盖前后摇晃着。我抬手摸了摸发际线，按了按秃掉的那一块，想让它不再突突地疼。我站了起来，迈着颤颤巍巍的双腿，沿着墙蹑手蹑脚地走进了卧室，赶快穿上了衣服。我听到卧室的房门咯吱地转了一下，整个人都僵住了。

"是我。"马修边说边把头探进卧室里来。

他走进屋里，拉起了我的手。我们从气鼓鼓的妈妈身边跑过，跑出了房子，穿过围栏，到了外公外婆家。当我们大喊大叫着闯进起居室，压着对方的声音歇斯底里、滔滔不绝地抢话说时，外公外婆正在看电视。

"哇，慢点儿。"外婆说，"一个一个地说。"

我试图解释，但是说到一半就开始语无伦次地哭了起来。于是马修替我把话说完，告诉外婆他都看见了什么。外公把手伸到躺椅的档把上，噌的一下坐直了身子。外婆的脸沉了下来，掐掉了电视。"那么，你干了什么惹她生气了？"

"露丝宝贝！"外公边说边给她使了个央求的眼色，而这一点忙都没有帮上。他竟敢指正她的说法，这太让她不可思议了。

"你什么意思？"她跟外公说话时就像是在训斥自己

教的一个傲慢无礼的学生一样。

外公转向我这边。"你受伤了吗？"

"我看她没受那么重的伤。"外婆边说边从房间的另一头斜眼看着我。她向卧室走去，边走边对一群我们看不见的听众发着牢骚。"不是这事就是那事。我对天发誓，见上帝之前我非得落点清净不可。"

她去给妈妈打电话了，我听到电话机的转盘噼啪作响，然后是一阵小声的安慰。妈妈的说辞和我的说辞要对簿公堂了。

外公厌恶地摇了摇头，我以为他会控诉一下，但他把心里的话憋了回去。他站起身来，呼了一口气，好像他已经憋了一阵子的气似的。

"咱们去外面吧。"他说。

我们三个人无需事先讨论，就朝外公的蜂箱走了过去。蜂箱外的动静比往常都大一些，一开始我还以为可能是某个蜂群在分蜂。但走近之后，我发现不过就是有一群蜜蜂在蜂箱外面转圈罢了。它们飞到空中，在蜂箱前转一个小小的圈，然后再回到着陆板上。它们一遍又一遍地重复着这套动作，好像它们总也鼓不起勇气飞远似的。

"它们在干什么？"马修问道。

"在练习。"外公一边回答一边递给了我一个撬蜂箱的工具，还递给了马修一个喷烟器。我和外公移开了第一个蜂箱的盖子,而马修则负责用烟熏入口。

"练习什么?"我追问着。

当内勤蜂长大后准备好了去采花蜜时,它并不是某一天突然冲出蜂箱就能整装上路了,外公向我们解释道。它得先学会飞行。

"每天大概在这个时候,蜜蜂们都会上一堂飞行课。它们慢悠悠地在蜂箱前面画 8 字,记住地标以及阳光的方向,这样将来它们就能找到回家的路了。每天它们绕的圈都会越来越大,跟着老一辈的蜜蜂学习,直到自己的翅膀硬了为止。在没准备好之前,它们是不会去觅花的。"

"它们要学多久呢?"我问道。

"不知道。这全看个人,你说是不是?"

这下说得通了。我并不是哪天突然跑出家门就知道怎么读书,或者怎么解数学题。我得先到路尽头的小学上课、练习。等我再大一点也更自信的时候,我坐车去更远的地方上中学,学更多的东西。等我上了高中之后,我的圈子很快又会扩大。像蜜蜂一样,我也是从一遍遍的尝试和失败中学习,直到我做对了为止。

他提起一片巢脾,对着阳光倾斜了一下,检查蜂巢中有没有卵。我看着蜜蜂们修补着蜂蜡中的裂缝,用前腿和触角清洁着彼此的身体,还把它们的头伸进育儿室里去喂幼虫。在蜂箱里,每件事都在按照既定的规划进行。我能够确信蜜蜂总是在工作，每只蜜蜂都有自己的目标，每只的节奏都能够给我以安慰。我感觉胃里面那个因为害怕而结的节解开了，我的肩膀也放松了下来。

外公举起一片巢脾挡住了脸，从另一头对我们说起了话。

"你们想聊聊你们的妈妈吗？"他问道。

我和弟弟面面相觑，都在等着对方先开口。

"我不想回那里去了。"我说。

"你们两个今晚可以待在这里。"外公说，"别担心，我们会想到办法的。"

我弟弟拔了点绿草，把它塞进了喷烟器的烟嘴里，还给了外公。

"是什么事惹到她了？"

马修扭过头去看着邻居家的院子，好像他实在受不了那段回忆，不想重温似的。

"我偷热水用来着。"

外公摇了摇头。"那女的真行。"他嘟囔了一句。

就在那时，外婆的声音飘到了我们这边。她站在门前，手里拿着电话听筒，电话线从厨房一路扯到了门口。

"梅雷迪斯！过来跟你妈妈道歉。"

我往后退了一下。我做得是不对，但妈妈的反应更不对。我才不要道歉呢。

当我被困在她身下动弹不得时，一种可怕的苦难从正处于神游状态的她体内倾泻而出，我感觉妈妈身体里有什么东西坏掉了，这也彻底吓到了我。她是在对着过去的什么人咆哮，却是在打现实中的我。这甚至都不是道歉能解决的事情。妈妈有了很严重的问题，可似乎没人想认真对待这件事。

我们离开罗德岛已经七年了，可妈妈还是跟我们来到这里的那天一样沮丧，甚至更甚。在每个她没能转运的年头里，她堕落的速度都会加快一些，让人越来越难把她从她的沮丧情绪里拉出来。我本希望工作能让她分分心，但她却越发牢牢抓住自己的受害者身份不放。她从银行回到家的时候怒气冲冲的，因为申请贷款被拒的客户对她很是无礼。她的老板没什么本事；她因为站了一整天而腰酸背痛；她的同事都是些懒蛋，她老是被拉过去顶他们的班。从来没什么事情是顺利的，从来没有。怒火在她体内堆积，一层叠着一层，每天都会多积累一点，直到最终那怒火将她吞噬。

如果她今天毫无征兆地攻击了我，那么很有可能她明天，或者下个月，或者明年，还会攻击我。道歉就是在默认妈妈的过激行为没什么可担忧的，以及这些事从某种角度来说是我自找的。现在我长记性了。从今往后，我发誓要尽可能离妈妈远远的。

外婆重复了一遍她的要求,这次声音大了一些。我看了看外公,我需要他给我撑腰。

"在这儿等着,"外公小声说,"我去告诉她这会儿你被吓得不轻。"

外公成功地推迟了我的道歉,我和马修也早早地就上床了,好躲过妈妈接连不断想找到我的电话。当我盖上被子等着睡意来袭的时候,我想起了爸爸问我愿不愿意跟他一起生活的那一晚。他还问到妈妈有没有打过我,我还对这暗示感到很震惊。他是不是在提醒我呢?关于妈妈他都知道些什么,使得他觉得她会做这种事情?

"你醒着吗?"我小声问。

"嗯。"马修回答。

"谢谢。"

马修的鼻子抽了抽。我说不好他是不是在哭。"你也会为我做同样的事的。"

"当然。"我说。

"你还好吗?"他问道。

我脸颊上被她抓过的地方还是火辣辣的。

"我会好的。"

睡着后我总是一阵阵地醒来,因为担心自己选错了家长而难以成眠。

第二天早上,我对着洗手间的镜子照了照,看到了昨晚我们争吵的证据：妈妈的指甲从我的眼睛划到了下巴，在我的一边脸上留下了四条长长的血痕。它们很疼，而且红肿了起来，像肥肥大大的红色虫子一样从我的脸上凸了出来。我看起来糟糕极了，但是我绝对不会在家待着不去上学。那里更安全一些。如果有人问起的话，我就说我和马修干架来着。我一口咬定了这个故事，但是一些老师还是犹豫了片刻才决定相信我的谎言。

接下来的几天，我和马修继续在那栋红色小房子里过夜，而外婆则夜夜跟妈妈通电话开导她。我一直不明白她们为什么要这样交流，非得隔着一段距离。她们两家中间只有二十步之隔，只要有一个人走过了这二十步，她们就可以当面交谈了。我感觉到一些很重要的事情正在商议中，到了某个节骨眼上，我和妈妈会被强制向对方道歉。我猜我会尝到苦果，但实际上什么都没有。

我和马修反而坐上了飞机，开始了我们每年夏天的罗德岛探亲之旅，我们也什么都没跟爸爸提，因为害怕他会让我们撤离加州，把我们带进一种未知的生活。妈妈的那次发作成了另一件不能提的事情，藏在家族历史那道厚厚的围帘后。

我们不在家的时候，外婆买了一辆二手野营拖挂车，还让外公把它拉回家，停在了蜂蜜巴士附近。那是一口带一对后轮的白色铝制箱子，大概有四米半长，每次里面只能待不超过两个人。它有横向的玻璃挡板，被悬臂吊在窗口外，一侧有一张双人床，另一侧有个小餐室，中间隔着一个水池，一个迷你小冰箱和一个柜子。它闻起来有点发霉的味道，没有供暖设施，而且一点存在的意义都没有，因为我们家不会去野营。

等我们从东海岸回来以后，外婆宣布以后这辆拖挂车就是马修的新卧室了。我们已经长大了，不能睡在同一间卧室里了，这就是她给出的解释。我和弟弟把这条信息当作真理，因为这话是外婆说的，但是在十二岁和十岁的年纪，我们从来没因为同睡一间房而觉得被对方拖累。这种暗示让我觉得很羞愧，让我觉得我和弟弟好像一直在做什么错事一样，我也不明白为什么长大会是一件坏事。我们非但没有像外婆期待的那样感激她，反而呆滞地盯着她看，我们两个人都隐隐约约地觉得好像失去了什么。

我和马修走进拖挂车里四处张望，试了试床垫够不够结实，还把抽屉都拉开看了看。他打开水龙头，但是没出水，因为外公还没有把水管接过来。我立马就变得嫉妒起来。我才是被妈妈打的那个，为什么我不是被救的那个呢？现在我要独自一人跟她共处一个屋檐下了。万一下次我叫喊的时候马修听不到我的声音怎么办？弟弟看我耷拉着脸，便想办法哄我高兴起来，让我想什么时候进来就什么时候进来。这或多或少算是一种安慰吧。

外婆把头探进来,把钥匙递给了马修。

"等等,"在她转身要走的时候我叫住了她,"为什么拖挂车要给他?"

她转过身来看着我,手叉着腰。

"他是男孩。"外婆似乎觉得这话能回答我的问题。

"但是我年龄更大。"

"女孩子不能一个人睡在外面。"

一阵短暂的沉默降临在我们中间,而这沉默已经说明了很多问题。她一定知道这个新的就寝安排让我变成了弱势的一方,但她还是闭口不言,看我敢不敢捅破家里的秘密。

"但是我怎么办?"

"你有你自己的房间了。"

"但是……"

外婆打断了我的话。"如果有必要的话你可以住在我们的第二间卧室里,"她说,"但是别住成习惯了。"

外婆没有训斥妈妈,没有召集全家开会,或咨询专业人士的意见,也没有想办法帮助妈妈,反倒是给我和马修准备了惊魂小屋,想把这个问题掩盖过去。她的解决方案默默地助长了妈妈的行为,顺便还强调是我和马修需要去适应她阴晴不定的情绪。妈妈没法应付自己的生活,于是外婆就代劳了。我和弟弟是之前的一段生活的残余,而妈妈想把那段生活从记忆中全部抹去。我们时刻提醒着她，她的未来已经被夺走了，我们的存在本身就会给她带来无尽的失败感。外婆的心在她自己的孩子身上，她会竭尽所能去安抚我们的妈妈，把不愉快的现实挡在外面，即使这意味着要把我们这两个讨人嫌的负担从她身边移开。

我躲回拖挂车里，摔上了门。我从餐室那侧找了个位置，坐在了马修对面。他脸上有种茫然的表情，好像一秒钟以前手里还攥着的东西，这会儿却已经丢了一样。

"你真够走运的。"我说。

"我也觉得是。"他说。

"你是管他们要了自己的房间吗？"

"没有。"

"你想待在外面吗？"

马修耸了耸肩。他跟我一样困惑，但也一样无力改变什么。他指了指挂在餐桌上方的一个壁架。

"我可以在那儿放个立体声音响。"他说。

正在我准备问他要去哪里弄音响的时候，有人敲了敲门。马修开门后，妈妈用手肘把他推到一旁，自顾自地走了进来。三个人待在这里面，就像是站在拥挤的电梯里一样。

"你这地方不错啊。"说着她转了一圈看了个遍。然后她向我伸出手来。"过来。"她甜甜地说。

她用温暖的怀抱包裹住了我。虽然我怕她怕得要命，但还是感觉自己本能地在她的怀抱中放松了下来。她温热的眼泪滴在了我的肩膀上。"我这阵子一点都睡不着。"她抽了抽鼻子。

她松开我，把我的下巴往边上歪了歪，好看看那些已经淡掉的抓痕。

"疼不疼？"

"现在不疼了。"

她望向敞开的门外，扭过头去对着我说。

"我爱你，你知道的。但有时候你实在太让我生气了。"我能听到她使劲地揉着堵塞的鼻子。"我讨厌打架。我们不闹了，好吗？"

她的性格转变很是让人困惑，但我还是随她去了，免得惹出更多的麻烦。"好。"我说。

她最后一次抱了抱我，然后起身离开了。她出门的时候，我和马修盯着她看，好确保她真的是要离开。她走了几步之后又转过身来，脸上挂着一抹顽皮的微笑。

"嘿，"妈妈冲我嚷道，"你爱我吗？"

我站在门口点了点头。

"真的吗？"她用一种装嫩的口吻问道，"有多爱呢？"

这是我们小时候经常在罗德岛玩的游戏之一。她会反复地问我有多爱她，我会回答"这么多"，每回答一次两手之间的距离就会大一些，直到它们离得不能更远，这时候我的全身都会变成T字形，宣示着我的爱。

我把两只手分开了三十厘米的距离。这么多。

"有多——爱呢？"她轻声细语地说着，把第二个字拖成了两个音。

"这么多！"我大喊着，把手臂张开到了极限。我感觉我像是在电影中扮演着自己的角色一样。

"我也是！"妈妈眉开眼笑地回答着。如此一来，妈妈就觉得一切都恢复正常了。我看着她走回了房子里，知道我永远都不会觉得我们之间的关系正常了。她的房子不是我的家，那是一个危险的地方，我需要时刻保持警醒，也需要时刻准备好一份生存指南。从现在开始，我只要忍着就好，等到我高中毕业后就能逃走了。与此同时，在当女儿这件事上我还是要走个过场。我会尽可能少进她的房子，共处的时候我会多笑笑，假装自己很开心。如果家里没人愿意保护我免受她的伤害的话，那我就必须自己来。

"真够奇怪的。"马修说。

"可不是吗。"

14

BEE DANCE
蜜蜂之舞

1984—1986

弟弟的野营车标志着我们与妈妈分道扬镳的最后一步，它是一个转折点，从那以后我们自愿各走各的路。等我到了十四岁的时候，我对妈妈能在新家中振作起来、重新来过这件事已经不抱任何期望了。我接受了一件事，那就是这想法不过是个不成熟的愿望而已，跟小孩子想要一匹小马的愿望一样不太可能成真。她的喜怒无常从没有被提及，可虽不明说，这依然促使外公外婆调整了我们的起居安排，这样我和弟弟就可以绕开她安然度日了。

我和马修总爱回小红房子里去看电视、写作业，我们跟外公外婆一起吃晚饭，之后马修就悄悄溜回他的单间里去，而我则留下来跟外公下跳棋或者玩克里比奇。我一直等到天黑，因为我知道这会儿妈妈已经准备睡觉了，这时我再蹑手蹑脚地回到出租房另一头我自己的房间里去。

我们的退避三舍没引得妈妈抱怨，也没引得她问东问西。我们越来越难见到她，但也习惯了各走各的路，互不相见，还因为再也不用强扭一段不自然的关系而感到欣慰。

等到马修上了初中，我也开始上高中了之后，我们三个人在肢体上的亲密度就跟邻居差不多，相应的在情感上也产生了距离。这种妥协保全了我们的颜面，解决了我们迫在眉睫的安全问题，但没有解决我们被抛弃了这个深层次的问题。但是这招奏效了，因为它避免了冲突，还制造了妈妈依然在行使家长职责的假象。在外婆创意十足的解围之计和外公的默许下，我和马修被迫只得接受了这种将妈妈从我们身边生生夺走的思维方式。那感觉就像是我们在跟一个行动自如的酒鬼一起生活，而我们的家人非但没有把实情说出来，反而不停地给她倒酒，不让她跟我们起冲突。

马修现在十二岁了，已经习惯了住在一辆独立的拖挂车里。最开始的时候，他害怕一个人睡。他几乎一直都跟我和妈妈同睡一间房，有一个礼拜的时间他都会在晚上哭哭啼啼地回到小红房子里，一个礼拜以后才适应了新的生活。在水管和电源延长线的帮助下，拖挂车里添了灯和自来水，在这之后马修感觉好多了，现在他绝大多数时间都自己一个人躲在里面。夏天的时候，他把门和窗都打开，让空气循环起来；冬天当拖挂车里面的温度低到他能看到自己的哈气的时候，他就钻到几层电热毯下面。他用摇滚乐队匆促乐团的海报装饰了墙面，还安了一个外婆从电子用品商店买的廉价立体声音响，把他的小窝变成了一个节奏震天响的音箱。他跟几个朋友一起在学校里组建了一支摇滚乐队，他的鼓槌永远在敲着什么东西，把自己跟妈妈的爆发隔绝开来，沉浸在只有他才能听到的韵律中。

他进妈妈的房子只是为了用洗手间，早上的时候也会在电暖气前面换衣服，把睡衣换成上学穿的衣服。我也让自己变成了一样的稀客，只有睡觉的时候才进去。偶尔我和马修会鬼鬼祟祟地在里面吃个饭，趁妈妈不在家的时候到厨房做个芝士意大利面，或者用微波炉热点墨西哥卷饼。事后我们会很谨慎地做好清理工作，让所有东西物归原位，这样就不会惹怒她了。

撞见妈妈的时候，我们之间的互动就像是因为手头紧而不得不合租的室友一样，带着假惺惺的客气，但除了匆匆打个招呼之外什么都不会多说。她不问关于我们的生活的问题，我们也就不问她的。我们默默地达成了共识，那就是妈妈只是偶尔希望知道我们的近况而已，而我们的外公外婆能够应付我们的任何需求。在妈妈看来，我们一个十二岁，一个十四岁，已经到了能够照顾自己的年龄。

外婆介入进来，用繁忙将我们的空虚填满，给我们的课程表上塞满了棒球课和童子军活动，游泳课和美术课。虽然这些活动让我们不会孤单，但它却是另一种把我们的情感推远的方式，远到我们无法触碰它们，甚至不知道我们应该有这些情感。我们学会了如何不断向前，以及如何闭口不言。

外公一有机会就带我和马修去大苏尔，在丰收的季节还会把我们两个都带进蜂蜜巴士里。当我逐渐长大后,我发觉他的养蜂课暗指着更加严肃的东西——他在温和地激励我们想想康腾塔路以外的事情,考虑一下我们想要什么,而不是妈妈需要什么。他总是打比方,以蜜蜂为例,让我们知道什么样的举止才算得体。蜜蜂的生活方式中那些让他觉得高尚和可敬的东西,都被他转化为了人类的道德准则,而且他在用自己非常巧妙的方式鼓励我们拥抱生活,而不是在生活面前退缩。他提醒我们,蜜蜂是在为了一个比自己宏大得多的目标生活,每只蜜蜂都做出了微小的贡献,这些贡献结合在一起创造出了集体的力量。蜜蜂不像我们的妈妈,面对生活的艰巨任务不会一味退缩,而是会通过慷慨的行为让自己变得不可或缺。蜜蜂给予的比索取的多,这样它们不但确保自己能够活下去,还达到了可以被称为优雅的境界。

一个夏天的早晨,我和外公抄野路去了他在大苏尔的养蜂场。我们蹚过了加拉帕塔溪,缓慢艰难地开上了一条已经被废弃的伐木路,因为他厌倦了穿越帕洛·科罗拉多谷路上的桉树林和红杉树林,走那些好走的路。这条野路更刺激一些,因为很有可能我们的卡车会陷在哪个沟里动弹不得。

他挂着四驱挡穿过树丛,月桂树和毒葛的树枝剐蹭着我们的窗户。可怜的丽塔从他座位下的窝里蹿了出来,蹦到了我的腿上。我用手臂环绕住它颤抖的身体,把它拉近了一些。泉水从山体渗出来,把土路的某些地方弄得光溜溜的,我们的轮胎在这些路面上会打滑。一场小型山体滑坡曾翻滚而下,沿路到处都是石头,我们颠簸着从这上面开过。我们这次成功通关了,没有被困,也没有被迫给特罗特兄弟中的一个打电话,让他开着绞车来营救我们。

在外公把设备从卡车车斗上卸下来的时候,我和丽塔往小溪的方向走去,想去找一找其他动物留下来的痕迹或者气味。我希望这次能撞大运,再找到一个纪念品,像上次我找到了蛇皮一样。

等到外公需要我的帮助的时候,他就吹声口哨,那声音顺着山谷向下回荡。我从正在观察的几个浣熊脚印处站起身来,小跑着回到了养蜂场内。戴好防蜂罩后,外公把喷烟器递给了我。我往第一个蜂箱底部的入口里喷了几下,守卫蜂们匆匆忙忙地跑回了蜂箱内。外公撬开了纱盖,我听到蜂胶印在拖泥带水的噼啪声中裂开了,暴露出了悬挂在蜂箱内的十片巢脾。

蜜蜂在每两片巢脾中间的空隙内排成了一列列的——每道窄缝的宽度都被精密地设计成了 9.5 毫米,这让蜜蜂能够自由通行,同时能防止它们建蜡桥把巢脾聚拢在一起。它们只把头伸到巢脾顶端的横梁外,看看是谁闯进了它们的家园。它们黑黑的脑袋连在一起,看着很像闪闪发光的小豆子。

我们稍等了片刻,让蜜蜂适应突然没了房顶这件事。它们谨慎地盯着我们,随后有几只勇敢的蜜蜂冲出了队伍,爬到了巢脾的横梁上,转动触角分析着周围的情况。它们只用了一两秒的时间就判定威胁已经结束了,于是把这条信息传递给了其他的蜜蜂,然后它们全都重新动了起来,回到了工作岗位上,无视我和外公的存在。外公将第一片巢脾提了出来,然后把这块两侧都挂满了蜜蜂的巢脾递给了我让我拿着,这样他就可以去拆下一块巢脾了。

现在拿着一片满是蜜蜂的巢脾,我只要观察它们的行为就能分辨出它们的职位。我看到内务蜂正在把结晶的蜂蜜残渣从一些六边形的巢房中清理出去,看到接应蜂把花蜜存进了另一些巢房里,还看到有建筑蜂在修补蜡制蜂窝中的裂缝。但我的注意力被巢脾的一角吸引了,因为那里有一只蜜蜂正来来去去地拼命摇晃,好像它被电击了一样。它的翅膀扇得很快,快到已经让人看不见了,它的身体也模糊成了黑黑的一团。然后它突然停了下来,好像是要喘口气一样,接着迈了几步,继续震动了起来。它的周围已经聚集了一群看热闹的蜜蜂。我把巢脾伸到外公面前,指了指那个地方。

"这个家伙怎么了?"

"没怎么。这就是你想看的蜜蜂跳舞。"

外公跪下来仔细看了看,还给我翻译了一下那舞蹈的意思。

"这是一只外勤蜂,它找到了一处特别棒的食物来源,正告诉其他蜜蜂怎么找过去呢。"他说。

我看那舞者沿直线走着,发出了一种我从未在蜜蜂身上听到过的声音,像是跑车启动时发出的那种低沉的轰鸣。它摇摆着肚子,然后突然停下来猛地向右转,之后又绕回了起点,画了一个大写的 D 字。之后它重复了一遍自己的舞步。之后又重复了一遍。有时候它会向左转,反着画 D 字,但是它总会回到开始的地方。一些蜜蜂帮它清了场,还有一些快步跟在它身后,努力想要模仿它的动作。它好像走火入魔了一样。

这跟我想象中的蜜蜂跳舞不一样。我以为蜜蜂会一起跳集体舞,而且姿势会更优雅一些,比如上上下下地跳博普舞,或者摇摆几下。而这只蜜蜂却在蜂巢里四下转悠,好像被巨大的恐惧吓傻了,或因为惊恐发作而身子不听使唤了一样。

"它在说什么?"

外公有一小部分关于蜜蜂的藏书,最早的能追溯到十九世纪初。他还读过动物学教授卡尔·冯·弗里希的著作,弗里希因为 1944 年在德国率先破解了蜜蜂舞蹈的含义而获得了诺贝尔奖。外公知道蜜蜂的舞步都是刻意而为的,能够传递三个方面的信息——方向、距离、花粉和花蜜的质量。它扭动着走出来的那条弧线,跟脑海中通往蜂箱顶端的那条直线之间有个夹角,这个夹角就像箭头一样,指明了蜜蜂的飞行方向跟太阳之间的角度。它跳舞的时长标志着从蜂箱飞过去需要多长时间,而它的热情度则标志着食物的质量。激情四射的舞蹈意味着它发现的食物真的非常好,可能是一整片尚未被开采的鼠尾草马上要盛放了。

其他的外勤觅食蜂会记下这些指示,飞过去核实一下跳舞的那只蜜蜂提供的信息是否属实。如果它们对自己找到的东西感到满意,它们回到蜂箱以后也会跳舞,把这个好消息传递给蜂箱里的其他伙伴。

外公跟我说着这些时,更多的蜜蜂聚集过来看表演,很快跳舞的蜜蜂就有了一小群观众。当它终于不抖了之后,观众们向它聚拢过去,触摸着它。

"它跳舞的时候会发射出震荡波,其他蜜蜂用脚接收到波动之后就知道该去哪了。"外公说。

蜜蜂一只接一只地腾空而起,向西飞去,进入到山谷中更深的地方去寻找宝藏。我抬起头,迎上了外公的目光。他正咧嘴笑呢。我大声地笑了出来,很高兴他教会了我这个新的没有文字的语言。

我把巢脾还给他,他把它插回了蜂箱中。

"你能猜到还有哪类蜜蜂会跳舞吗?"他问道。

我首先排除掉了那些懒惰的雄蜂。还有蜂后，它忙着产卵没空跳舞。保育工蜂不会离开育儿室去查看外面的情况，所以它们也不太像正确答案。

"认输吗？"

我点了点头。

"侦察蜂。"

我想起来外公曾经给我解释过，侦察蜂是负责找房子的。他说当日益壮大的蜂群做好了分家的准备之后，是侦察蜂负责去找新房子，并且带着分蜂出来的蜂群去新家。

"侦察蜂用跳舞的方式告诉其他蜜蜂搬迁到哪里。"他说。

每年春天，外公都会加班加点地捕捉分蜂出来的蜂群，所以他对此知道得很多。当蜂群不断壮大，蜂巢的空间装不下它们了以后，它们就很自然地把自己分为两拨，一拨带着蜂后飞到别的地方重建一只新的家园，余下的则留在原地，养育一只新的蜂后。

虽然分蜂的蜂群看起来像是一群乱七八糟的、躁动不安的东西在天上飞，但外公解释说这个事件其实是提前策划好的，蜜蜂们会讨论可行的路线，同时不再给蜂后喂食，让它变瘦一点，便于飞行。蜂群必须挑个天气暖和的日子出发，而且要先大快朵颐地吃蜂蜜，这样在两个家中间跋涉时它们才不会被冻死。

开始的时候，分蜂的蜂群不会离原来的蜂箱太远。一般它们会在附近的一棵树上或者一片树丛里安顿一下，在那里聚集上几个小时或者几天，直到整个蜂群都决定好去哪里永久定居为止。蜂群聚在一块儿的时候，会派出成百上千只侦察蜂去搜房子，给蜂群带回来一些选项。外勤蜂会在蜂箱内的巢脾上跳舞，将自己挑选出来的花丛广而告之，同理，侦察蜂会在聚集起来的蜂群上方跳舞，把空心树、岩石裂缝、有时甚至是木屋墙壁里干燥的空隙的地址告诉蜂群，因为这些都是可供备选的安家地。

就像人会列个单子，把待租的房屋都参观一遍一样，蜜蜂也会从众多跳舞的侦察蜂那里收集地址，列个单子，然后去实地考察一下它们的备选项。它们飞到被广而告之的那些地点，测量一下，检查一下入口是否安全，还会摸索着草拟个装修方案。做好决定后，它们飞回蜂箱附近，跟找到它们倾向的那个新家的侦察蜂一起跳舞。随着能量和激情的不断升温，支持率会向某一只侦察蜂倾斜，这时大家便达成了共识，随后整个蜂群会带着蜂后一起，精准地飞到这个侦察蜂找到的那个地方。

我对蜜蜂的了解越多，就越对它们在社交方面的聪敏感到震惊。蜜蜂不仅有自己的语言，而且它们还很民主。它们做调查，共享信息，讨论各种可能性，然后共同作出决定，这一切都是为了让集体更上一层楼。

"你说得对。"我说。

"什么说得对？"

"蜜蜂的确很聪明。"

"你早就知道了。"他说。

"我不知道它们还会为未来考虑。"

在蜂群里，没有什么是一时兴起的。蜜蜂能够预感到某个问题的出现，于是在问题变得严重以及它们全军覆没之前就开始做出改变了。如果它们的巢穴变得太挤或不安全，它们就会主动搬到更好的地方去住，放弃这个漏风太严重、或者太潮湿、或者离地面太近可以被捕食者够到、或者对日益庞大的家族来说空间太狭小的家。蜜蜂足够睿智，能够想象出更好的生活，并且迈出家门为之奋斗，即便这意味着在共同决定移居到哪里之前，它们要冒着风险，毫无防备地在野外生活。蜜蜂是有胆量的。

"那你呢？"他问道。

外公继续把巢脾从蜂箱里一片片地提出来，把两面都检查一遍看看是否有卵和幼虫，然后再把它们插回蜂箱中。

"我怎么了？"

"你怎么看自己的未来？"

这问题让人感觉话里有话。"念完高中。"我答了一句，这已经是三年以后的事了。

外公把撬蜂箱的工具放进后口袋里，把我从蜂箱边引开一小段距离，然后解开了我的防蜂罩。他歪了歪罩子，把它从我的头上摘了下来，好看着我的眼睛。我能感觉到他心事重重的。

"我不是这个意思。"他说，"你有没有想过将来有一天，自己想当个什么？"

我突然慌了，因为我意识到自己还从来没有想过这个问题。外公是在鼓励我向侦察蜂学习，从现在开始为自己的未来做打算。外公外婆的家始终就是个临时的落脚点而已，虽然我们已经在这儿住了将近十年。我不可能永远跟他生活在一起。我也永远不可能跟妈妈生活在一起。我没有任何规划，这是很危险的一件事。

外公是想告诉我，我必须到大千世界里去寻找自己想要的东西，然后拼命为它起舞。

"我去念个大学？"我提了一嘴。

"这才像动脑子的样。"他说。

那次养蜂场谈心之后，我全身心地投入到了高中生活中。每场考试，每篇作文，每个科学实验都是拿高分的好机会，我得到的 A 越多，拿到大学奖学金的几率也就越大。我不那么在意哪所学校会要我，甚至不在意学什么。大学在我看来更像是逃离我现在的生存环境的一个途径。仅仅是想到我有在康腾塔路度过余生的危险，我就对学习孜孜不倦了。

我成了模范生，会提前把读书报告交上去，给老师留个好印象。在我告诉外婆大学喜欢接收课外活动经历丰富的学生之后，她冒充我给《卡梅尔松果报》写了封信，自告奋勇免费为他们的青少年专栏供稿。不出所料，我得到了这份工作。每两周，我用外婆的打字机打出来一篇关于高中生活动的文章，她负责编辑以及核实工作，随后我再亲手把稿子交到卡梅尔那边的编辑手里。学校的一位咨询师说体育活动在申请大学的时候是加分项，于是我根据季节的变化调整着自己加入的运动队：潜水，垒球，曲棍球。我生活在自己制造的旋风之中。

我梦想着上大学，却担心无力负担学费，所以我在卡梅尔谷唯一一个能让青少年拿到体面小费的地方找了份工作——当地的一家牛排馆。威戈餐厅是一家老旧的砖房改造的路边餐厅，外婆在三十年代随她的妈妈第一次到卡梅尔谷时就住在这里。这家餐厅是本地人的挚爱，依旧保留着它最初的牛仔风格，昏暗的酒吧里搭配了红丝绒窗帘和一个壁炉，野猪头标本被高高地挂在墙上，露出痛苦的表情。落座之前，客人们要在"屠宰站"点餐，指一指他们想要的那块肉。屠夫会给他们片下牛排肉，在秤上称个重，然后在上面插一个写着客人名字的木头标志。屠夫把肉塞进身后那面墙上的小门里，而厨师则在门那头的烤架边等着。

我是洗盘子的。我先用一个从房顶垂下来的喷头把脏盘子冲洗一下，然后把它们摆到一个四四方方的塑料托盘上，再把托盘插进不锈钢卡槽内，送进一个冒着热气的工业洗碗机里。那感觉相当于在桑拿房里站八个小时，除此之外我还要跑上好几个来回，把垃圾袋拖到餐厅后面的垃圾桶里扔掉。但这工作让我很是兴奋。我心甘情愿地当起了西西弗斯[1]——不论我已经洗了多少个盘子，穿韦斯顿牌马甲、打领结的服务员还是会从呼扇着的厨房门那儿呼啸而入，把更多的盘子扔进我的水池里。这工作非常累人，把我的手指都弄脱皮了。但一想到大学，疼痛就缓解了很多。

每晚打烊后，服务员们都会分一部分他们的小费给我，补贴一下我的最低工资。虽然挣的钱不算很多，但这份工作却有一个巨大的好处——每次轮班之前，厨师都会做员工餐，我们可以在牛排、鲍鱼和鸡肉之间选择一样，而且厨师总会给我们配一碗汤和沙拉。在想办法喂饱自己的同时还在为上大学攒学费，这让我感觉自己很是成熟。而且工作时间也非常理想。我下午四点开始上班，一直工作到半夜——确保我下班的时候妈妈已经睡熟了。他们想给我排多少班，我就上多少班。

---

[1] 希腊神话中的人物，被惩罚将一块巨石一次又一次、永无止境地推向山顶。——编者注。

在我看来，我再也没有任何需要妈妈的地方了。

直到我来了月经为止。

我已经快十五岁了，可还是没人跟我讲过月经是怎么回事。不知怎的，不管是在家还是在学校，我都错过了所有性教育环节。除了从朋友的只言片语中得知这时候我会痛经、会头疼之外，没人告诉我当我赶上这事的时候该怎么办。虽然我不愿向任何人承认，但我的确不清楚如何从生理学的角度解释血从我身体的哪部分来，以及为什么来。我大概知道这意味着我是个女人了，能生小孩了，但我的认知到此为止。我需要某种类型的女性产品，但我不清楚这些产品都分哪些不同的种类，以及我需要哪种。外婆看起来年纪实在太大了，在这方面应该帮不上什么忙。

我在客厅里找到了妈妈，她正站在一把椅子上给垂吊着的蜘蛛蕨喷水，脚上穿了双跟高八厘米的Candie's牌凉鞋，跟奥莉维亚·纽顿-约翰在《油脂》中穿的那双一模一样。她刚刚染完头发，头上围着一个塑料袋，脖子上还搭着一条有棕色污点的毛巾。看到我之后她惊了一下，水喷到一半就停了下来。

"怎么了？"

"我觉得我好像来月经了。"

"什么叫你觉得？"

"嗯，我确定我来了。"

"有血吗?"

我点了点头。

"哦。"

我们站在原地看着对方,谁也没动。

"等一下。"她说。

妈妈小心翼翼地下了椅子,走进了她的房间,过了一会儿之后她拿着手包回来了。她在里面一通翻腾,之后递给了我一张被揉成一团的五美金纸币。

"自己走路去吉姆超市买点东西应付一下这玩意儿。"

她踩回椅子上,继续给植物浇水去了。

事情不应该这么发展的。她应该开车带我去商店,当场把该买的东西指给我。我们母女之间还应该谈谈心,由她来告诉我她第一次来月经时的情况。我不知道……我们现在应该谈谈那件事了,不是吗?

让我从吉姆老头那儿买卫生用品实在是太羞耻了。他永远立在店里唯一的收银台后面,而且在我还小的时候就已经认识我了。他结账永远都是慢慢悠悠的,好问问有什么新的工作机会,谁结婚了,谁生孩子了,或者告诉你有什么新的工作机会,谁结婚了,谁生孩子了。吉姆知道每场少年棒球联盟赛的比分,知道谁上大学了,谁最近死了。当有新生儿降临在卡梅尔谷的时候,他还会派发雪茄。他才真的像是我们的街头传报员。这个人现在依然管我叫小孩子，还会趁外婆扭过头去的时候往她的购物袋里塞棒棒糖。一想到我要从这同一个人手里买女性用品，我就觉得特别耻辱。

我央求着妈妈，告诉她这太丢人了。如果让吉姆看见了我在买什么，我还不如去死。

"没人在乎，"说着她摆了下手，"赶紧去吧。"

妈妈把唱针搭到了一张比吉斯乐队的唱片上，一边随着《周末夜狂热》的曲调哼着，一边给植物喷水。我盯着她看了一小会儿，想用意念让她改变心意。为什么她不能帮我呢？就帮这一次不行吗？市场不过就在几个街区以外，但是我担心等我到那儿以后，血会渗透我的牛仔裤。

"你就不能开车带我去吗？"

她指了指脑袋上的袋子，然后耸了耸肩，意思是她头发正染到一半，不能出门。我把钱折好放进口袋里，然后回到了卧室，往腰上系了一件运动衫。我拧开了小猪存钱罐，从我的大学基金里又拿了几张钞票出来，然后打开纱门离开了，出去的时候还使出最大的劲摔了一下门。

"你又怎么了？"她冲我的背影喊道。

在市场里，我眼睛始终盯着地面，慢悠悠地往放女性用品的货架走去。青少年的窘迫感弄得我的耳膜一跳一跳的，我特别害怕被人看到，这样那个人就会知道我的身体已经性成熟了。我的身体已经准备好了成为女人，但我的心理还没有。在我解决这个问题之前，这件事只与我自己有关，与其他任何人都无关。我低声咒骂了妈妈一句，怨她非得待在家里，然后一直等到这条通道没人了才快速把一盒卫生巾拨弄进了我的购物筐里。我选了之前在妈妈的洗手间里见到过的那个牌子，然后迅速把它埋在了一盒脆谷乐、一盒牛奶和一条面包下面。我不过就是另一个帮妈妈跑腿的小孩而已。

当我把购物筐放在吉姆面前时，他从填字游戏上抬起头来笑了笑。他像从前一样给我结账，还不忘问问我蜜蜂怎么样了。他主动从身后的展柜上抽了一盒妈妈吸的那个牌子的烟，问我她是不是快没烟了。我和马修经常帮她跑腿买烟，但这次我不确定钱够不够，所以就摇了摇头。

"好吧。"说着他把烟放了回去，"你自己拿块糖吧。"

我到家的时候，妈妈把自己关在了房间里。我把购物袋放在了厨房的台子上，拿出了让人不齿的卫生巾，快速往洗手间跑去。我仔细检查了一下外包装，读了读使用说明，然后便练习着在两腿间夹着一块垫子走路。我转变成为女人这事如叹息般悄然而逝。顶着这个新的女人的身份往卧室走的时候，我并没有感觉到任何不同。当我路过厨房时，妈妈正一脸困惑地把我买的东西从袋子里往外拿。

"这些都是你买的吗？"

我咽了下口水。我忘了把买的多余的东西藏到橱柜里不让她发现了。

"我想既然我都到吉姆超市了,我就应该再多买点东西。"我说。

我以前从没买过日用品,所以妈妈盯着我看了好长一阵才开口回话。

"考虑得挺周到的。"她说,"但我觉得你说得对,你越来越大了,是该开始给家里买点东西了。"

我感觉自己完完全全败下阵来。我早该知道别管我妈要任何东西的。现在她把我当成了成年室友,我得帮她分担日常开销,但遇到个人问题的时候却不能去找她。我对这心知肚明,但每次被提醒的时候我还是会觉得很受伤。当某种情况出现,需要她暂时抛开个人需求去照顾别人的需求时,她总是没法指望。她的脑回路会过载,整个人都会废掉。她没完没了地想要保护自己,这是不会改变的,不论我多少次希望情况能够反转。

这些话我一句都没说。我笑了笑,告诉她让我来负担自己的饮食开支真是个好主意。

之后我离开了她的房子,回到了外公外婆家,我不需要先付钱才有资格在那里待着。

等我上了高三以后,外婆申请去我们高中的就业中心当了志愿者,这样她就能接触到所有被分配过来的大学奖学金,并且把它们全都揽到我这边,让其他的学生连申请的机会都没有。

"这不是作弊,这叫聪明。"她说,"再说了,你比那些富人家的孩子更需要这笔钱。"

妈妈没有像外婆一样满是干劲地想要送我去上大学,虽说有人帮我让我很是感激,但外婆帮我规划下一步的这股劲头,有时候让我感觉她太想把我从她家里赶出去了。她几乎每周都提醒我需要多得A,因为除非我拿到全额奖学金,我家是负担不了我上大学的。我生日的时候,她给我买了个行李箱。她挑了几所位于湾区的大学让我申请,帮我改申请书上的语法错误,还会给那些学校打电话咨询我的申请进度。

我们的邮箱开始被大学招生简章塞满,但是招生招得最执着的是位于奥克兰的一所私人女子艺术院校——米尔斯学院。我没考虑申请这所学校,因为它听着像是从《傲慢与偏见》里出来的一样,但是外婆却宣布她已经给我们俩报好了名,要去参观校园了。

我们从一扇非常壮观的铁艺大门进入了校园,沿着车道穿过了一排古老的桉树。我们路过了一片片精心修剪的草坪,还有西班牙殖民复兴风格的宿舍楼,这些宿舍楼有灰泥粉刷过的墙壁,赤棕色的瓦片搭成的房顶,还有阳台。校园里有几座冒着泡的喷泉,一条小溪,和一座巨大的图书馆。我还得知米尔斯学院有自己的厨师来给学生们准备一日三餐，就连做吐司切片的面包都是他们自己烤的。它看起来更像个疗养院，不像一所大学。

但让我印象最深的还是这里的学生。我遇到了一位小提琴家，一位赛艇运动员，一位地鼠调查员，一位程序员和一位模特——就在这一天的时间之内。她们主修的都是些让人百思不得其解的东西，比如政治、法律与经济分析，或者声音理论。这是些不自怨自艾的女性，我很想待在她们身边，这样我也许能吸收一些她们的自信。等到我们离开的时候，我再也不介意米尔斯学院里只有女生了。这里就是我的第一志愿。他们有一个提前招生的项目，我马上就可以申请。

在我们参观结束几个月后，校长办公室的一个学工在我上课的时候走进了教室，把一张纸条递给了我的几何老师。他等式写到一半就停下了粉笔，直勾勾地看着我。

"梅雷迪斯，你过来一下可以吗？"

我走到讲台边，打开了那张粉色的方块纸。"给你外婆打电话。"上面写着。我往学校门口台阶附近的付费电话里塞了一枚十美分的硬币。电话刚响一声外婆就接了起来，上气不接下气的。

"你拿到了！"她一边喘一边说。

"拿到什么了？"

"米尔斯给你寄了录取通知书。你被录取了！"

我张开了嘴,但发不出声音。我膝盖一软,赶紧抓住围在付费电话周围的金属框盒子稳住自己,我周围的各种颜色此时都融化并且模糊成了一团。我能听到外婆在电话的那头使劲喘着气。这是场双赢,标志着外婆夺回自己生活的第一步,也标志着我的生活的开始。

"我们成功了!"她欢呼着。

可这时我想起了这一切的价格。每年一万三千美金。私立学校的学费在我家是免谈的。

"但是我们付不起学费啊。"我说。

"别担心,你有学费补助。咱们拿三千出来就行了。我和你外公付一半,你和你妈每人掏二百五,剩下的一千你只能打电话跟你爸爸要了。"

很明显,这事外婆已经考虑了一段时间了。把学校、州政府和联邦政府给的助学金和助学贷款攒一攒,再把我们通过卖蜂蜜、教书和洗盘子攒下的钱东拼西凑一下,不知不觉我就能去上大学了。

我沿着空荡荡的走廊往教室走去,四下里静悄悄的。这似乎是几个月以来,我第一次深深地呼了一口气。一想到自己有地方去了,我就觉得不可思议,也被这种感觉彻底征服了。如释重负的感觉就像是摘下了脏兮兮的眼镜,平凡的事物突然间变得美丽起来,我在先前从未留意过的地方看到了新的色彩:在一排排已经损坏的棕色储物柜上，在我们吃午饭时坐的、被踩坏的马唐草丛里，在学校墙面上摇摇欲坠的老旧砖块和水泥墙缝里。一切都是它应有的样子。

虽然我还没有得到在伯克利、圣何塞和圣克鲁斯申请的学校的答复，但我不想等了。米尔斯是第一个给了我肯定的学校，所以我也给了它肯定，死死抓住这第一根扔给我的救命稻草。就像蜜蜂一样，是时候冒个险，走进大千世界，给自己选择一个新家了。

那天下午晚些时候，我敲了敲马修的拖挂车门，敲得很大声，这样才让他在咚咚响的贝斯声中听到我。他把音乐的声音调小，把头探出门外。

"你敲门来着？"他用男中音说着，模仿着《亚当斯一家》中的管家路奇。

"请求进入，先生。"

他把门一直开到底，往后退了一步，腾出空间让我进来。他把一叠CD从床上推开，给我腾了块地，我盘腿坐了上去。我的消息呼的一下就从嘴里说了出去。

马修关上了他的音箱，坐到了我旁边。

"哇。"

我本以为他的反应会比这略微兴奋一点。

"这就完了吗？就哇一下？"

他在床上挨着我坐下，把胳膊肘架在膝盖上，然后又把下巴搭在了手掌上。"也就是说你要走了。"

我就顾着想自己。我一心想要逃走，没有考虑被留下来的人会是什么感受。长久以来，我很自然地充当着马修和妈妈之间的缓冲，吸收着她的敌意，这样他就不必面对这些了。现在我打破了要护他平安这个未曾说出口的誓言。

妈妈有什么需求一直是冲着我来，而不是冲着他。也许因为我是长女，也许因为我是个女的，或者也可能是因为我跟爸爸长得太像了。我一直不知道她为什么要跟我没完，而总是忽略马修。离婚后我们两个睡一张床，她总是抱着我寻求安慰，把马修丢在了一张小床上。在保龄球馆，她追堵的是我，而不是马修。还有，虽然我们两个都在费水费电，但替我们两个人受罚的只有我。

现在，我担心在我走了以后，妈妈可能终于要盯上他了，这让我感觉很不好。

"一定要不停地躲开她。"我说，"你会没事的。她不到这个拖挂车里来。"

"我知道。"他说。

他调整了下表情，笑了起来。"嘿，我真的特别为你感到骄傲。估计你以后会变得特别聪明什么的？"他敞开迷你冰箱的门，拿出了一罐葡萄味的苏打水。

"来一瓶吗？"

我拒绝了。他撬开盖子，咕咚喝了一大口，然后把它放进了水池里。

"你知道吗,有一次她想打我来着。"他说。

一股疼痛感从我的肚子直冲太阳穴,疼得我缩了一下。"什么?"我小声说。

我从没见她跟马修动过手,所以一直以为他幸免于难。

"她要扇我,但是我抓住了她的胳膊,把她顶到了墙上。我直对着她的脸,告诉她以后别再碰我,否则她会后悔的。我猜那次她被吓到了,因为她再也没试过打我。"

马修现在比妈妈还高,力气也比她更大。可能她感觉到他能打过自己,所以就打了退堂鼓。

"她为什么跟你生气?"我问。

"我都不记得是因为什么了。你知道妈妈就那样。什么事都有可能。重点不在这上面。"

他拿起鼓槌,在墙上敲起了节奏。

我曾无数次希望妈妈冲我们发泄情绪是情有可原的。我甚至希望她是对什么东西上了瘾,这样我就可以把事情都归罪到那东西上面,排除这一切都是妈妈自己选择的这个可能。但是她不酗酒。她从来不碰毒品。她不会晚归,把我们留在陌生人手里,也不会带其他男人回来。她从来没进过收容所,也从来没无家可归。她不赌博。她不是宗教狂热分子,也不是工作狂。她没有被任何一件会掠夺她的母亲身份、把孩子害得凄惨无比的事情吞噬。

我们的妈妈就是不会当妈。

"你为什么不告诉我？"

马修的鼓槌停了一秒。

"又不是什么大事。"

对于我来说是。这违背了我们家那些未说出口的条约。马修是碰不得的，但很明显我没能保护好他。他从她手底下救过我一次，但我却没能为他做同样的事情。不仅如此，现在我还要把他抛在身后。

我提醒他奥克兰离这儿只有几个小时的路程，赶上暑假和其他假期我也会回来的，想用这种办法让我们两个人都振作起来。

"你呢？"话一出口，我就听到外公的声音在我的话语中回响。我猜，当外公和马修一起去大苏尔的时候，他们之间也进行过类似的谈话。

"到了能开车的年龄我就走。"说着他用手在空中沿着一道看不见的轨迹劈了一下。

"走哪去？"

"加州理工吧，大概是。"他说。

马修跟我不一样，他已经知道要去大学学什么了。他要修音乐技术和视觉传播的双学位。

"再选一张CD。"说着他用鼓槌指了指他那摞CD盒。

我从里面挑了一圈，递给了他一张恐怖海峡乐队的专辑。"你觉得她出了什么问题?"我问。

CD机伸出舌头,接住了光盘,然后把它吞了回去。马修的手指在播放键上方停了一会儿。

"你是认真的吗,梅雷迪斯?你永远回答不上这个问题。"

也许他是对的。但在跟她永别之前,我需要最后再试一次。

虽然我们的关系已经永久断裂了,但过了这么久之后,我还是无法想象就这样从她身边离开,连个说法都没有。我不希望我们在余生中不停地纳闷为什么我们永远无法去爱对方。我需要知道我的家人在隐瞒什么。

15

SPILLED SUGAR

打翻的糖罐

1987

当我在某个下午走进厨房的时候,妈妈正看着一块丹麦酥皮饼在微波炉里转着。她又开始一天到晚都穿着睡衣了。我听到她正在卧室里放《我爱露西》的重播。

微波炉叮了一声。她把手伸了进去,然后疼得大叫了一声,把还冒着热气的甜点扔到了地上。她满嘴脏话地跑到水池边,在水龙头下面冲着手指头。

"妈!"

"反正我正在减肥,也不该吃这玩意儿。"她说。

我用毛巾裹住了一些冰块递给她。

"谢了。"说着她把毛巾敷在了指尖上。

"疼吗?"

"疼得我想骂人。"她说。

我用纸巾把那小圆面包从地上拿了起来,然后又沾湿了一块抹布,把油毡上的污渍擦洗干净。

"你是个好孩子。"她说。

我看得出她心里憋着话。电视剧在召唤着她,她却在厨房里磨磨蹭蹭,好像想告诉我什么似的。在我离家去上大学前的这最后几周,我们小心翼翼地绕开对方,不太确定该如何体面地结束我们的关系。我们两个人都明白,很快我们就不用因为一些外在的原因强扭在一起了,敷衍了事的圣诞贺卡和生日祝福除外。

妈妈给自己倒了一杯闻起来像姜饼的咖啡,然后靠在厨房的台面上喝着,把两根被烫伤的手指举在半空。说话的时候,她眼睛看着房顶。

"说起来,我知道我这个妈当得不怎么样……"

这是在主动示好吗?到头来妈妈还是想和好吗?她摆弄着外婆送给她的紫水晶戒指,而我则屏住呼吸,等着她继续往下说。她用勺子挖了更多的糖放进杯子里,然后转回了我这边。

"我想说的是,你知道我尽力了。至少你没有饿死。"

的确。她让我活下来了。这点我得承认。但在我走之前的这段时间,我一直在想那些我们母女从没一起做过的事情,也一直在好奇她是不是也在想同样的事情。如果我们一起去哪个地方旅行,如果上潜水课的时候我看到她站在看台上,如果我们就是坐在家里聊些有的没的,会是什么感觉呢?

"总的来讲,我可以说你过得相当不错了。"说这话时她的语气明朗了起来,"你有可能过得比这惨得多。"

她一个人把我们两个人的话都说了,她想说的和她希望我回复她的。我的任务就是认真听并且同意她的话,用她那个版本的现实替代我经历的现实,让她感觉好一些。但我的内心却崩塌了。这不是和解——这是妈妈想无缘无故得到原谅。

"你觉得你的童年过得很艰难,但我的童年才叫烂得彻底。"

突然间,她吸引了我的注意力,因为她那个藏着秘密的保险箱裂开了一条小小的缝隙。这些年来,她好几次提到了自己那不堪的童年,但每次她都把我的问题推到一边,声称她不想细说过去那些无关紧要的事。但我从来没有忘记我们去探望她父亲的那次,她离开时气得直抖,后来花了好几周的时间才缓过劲来。她从来没有告诉过我,那么多年以前她为什么对她爸爸感到如此心烦意乱。现在,或许是因为我们的时间不多了,她准备要告诉我原因了。虽然我不喝咖啡,但我还是给自己倒了一杯,坐下来准备听她说。

"告诉我,"我温柔地说,"你身上发生了什么?"

她望向窗外,看着外婆家的房子。

"我爸爸对我很糟糕,糟糕透了。"

她压低了声音悄声说着,好像她对于接下来要说的事情感到很耻辱似的。她双臂交叉着抱住了肩膀,无意识中在保护自己。

"怎么个糟糕法?"我问她。

"比你能想到的还要糟糕。"

妈妈在我身边坐下,用颤抖的双手把尼古丁口香糖从一个塑料片上顶了出来,把那一小块糖扔进了嘴里。为了让她戒烟,我弟弟把杂志上那些发黑的、满是癌细胞的肺的照片贴在了冰箱上。很明显,这一系列动作起效了。她嚼了一会儿,对这味道皱了皱眉头。

"妈,告诉我,你身上发生了什么?"

她深呼吸了一口气,一股脑把话都说了出来。

"我爸以前有一根长长的、细细的树枝,他管这东西叫'鞭棍',就放在壁炉上,好让我看见。"她说。

她爸爸第一次打她的时候,她回忆说,她大概三四岁的样子。有时候他直接上手,但他还是更喜欢用鞭棍。

我缩了一下,想到了马背上的骑手拿着马鞭的画面。然后我又想象着一个成年人把同样的工具用在一个学龄前孩子身上。我看见他的手以慢镜头的速度抬了起来,听到了鞭子在空中划过时的嗖嗖声,还听到了一个孩子锥心刺骨的尖叫。妈妈一定是夸大事实了,她那会儿不可能那么小。我问她确不确定自己的记忆是准确的。

"我确定。"她说,"他会逼我到外面去选一根树枝。我还记得我当时穿着小小的红靴子。"

我的脸因为复仇的想法唰地红了起来,虽然这想法毫无意义。我无法回到过去,阻止事情的发生;我无法保护她免受余下的故事的伤害。

"唉,妈妈。"

虽然她的话让人很是震惊,但听着却有些耳熟。那感觉就像其实我早就知道妈妈遭到了虐待,但从来没把这件事当真一样,因为它太可怕了。不知情对于我来说更好过一些。但我还是发现了蛛丝马迹,我们唯一一次去拜访她爸爸的时候,她几乎无法忍受跟他共处一室。外婆对她的前夫感到如此不安,以至于她都不想说他的名字,只提到他是"那个连长什么样我都记不起来了"的人。当我见到另外这位外公的时候,我总是感觉很焦虑,觉得自己马上就要挨训了。我只知道他身上有一些很黑暗的、不能触碰的东西,一些被我的家人刻意掩埋得很深的东西。但忽视它就相当于忽视了妈妈,以及依然存在于她心中的伤疤。

"他多久打你一次?"

妈妈嘲讽般地哼了一声。

"每隔两周?我也不知道,他打了我太多次,我都记不住是因为些什么了。"

妈妈的语气很就事论事,好像她在复述别人生活的细节,或者在复述一本她刚读完的小说一样。想到一个成年男人把一个小女孩打得失去童真,眼泪就涌上了我的眼眶。但真正让我心碎的是她在讲述自己的故事时语气多么平常,好像这么长时间以来,那不过是一场普通的磨难,根本不值一提。时间平息了她的怒火,她几乎已经将暴力纳为了自己命运的一部分。但当她还是个小女孩的时候,她怎么可能明白自己什么都没做错?一个孩子怎么可能理解成年人的愤怒呢?

我问妈妈为什么她爸爸会生这么大的气。

"没有原因。"妈妈说。

妈妈解释说她受罚并不真的是因为她做了什么,她爸爸打她只是因为他不喜欢她的样子。

"我的亲生父亲竟然嫌弃我。"她说。他说她胖,说她蠢。他打她是因为她丑;是因为她行动太迟缓。

"而你竟然信了他的话……"

"我那会儿只是个孩子。"她说。

"但你现在不信那些话了,是不是?"

妈妈看向别处,没有回答。

他训练她去恨自己,让她永远无法去爱另一个人。难怪妈妈对当家长这件事不知所措。从来没有人向她展示过无条件的爱。这下很多事情都说得通了。妈妈没完没了地纠结体重,她的不安感摧毁了她,她满怀嫉妒地评论我交起朋友来竟然如此毫不费力,以及我竟如此享受高中生活。我明白了为什么离婚给她的感觉像是童话中的水晶鞋碎成了渣子一样。我明白了她为什么选择远离这种在人生的每个拐点都对她薄情的生活。她被培养成了一个受害者，在被击垮了太多次后，放弃才是更安全的选择。

她记得她爸爸因为她擦桌子的速度不够快而把皮带抽到了她的身上。挨打之后，她被打发去继续收拾盘子。因为太紧张，一个陶瓷糖罐从她手里掉下去摔碎了。

"然后我因为把糖弄撒了，又挨了一顿揍。"

我屏住了呼吸。这会儿妈妈正在从一个故事跳到另一个故事，好像她正在某个晚宴中聊着八卦。她想从我这里得到的不是同情或者谅解，而是简单得多的东西。她想得到我的理解。

五岁的时候，她发明了一种逃跑方式。她家的前院里有一棵橡树，长长的枝干长得很低，离地面很近。有一天，妈妈仔细地研究了一下那棵树，觉得如果她从地面上起跑够快的话，她没准能冲上某根长长的枝条，躲到树冠里。于是，当她爸爸去上班的时候，她就在家练习，起跑然后摔下来，起跑然后从几根不同的树枝上摔下来，直到她成功了为止。我头脑中浮现出一个勇敢的姑娘，像《杀死一只知更鸟》中的斯科特一样，穿着背带裤光着脚跑着，她的头发都乱了，身上满是伤痕，但最后终于成功地冲到了树上。

"你后来有躲到过树上去吗？"

妈妈笑了一下。

"多了去了。我第一次这么干的时候，他气疯了，脸都紫了。我真的是给了他点颜色瞧瞧！"

妈妈大笑了起来，品味着自己将他一军这少得可怜的童年乐趣。我也跟着她笑了笑，但这笑不是由衷的。这么多年来，我一直不知道她憋着这些东西。如果我知道的话，也许我会对她更耐心一些。如果我们家谈论过去的话，也许妈妈会被治愈的。可与此相反，我们保持沉默，于是虐待在一代代人之间循环往复。她的故事像蜘蛛网一样在我们之间蔓延，用秘密将我们紧紧地捆绑在一起。

我快速地盘算了一下。妈妈打我，她的爸爸打她，那么肯定有人打了她爸爸。我问妈妈关于她爸爸的童年她都知道些什么。只是一些基本信息，她说，他的妈妈在他上小学的时候抛弃了他，带着他的姐妹走了。他被留在了酒鬼爸爸身边，那人动不动就对他拳脚相加。

妈妈在整个初中和高中期间一直挨打，她说，在她父母离婚以后才停下来，不久后她就去上大学了。

"我生命中最快乐的那一天，就是他终于离开的那一天。"

我过了一会儿才缓过神来，明白了她的话。她的爸爸并不是越界了几次。她的整个童年都处在这种创伤经历中。

"那会儿外婆去哪了？"我小声问道。

妈妈皱了皱眉头。

"她知道出了什么事,但是什么都没说。我就把淤青都遮住,不谈这件事。有一次我问她为什么爸爸这么生我的气,她说他不是个坏人,只是累了而已。"

我不知道哪个更糟。是肉体上的虐待,还是外婆给妈妈带来的精神折磨,骗她让她相信一切都很正常。

"外婆从来没替你撑腰吗?"

"她怕他。他连她都打。"

我问妈妈她怎么可能原谅外婆。

"她是我妈妈。我只有她了。"

她的回答引人深思,但同时也很幼稚。是的,我们只有一个妈妈。但是谁规定了我们必须原谅她呢?妈妈的需求到哪里结束,孩子的需求从哪里开始呢?我告诉妈妈换作是我,我不确定自己会怎么做。

时代不一样,妈妈解释说,那会儿没有儿童保护法这么一说。有一次,她爸爸用刮刀打她,把她的大拇指划得血肉模糊。外婆带她去看医生,把发生的事原原本本地告诉了大夫。他点了点头,一点都不意外,把妈妈的大拇指缝合之后就打发她们回家了。

在今后的生活中,暴力用一种扭曲的方式让妈妈和外婆的关系变得更加紧密。她们是同一场战争的幸存者,妈妈说,深陷其中时她们的脑子都不够清楚,但她们最终还是原谅了彼此。

"外婆在努力用她自己的方式解决问题。"妈妈说,"现在她绝对是在补偿我呢。你应该感谢她才对。如果不是因为她,咱们都得去睡大街了。"

我明白为什么外婆收留了妈妈,并且使劲宠她了,她是想借第二次当母亲的机会洗刷自己的愧疚之情。她们想补偿对方,填补对方生命中深深的空洞,却补得过了头,好像她们两个都是支离破碎的,融在一起才能变成一个完整的人一样。如今,她们在情感上已经无法分割了。我一直以为是妈妈没有毅力离开外婆,但现在我也知道了外婆是多么需要她留下来。

"不管怎么样,我还是希望当时外婆能保护你。"

"妈妈人在房子里,但她就是*不在我身边*。"妈妈说。

我自己的声音在房间中反弹回响,嘲笑着我。一模一样的话,我说了无数遍。突然间,我和妈妈之间有了共同语言,有那么一瞬间,我感觉自己和她联结在了一起。我们经历过类似的苦难,也许这可以是我们尝试理解彼此的起点。

我希望分居对我和妈妈都好。我们再也不会让对方失望了。她一直觉得是我和马修在阻止她成为某个样子的人,也许现在她可以成为那样的人了。也许我们之间还有机会。

如果有哪个瞬间更适合承认我们希望事情不是这个样

子的，那就是现在。我很渴望告诉她，我依然希望有一天我们能相亲相爱。但是在提防了她这么多年后，那些话感觉像是特别幼稚的陈词滥调。我太害怕这些话说出口后无法成真了。

于是，我干脆把胳膊搭在了妈妈的肩膀上捏了捏。

"是的。"

"什么是的？"

"你尽力了。"

妈妈抽了抽鼻子，用洗碗布擦了擦眼角。

"别犯跟我一样的错误。去上大学，然后找份工作。结婚之前一定别让自己依赖男人。"

我向她做了保证。

"啊，差点忘了，"说着她又往微波炉里放了一块酥皮饼，"我把你不用的东西打包了一下。你应该检查一下那个盒子，看看想带什么去米尔斯。你不要的东西，我回头就都捐了。"

我在盒子里找到了高中时穿的优秀运动员外套，上面点缀着因为潜水、打曲棍球和垒球而弄出的补丁。我用手指划过毛茸茸的红色毛毡，上面弯弯曲曲地绣着我的名字。我的高中年鉴也在盒子里，还有我最喜欢的被子，我的棒球手套和钉子鞋。它们当然是我在大学里用不到的东西，但我也不想把它们送给陌生人，因为它们有纪念意义。

然后，在盒子的最底下，我的手碰到了一本有鼓鼓的布面书封的书。我缩了一下，当即认出这是我那本粉粉的婴儿图集。在我还是小女孩的时候，我曾经仔细地研究过里面的照片，想要回忆起那个已经被我忘记的家庭。等到我上二年级的时候，我已经把每一页都牢牢地记在了心里。

我的身子一下子变冷了。妈妈不仅仅是在整理我的东西，她是在删除我的所有印记。婴儿图集不像旧衣服那样是可以随便捐出去的东西。它是房子起火的时候人们去抢的唯一一个东西，是家庭历史的珍贵记录，是无法被取代的。这些照片和这些写在纸上的话，是我和妈妈曾开开心心地踏上人生之路的唯一证明。我理解妈妈想要忘掉过去的心情，但为什么她不能把她的孩子跟离婚这件事分开呢？好像她也在热切期盼着我赶紧去上大学，这样她就终于能摆脱我这个时刻提醒着她她的人生有多么失败的人了。讽刺的是，她扔掉的恰恰是唯一能够拯救她的东西。我和马修本可以成为她的救赎的，如果她能过得去自己这关的话。

我打开了封面。里面是妈妈可能成为的那个人。怀着新晋妈妈的激动心情，她仔细地记录下了我四岁前的每个里程碑。她列出了我第一次用杯子喝水的日期，第一次笑的日期，迈出第一步的日期。我的头四个生日都有照片，我的每场旅行也都有详细的记录——在婴儿车里，在开往波士顿的汽车里，还有一岁时在去探望外公外婆的飞机上。妈妈写道，我在基督教青年会游泳课上的表现很好，而且我很爱上学。当我第一次颤颤巍巍地用大写字母写出了自己的名字时，她用胶带把这些字粘在了图册里，还写了个满是感叹号的说明，说我比同年龄层的人进步得都快。妈妈实时更新着我说出口的每个新词，还记录下了我说出的第一句完整的句子："妈妈在哪儿？"

我翻过页来，看到了一个火漆封口的信封。里面有我的一缕滑溜溜的棕色婴儿头发，比后来我这个近乎黑色的头发浅了很多。一想到会有陌生人在慈善二手店里翻我的婴儿图册，打开信封摸我的头发，我就浑身发颤。妈妈竟然扔掉了我身体的一部分。可有谁会想要买一个陌生人家的小婴儿的图册呢？

我走回客厅，把那图册偷偷塞回了书架上，希望妈妈别发现它在这里。由我来保护自己的婴儿图册似乎本末倒置了，可要是把它带到大学里面去的话又显得很蠢。我想让妈妈留着它，像个正常的母亲那样，即便我得用坑蒙拐骗的方法让她把图册留下。

我合上了那个装着我的高中纪念物的盒子，把它搬到了外面。我可以把它寄存在外婆家，在那儿它是安全的，不会被捐掉。将来，等我再长大一点，或者是等我有了自己的孩子之后，我会想让他们看看我的年鉴，或者把我的棒球手套送给他们，教他们投球。但是我把婴儿图册留给了妈妈，更多的是出于固执，而不是别的什么。一半的我坚持想让她留着那图册，而另一半的我想试试看她到底会不会这么做。

我在车道上找到了马修，他正弓着身子趴在一辆敞着发动机盖的绛紫色大众尚酷上，摆弄着发动机。马修也在威戈餐厅打工，攒够了钱之后买了这辆车。他自学了如何更换机油以及保养发动机，而且也已经拿下了驾驶许可证。

我路过时马修冲我招了招手。

"你那盒子里是什么？"他问。

我放下盒子，走过去想看看他在做什么。

"你知道吗，她想把我的婴儿图册还给我。"我说。

马修放下了发动机盖，砰的一声把它扣上了。

"跟我来。"说着他拿着一块油乎乎的破布往拖挂车的方向指了指。

他把手伸进水槽上方的橱柜里，在里面翻腾了一阵，拽出了他那本浅蓝色的婴儿图册丢给了我。

"她把我的也给我了。"

马修哈哈大笑了起来，随后我也跟着笑了。我们忍不住发出咯咯的笑声，眼泪横流，胃里阵阵痉挛。我弯下身子想让它停下，却笑得更起劲了。我们两个人一屁股坐在了床上，捂着肚子，想要让对方闭嘴而不能。跟这世界上唯一一个能真心理解你的人分享一个圈内的笑话，能很神奇地让人好好发泄一通。我们两个都被抛弃了，所以我们都可以不把它太当回事。

爆笑结束后，我打开了他的婴儿图册。他这本的尺寸跟我那本一样，但里面的内容连我的一半都没到。马修是在妈妈离婚一年半以前出生的，所以他只得跟一场正在分崩离析的婚姻争宠。妈妈的记录就事论事，像在完成任务一样，没有了两年前还会写的那些细节和感叹号。只有身高、体重、出生日期。马修的第一次旅行就没有被记录下来。妈妈把我新学会说的词记满了整整一页，而在马修的册子里她只列了那么几个。两岁以后，马修的婴儿图册就变成了一片空白。

我把图册递给他，他把它重新放回了橱柜里。

"很遗憾地告诉你，你没那么特别。"他说。

就在那时，我们听到了蜂蜜巴士启动时发出的独特的突突声。外公今年夏天大丰收了，因为雨水回来后河流水位上涨，让野花重新焕发了生机。

"我会怀念这个声音的。"我说。从马修拖挂车门前的台阶上，我能够看到巴士里面的情景。外公正把用纱布做的滤网从接蜂蜜的储罐上掀开。有太多的继箱在等着被取蜜，他几乎都活动不开了。

"咱们应该去帮帮他。"马修说。

我们擅作主张从后门进到车里的时候，外公正踩着牛奶箱往储罐里看。引擎的轰鸣声太大了，导致他没听到我们的声音，所以看见我们正朝他走过来的时候他吓了一跳。他从高处跳下来，关掉了机器。

"储罐都满了，"说着他舔了舔手指上的蜂蜜，"你们正好能帮我装罐。下一轮开始之前咱们得先腾点地方出来。"

马修从外公身边挤了过去，用倒扣的牛奶箱当凳子，坐在了储罐前，开始往罐子里装蜂蜜。外公小心翼翼地走到他身边，把旁边那个圆桶喷嘴处的小门也抬了起来。我坐进了驾驶室，边上是一箱箱的罐子，当他们把装满的罐子给我的时候，我就再递给他们一个空的。我把蜂蜜罐子的盖子拧紧，然后堆在搭了一块胶合板台面的贮槽上面。阳光从窗户漏进来，照亮了蜂蜜，把琥珀色的斑驳光点照得满处都是。这让我想起了教堂里的彩绘玻璃。

我们三个人共同行动，像在跳芭蕾一样。蜂蜜在我们之间递来递去，马修和外公都已经非常熟练了，他们能用装满蜂蜜的罐子换回我手里的空罐子，然后赶在蜂蜜滴到地面之前把空罐子塞到喷嘴下面接住它。

这，我心想，才是将来我会最想念的东西。那种适得其所的感觉。

"你们知道吗，"外公开口打破了沉默，"跟你们的外婆结婚的时候我都四十了。"

他清了清喉咙,而我们则等着他继续说下去。

"所以说……我从没想过会有孩子。"

我正在把外公的蜂蜜标签在湿湿的海绵上蘸好后贴到罐子上去。听到这话我抬起了头。外公关上了储罐上挡蜂蜜的小门,站起身来,张开大大的臂膀,把我们两个都揽入了怀中。他的声音低得变成了私语。

"然后你们两个就出现了,我真是太幸运了。"

喜悦之情在我心中油然而生,浸润了每个毛孔。我也是有蜂巢的,它就在这里,在外公的蜂蜜巴士里。

"我每年夏天都会回来的,来帮忙收蜂蜜。"我说。

"你最好是。"说着外公又递给了我满满一罐蜂蜜。

马修从手头的工作抬起头来。

"等我把驾照考下来以后,没准我能到北边去看你,"他说,"我们可以一块儿去旧金山看演唱会什么的。"

"匆促乐团?"我提议。

"匆促乐团是什么?"外公问道。

趁马修正给外公解释着他最爱的摇滚乐队到底好在哪里时,我把一根手指在蜂蜜罐里蘸了蘸,然后放进了嘴里。我尝到了野生鼠尾草的味道,还有海盐和热土司般的坚果味,最后还尝到了一丝非常淡的甜味,有点像是椰子。我感觉到蜂蜜不仅在我的舌头上,更是深深地、深深地在我的记忆里和心里，像我自己的声音一样让我无比熟悉。

我可以继续用我缺失的一切来定义我的生命，就像我妈妈那样。或者我可以庆幸自己得救了，而且是以最意义深远的方式。外公和他的蜜蜂引导着我度过了无序的童年，保护着我的安全，教会我如何成为一个好人。他让我看到蜜蜂有多么忠诚、多么勇敢，以及它们是如何通力合作、共同奋斗的。当到了我该一个人出去闯荡的时候，所有这一切都是我需要拥有的。外公一直在用无言的方式教导我，家庭是我身边无所不在的自然资源。

外公看到我正一点儿不客气地吃他的蜂蜜。

"你的箱子里能装下多少这东西？"他问。

"全都能装下。"我逗他说。

虽然我要从外公身边离开了，但我会永远感觉到他的蜜蜂在我周围低吟，像隐形的力场一样，温柔地将我引到正确的道路上。

它们还会一如既往地保护我。外公的养蜂课永远都不会结束。

EPILOGUE
后记

2015

一则古老的养蜂神话说，在养蜂人去世后，他们的蜜蜂会默哀。蜜蜂必须被告知照顾它们的人已经不在了，不然它们会灰心丧气，失掉收集蜂蜜的心情。它们会感觉到事物的秩序受到了干扰，这会使得它们绝望并放弃努力。家属必须用一块深色的布把蜂箱盖住，对着蜜蜂唱歌把这个消息告诉它们，并请求它们的允许，成为它们的新任养蜂人。

2015年的一个下午，外公让我照顾他的蜜蜂。这个要求是他在去世前一个月提出的。

他一定是觉察出自己快要走到生命的尽头了。我们这段时间一直坐在后门外的露台上，看着最后一波留存下来的蜂群从蜂箱里进进出出。那摞残破不堪的蜂箱已经被太阳晒得褪了色，被他扔在了院子的一个角落里。他已经八十九岁了，再也没有力气养蜂了，但是分蜂的蜂群还是会不停地飞到他已经废弃的养蜂设备里。他再也不去检查蜜蜂的状况了，但是每天下午，他还是会坐在折叠躺椅上，看着觅食蜂在逐渐暗淡的日光中归来。

指着飞行轨迹的时候，他的手会因为帕金森症而颤抖。蜜蜂是从南边飞回来的，从长在邻居家门廊旁的那片正在开花的常春藤处回来。它们这群蜜蜂精神抖擞，他说，可能是俄罗斯的品种，而且它们足够健壮，无需他的任何帮助就可以顺利过冬。

"你会替我照顾它们吧？"他问。

"当然。"说着我捏了捏他的手，稳住了他的颤抖。

我一定也察觉到了外公的变化，因为在过去的几年里，我更加尽力想多见见他。我四十五岁了，最近刚刚在旧金山捣鼓了几个我自己的蜂箱。在过了太久太久之后，我终于开始向外公靠拢了。

大学毕业后，我投入了所有的精力，想在新闻界成就一番事业。我太过沉迷于追踪故事以及在不同的报社间跳槽，以至于我极少回家看望外公和他的蜜蜂。我在湾区内六家不同的报社供过职，最后才终于进了《旧金山纪事报》。我喜欢办公桌上电话齐鸣的声音，喜欢报道突发新闻所需的闪电速度，我的后备箱里常备着一个"随行包"，里面装着衣服、牙刷和地图，准备好在临时接到通知后立马动身去很远很远的地方完成任务。我一门心思追寻着一种常年在折腾、永远在截稿的生活。

但是在外公的身体状况开始走下坡路之后，我感觉到自己的优先级也发生了变化。我不再满世界跑了，而是在周末的时候陪他坐着看蜜蜂。每次我去探望他的时候，他都会再送我一件他的养蜂设备。我继承了他的防蜂罩,他那本已经被翻烂了的1917年版的《蜜蜂文化知多少》,还有他亲手做的给巢脾穿铁丝用的红杉木夹具。

2011年底的时候,他把大部分存货都清了出去,心不甘情不愿地宣布自己要退休了。告别七十年的养蜂生涯伤透了他的心,而蜜蜂们也一定感受到了失落。

但我有办法让蜜蜂重回外公身边。同一年,我和一位编辑在《旧金山纪事报》大楼的楼顶安了两个蜂箱。我们说服了老板,称这会是报道正在退却的养蜂热潮的独特方式,与此同时我们还能试试在城市养蜂这方面的运气。

当新的这批蜜蜂到达的时候,我再次感觉到它们翅膀的振动从我的手掌传到了我的心里,因此哭了出来。我已经有二十四年没有把蜜蜂捧在手里了,它们的气味,它们的声音,它们的举止都是那么的熟悉——那么多回忆——弄得我被一种久违的被保护的感觉压垮了。我的同事们自然觉得我为虫子哭鼻子简直是疯了,但我怎么可能把我和这些小东西之间发生的一切给他们解释通呢?

回归养蜂界之后,我意识到自己对于蜜蜂知之甚少,得让外公在更细微的层面上辅导我一下,比如蜂群的营养和病虫害控制,更重要的是分蜂的预防,因为我们的蜂箱俯瞰着城市最繁忙的十字路口之一,那附近挤满了公交车站、车库、酒吧和餐厅。外公给了我一些建议,告诉我要把蜂箱放在楼顶的什么地方,也给我解释了如何把糖粉撒到蜜蜂身上以消灭寄生虫。说这些的时候,我听到他的声音里注入了新的活力。我们又变成了队友,而且在他的指导下,我在四年内从一个新手养蜂人成长为了一个有两把刷子的养蜂人。

2015年他请求我替他照顾蜜蜂的那次,变成了我们最后的几次交谈之一。不久之后,他摔了个跟头,伤了髋部。外科医生说这种情况动不了手术,五天后,外公去世了。

我遵守诺言,决定看护他的蜜蜂。这意味着我要把他的最后一个蜂箱取出来带回家去。

蜂群必须在天黑的时候转移,因为这时候所有的蜜蜂都在蜂箱内抱团取暖,不然的话有一些蜜蜂可能会被滞留在田野里。我在天亮之前走向了外公的最后一个蜂箱。我没有葬礼用的黑布,所以就从我卡车的车斗里拽了一条深蓝色的给狗用的毛巾出来,把它盖在了蜂箱上。然后我努力想找一首歌唱。我应该事先选一首出来的,因为关于唱歌有条墨菲定律,那就是当你想记起歌词的时候,你永远记不起来。于是我跪在了蜂箱旁,把一只手搭在了那块布上,让自己做好准备,把这个消息直白地告诉蜜蜂们。

我的左边有一块空地,那是原来停放蜂蜜巴士的地方。我们的一个亲戚把它拆掉卖废品了,没了它之后院子显得很是荒凉。看到曾被它占据、而现在已经荒废的那块地，我心痛极了，赶忙移开了视线。我清了几次嗓子，鼓起勇气把这个悲伤的消息告诉蜜蜂们。

"他走了。"

我等待着，但在等什么，我不确定，或许是在等蜜蜂发出一些声音，或给出某些反馈，证明它们明白了。我蹲在原地，在清晨的寂静中听着是否有迹象。一辆车在街区的某个地方发动了起来。一阵微风把橡树的树叶吹得沙沙作响。生活还在继续，一如既往。

我掀开了蜂箱上的布，依然没有蜜蜂出来。也许它们根本就不在里面，也许它们已经死绝了，或者已经分蜂去了更好的地方。也许我和外公在下午看到的那些来来往往的蜜蜂不过是些强盗，它们把废弃的蜂蜜或蜂蜡偷走给自己的蜂群用。也许我刚刚敲的那道房门里面空空如也。

我打开盖子，用手电筒照着往里看去。我看到了四个正在腐烂的巢脾，蜂窝因为年头已久已经变黑了，上面还布满了蜡螟织的白色的网。蚂蚁在里面为非作歹，而且从蜂巢上爪子大小的抓痕和被留在那儿的粪便来看，有只老鼠也在蜂箱里待了一段时间。

但生命迹象还是有的，虽然很少。里面有大概一千只蜜蜂，是通过快递售卖的新手套装中新蜂数量的五分之一。这些可怜的蜜蜂们想让这个蜂箱重新活过来，抓住这块已经烂掉的小小蜂窝不放手。它们很可怜，而且很明显已经累坏了，连珠炮似的吱吱地往我的防蜂罩上撞，我以前从没见过哪个蜂群愤怒到连命都不要的。

我往前倾了倾，靠近了一些。蜜蜂像雨水一样拍打着我的防蜂罩。

"没关系的，嘘。没事了。"

我轻轻地提起了一块巢脾，蜂群几乎尖叫了出来。它们吓坏了，这是肯定的，因为它们的家从来没被侵袭过。在六边形的巢房里，我注意到了一个奇迹：白色的卵。它们是有蜂后的。只要给它们一些照料，喂它们吃点东西，这个蜂群很有可能会恢复活力。我拿出了第二块快要散架的巢脾，小心地把它翻了个面，把两侧都看了个遍，直到我找到了它——一个全身乌黑的蜂后。它是我见过的最异乎寻常的女统治者。它的腹部没有惯常蜂后有的那些条纹，每一块都是乌黑的。它的胸部嵌进了一条竖线，身子被一圈黄色的茸毛包裹着。

我把那三块正在腐坏的巢脾，连同上面的蜜蜂一起放进了我带过来的新蜂箱里。我把旧的巢脾放在中间，夹在两片都是新蜂窝的巢脾中间，这样蜂群就有干净的地方可以放蜂蜜了，蜂后也有更多的空间可以产卵。我用棘轮带把蜂箱的盖子固定好，又用胶带在蜂箱的入口处粘了个筛网，好让蜜蜂这一路都能待在蜂箱里。

外公的遗愿打印在了一张泛黄的纸上，塞在了装袜子的那层抽屉的最下面，他希望自己的骨灰撒海。我从外公家开车前往大苏尔的格兰姆斯农场与马修会合。外公的表妹歌儿打开了牛栏的门，门后的那片牧场俯瞰着太平洋。冉冉升起的太阳像舞台的追光一样，照亮了绵延几公里的崎岖海岸。我和弟弟静悄悄地在海福特牛群中绕来绕去，趁它们正在咀嚼灌木的时候欣赏了一下它们深红色的身体和白色的脸，同时小心不直视它们的眼睛。我们走到悬崖边，海鸥张开翅膀在空中翱翔，身体不停地被风吹打着。我把一个带皮质把手的木质工具箱放在了地上，这工具箱是外公亲手做的。里面放着太平间给我们的塑料袋子，里面装着他的骨灰。

我们站在一个六米高的峭壁边，帕洛·科罗拉多溪一条细细的支流从这里倾泻入海。海浪往沙滩的方向翻滚着，冲上海角，在海浪冲刷出的岩拱上炸裂开来。海水发出嘶嘶的声音，像被摇晃过的瓶装苏打水一样。它是那么的愤怒，连斑海豹都受够了，聚拢在寥寥几块还露在海面之上的岩石上，等着大海平静下来。

我打开工具箱，解开了放在里面的塑料袋子，把外公研成粉状的骨灰装进了两个蜂蜜罐里。马修发出了一声带着颤音的叹息，我用胳膊环住了他的肩膀，紧紧地搂住他，紧到我能够感受到我们两个人心跳的不同韵律。现在只剩我们两个人了,我们是个两口之家。我希望他打骨子里明白,我永远都不会离开他的。风抽动着我们的衬衫,大海在咆哮,我则在他的耳边低语。

"我真的好爱你。"

他抽了抽鼻子,但是没有回答。我稍稍放开了他一些,想看看他的眼睛,而他却盯着地面。我又试了一次。

"这你是知道的,对吧?"

马修草草看了我一眼,然后很快又把目光转移回了地面。他点了点头,让我知道他听见了,同时也让他自己赶紧熬过我突如其来的这个让人尴尬的表白。他不喜欢这样。

"好了,数三下?"他说。

我们同时将罐子里的骨灰撒了出去,海风托着外公,将他变成了海浪之上的一颗尘埃彗星。他的微粒在空中悬停了片刻,然后便消失在泡沫中了。

我突然记起了自己小时候跟外公在蜂蜜巴士里进行的一场对话。那时候我问他,他相不相信人死后会进天堂。

"瞎说八道。人会进到地里,重新变成尘土。"这是他的回答。发现大多数大人都在骗我让我有些震惊,软绵绵的云彩和弹竖琴的天使居然都是不存在的。现在,在我将他最后的安息之地的美景尽收眼底后,我很感激他一直对我十分坦诚。我默默地向他表示了感谢,谢谢他那么尊重我,告诉了我真相。

外公回到了他的祖先身边。现在,他成了这些崎岖的山脉和那片不羁的海洋的一部分。他是我们正置身其中的这片牧场,也是牧场中所有的野花,是牧场下埋藏的所有箭头,是牧场上空飞舞着的每一只蜜蜂。他是随风飘荡的野生鼠尾草的味道,是随着海浪上下沉浮的海獭宝宝的哭声,每当它妈妈潜入水中去寻找食物的时候,它就会这样呼唤她。外公无处不在,所以从某个角度来说,他从未离去。

我和马修等着海獭妈妈浮出水面,好确认她没有丢下自己的宝宝,然后默不作声地朝我的卡车走去。

我情愿认为外公是自愿离开的,跟蜜蜂在患病后弃巢而去、独自赴死,好让蜂群保持健康差不多。我相信他不想成为家人的负担,所以便选择将自己除掉,算是为自己所爱之人做出了最后的奉献。唯一让人宽慰的地方是,外婆的痴呆缓解了她的心碎,她很难记住自己的丈夫已经不在了。

十个月之后,她在睡梦中辞世了。

外婆去世后,妈妈的身体状况急转直下。不出一年她就进了疗养院,在那里的临终关怀护士会监控她的二型糖尿病病情,还会用输氧管减轻她的慢性呼吸道问题。每次我和马修去看望她的时候,她似乎都会变小一点,好像她在缩水一样。2017年秋天,当医生们说出"临终"这个词时，妈妈平静地接受了这个不可避免的现实——反正这七十三年待她也不怎么样，她是这样辩解的。

直到最后，我也不知道她真正在想什么，她有没有害怕，她有没有悔恨，她到底是爱我还是厌恶我。

她给我打的最后一通电话，完完全全透着她的风格。

"我很快就要死了。"这是她的开场白，"咱俩的关系向来不好。我想知道你能对我说点什么，让我好受些。"

我觉得她是在用自己的方式告诉我她需要弥补自己的过失。只不过她希望这件事能由别人代劳。

"咱俩好好的，妈。"我说道，"不用再担心任何事了。"

"你是真心的吗？"

"是真心的，妈。休息吧。"

我觉得我是真心的。失去一辈子都渴望自己能够爱的那个人让我心情很复杂，很难理出个头绪来。这到底是怎样的一种哀悼呢？但我最不想做的，就是进一步伤害我那个已经伤痕累累的妈妈。

"我想外婆了。"她说。

"我知道的，妈。我知道。"

我最后一次见妈妈是在她去世两周前。她因为打了吗啡而昏昏沉沉的，虽然我和马修站在她身边，但我们不确定她知不知道我们在那里。突然她猛地睁开了眼睛，抓住了我的手，力气大得像老鹰的爪子一样。

"我很高兴你在这儿。"她嘟囔了一句,然后又睡了过去,放手了。

我也很开心。我很开心她在离世前的最后这一刻,知道自己的孩子来看她了。我很开心她在生时能感受到些许爱意,即使这爱微弱到有时我们很难看到它。到头来,我们都是群居昆虫,要么同甘,要么独苦。

当外公让我替他照顾蜜蜂的时候,他指的不仅仅是他最后的这个蜂群——他要我承诺会照顾所有蜜蜂,照顾自然,照顾所有生灵。简而言之,他是要我以养蜂人的目光去看待所有事物,要我对自己所遇到的一切都温柔以待,即使是那些会刺痛我的东西。

我把外公的最后一个蜂箱转移到了一个街心公园里。这个公园坐落在旧金山一个风景如画的街区,里面全是彩色粉笔画般的维多利亚式房屋,街道都是以州的名字命名的,空气中弥漫着从锚牌啤酒酿造厂飘荡出来的酵母香。

这是理想的蜜蜂避难所:一个处在居民区死角的阶梯形城市农场。紧锁的大门后有二十块彼此独立的地皮,以及一个被架高的养蜂场,所以园丁们很少会注意到有蜜蜂在自己的头上飞。蜂箱能够被太阳直射到,热量还会从周围的墙壁上反射过来,不仅足够保暖,而且还能挡风。蜜蜂需要做的就是离开蜂箱,然后直接降落到它们的专属农贸市场上,那里塞满了蔬菜、柑橘树、薰衣草花丛和一个啤酒制造商种的啤酒花。我觉得外公会给予这个地方肯定的。

现如今，每当我打开蜂箱的时候，每当我收取蜂蜜的时候，每当我又听到一个关于蜜蜂正在消失的预示着灾难的新闻的时候，我都会想起他。我信守了自己的诺言，同时也还了一份债，这些小生物曾在我最需要保护的时候给了我庇护，现在由我来保护它们。

一天早上，附近一家双语学校的学前班儿童来参观我的养蜂场。小孩子们穿着亮黄色的安全背心，走路的时候拉着手，用两种语言叽叽喳喳地谈论着abejas[1]和蜜蜂。在一棵苹果树的树荫下，他们围拢到我周围，等老师让他们停止乱动之后，我跪下身来给他们讲了一个故事。

"在我不比你们大多少的时候，我家里有好多蜜蜂，"我说，"蜜蜂是非常特别的。谁能告诉我这是为什么？"

"因为它们造蜂蜜！"一个穿着海绵宝宝图案T恤衫的男孩大喊着。

"没错！蜜蜂还能做什么？"

一阵沉默。孩子们面面相觑，想知道答案。

"它们能飞？"一个梳着小辫、满头都是彩色发卡的女孩说道。

"它们蜇人！"另一个孩子一边高喊一边去拉老师

---

[1] 法语的蜜蜂。

的手。

我拿他们没办法了。我站起身来,给他们展示了下我身上穿的防蜂服,然后把防蜂罩套在了头上。

"我穿着特制的外套,所以我是安全的。但是蜜蜂很温柔。如果你不招惹它们的话,它们是不会招惹你的。所以你们不用害怕。"

我把防蜂罩往后掀了一下,让它搭到肩膀上,然后指了指一个被架高的花床。"你们看那里种着什么?"

"草莓!向日葵!黄瓜!"

"你们信不信那些都是蜜蜂造的?"

我用指尖在一朵草莓花上轻轻擦过,给他们展示了下那上面的黄色颗粒。"这个黄色的东西是什么?"

"蜂蜜?"一个小男孩问道。

"是花粉,"我说,"花朵的粉。蜜蜂把它粘到脚上,然后再飞到好多好多花上,让花粉混合在一起。"

"放进它们的花粉袋里!"戴发卡的女孩配合着我说。很明显,他们在课堂上学过关于蜜蜂的知识。我挺感动的。

"没错!"我说,"当蜜蜂到处混合完花粉之后,花就会变成食物了。比如草莓,或者黄瓜,或者葵花籽。你们喜不喜欢吃这些东西?"

"喜欢"的喊声如万箭齐发,射向天空。现在他们准备好听我的重点了。

"蜜蜂之所以这么、这么特殊……是因为我们吃的食物都是它们造的!"

"它们造蜂蜜!"穿海绵宝宝图案T恤衫的男孩提醒了我一下。

"蜂后在哪里?"一个小女孩盘问道,她交叉着双臂,还把屁股顶向一边,"我想看蜂后。"

我根本没想冒着谁家孩子被蜇的风险打开蜂箱。也不想让我的蜂后冒被好奇的小家伙捏扁的风险。但这会儿似乎是用巢脾转移他们注意力的好时机,让他们把手指头戳进去尝尝味道吧。

孩子们把手戳进蜂蜡里,把拉丝的蜂蜜拽进嘴里,为自己搞破坏和添乱的淘气劲沾沾自喜。我感觉有人拽了拽我的衣服,看到一个穿着短裤和荧光蓝色网球鞋的男孩正激动地上蹿下跳,好像他需要上厕所似的。他使劲地咧嘴笑着,像是在跟我密谋着什么一样,但具体在密谋什么我却不知道。

我蹲了下来,好一心一意听他讲话。他确实想要告诉我一些事情。看上去这个可怜的孩子马上要爆炸了。

"我外公养蜜蜂!"他一边大叫一边上蹿下跳,好像刚刚有人送了他一条小狗似的。

那一刻,整个旧金山都消失了,只剩下我和这个男孩子在我们的私人宇宙里独处。我们紧紧地盯着对方,我们中间传递着一种彼此都能够感受到的激动心情。

那个小男孩的眼睛放着光,我从他的眼神中看到了那么多年前外公也一定在我身上看到过的天真。我想让这个男孩知道世界很大,大到他可以在无数个地方找到爱。

我跪了下来,就像每次外公要告诉我一些重要的事情时会做的那样。我把双手搭在那个孩子的肩膀上,小声说了一句只有他才能听见的话。

"你是这茫茫世界上最幸运的男孩。"

★ ★ ★ ★ ★

AUTHOR'S NOTE
作者的话

我很幸运，在我童年时生活的地方蜜蜂比现在更加健康。那时在我走进养蜂园后，我胸有成竹地知道自己会在蜂箱里找到生命。

但总体来讲，从蜂蜜巴士的时代起，这个世界就开始与蜜蜂反目成仇了。七十年代的时候，外公曾预言蜜蜂的数量会普遍降低，现在这个预言成真了。新闻中充斥着大规模食物短缺的灾难报道，与此同时我们也在想象着一个没有蜜蜂的饥荒星球会是什么样的。我也希望这是危言耸听，但当全球超过三分之一的粮食生产全部或部分有赖于蜜蜂的授粉行为时，我们就很难忽略现实了。

是哪里出了差错呢？

蜜蜂已经繁衍生息了五千万年，但它们的数量却在二战结束不久后开始缩减，这也是在农民们放弃了盛开的三叶草以及苜蓿等肥田农作物，转而开始用合成化肥为土地施氮后不久。在美国，蜂群的数量从四百五十万，直降到了目前仅有的不到三百万。

但在2006年，美国的商业养蜂人第一次通报了某种极其特殊的异常状况。当他们在数九寒冬过后打开蜂箱时，本以为看到的景象会跟以往差不多——大部分蜂群都活了下来，同时有大约15%的蜜蜂败给了寒冷或饥饿，尸体堆积在底层的板子上。可与此相反，他们发现蜂群大规模出逃了，有30%到90%的蜜蜂从看上去生机勃勃的蜂箱里消失了。养蜂人们还从没见过这样的场面——头一天还健健康康的蜂箱，第二天就变成了幽灵之城。一夜之间，工蜂就抛弃了满是蜂蜜的蜂箱，把新一代丢弃在育儿室里，留下了一个目瞪口呆、无人照料的蜂后，和一小群饥肠辘辘、无精打采的新生儿，这些新生儿连飞都还没学会，也不会给自己找东西吃。

资金大量涌入全国各地的实验室，昆虫学家们分秒必争，想要弄清楚到底发生了什么。紧急听证会被组织起来，养蜂人们一个接一个地讲述着相同的故事，讲述着突如其来的经济损失给他们带来的毁灭性打击。欧洲的养蜂人也加入了对话，称他们的蜂群也在崩坏。在中国的某些地方，蜜蜂的流失实在太严重了，逼得农民开始雇人手动给农作物授粉，用小小的画刷把花粉撒到花朵上。

这场令人费解的灾难被赋予了一个听上去非常像临床医学名词的名字，让人以为这事似乎有了权威解释，但实际上并没有——蜂群崩坏症候群。

从那以后，科学家、养蜂人和行动派贡献了各种各样的理论，把责任归咎于杀虫剂或杀真菌剂，流动性较强的养蜂行为，寄生在蜜蜂体外的瓦螨，气候的变化，栖息地的丧失，单种栽培和各种各样作用于蜜蜂的病原体。虽然一些大有可为的研究已经提出了一些可以增强蜜蜂免疫力以抵抗这些威胁的方法，但在到底是什么导致了蜂群大规模崩坏的问题上，人们依旧没有达成共识。

欧洲把新烟碱类杀虫剂当成了猛烈攻击的目标，这是杀虫剂的一个特殊分支，研发于二十世纪九十年代，一般人们会先用它包裹住玉米和大豆的种子，然后再把它们种到地里。这种人工毒素的化学结构被设计得跟尼古丁类似，植物在生长过程中会把它吸收进来，小型昆虫的神经系统也会被它影响，这导致很多研究人员得出了结论，认为这种毒素会干扰蜜蜂返回家园的能力。欧盟做了一个实验，临时颁发了一个为期两年的禁令，禁止在会吸引蜜蜂的开花作物上使用新烟碱类杀虫剂，美国的几个州也不再销售含有新烟碱类杀虫剂的农作物。

这些努力所取得的成果仍然存在争议，有些人提倡永久禁用这类杀虫剂，但还有些人认为这些实验缺乏说服力，有误导性，甚至会给蜜蜂带去更糟糕的后果，因为它们会迫使农民转而种植不开花的作物，或者使用更原始的、毒性更强的喷剂。

与此同时，蜜蜂还在挣扎着。虽然在2006年那场让人震惊的事件过后，蜂群的存活率有了小幅提升，但养蜂人们还在继续向美国农业部通报，称自己每年还会丧失将近三分之一的蜂群。即使能够快速繁殖，这个比例从长远来看还是无法维持物种生存的。

如今，关于蜂群崩坏的报道也以同样令人费解的方式缩减着。与此相反的是，越来越多的养蜂人认为蜜蜂的死因不是什么神秘的难题，而是瓦螨寄生虫。这种生物是暗红色的，跟针头差不多大，会依附在蜜蜂幼虫和成年蜜蜂身上，吸食它们的体液。瓦螨会把病毒传染给蜜蜂，严重破坏蜜蜂行走和飞行的能力，削弱它们的免疫力，还会引起诸如翅膀褶皱、翅膀残废这样的畸形。

自1987年瓦螨第一次出现在美国以来，这种寄生虫不断地发展出抗体，能够抵御各种用来消灭它们的生物或化学手段。它们在几天的时间内就可以捣毁一个蜂群，每当一个雌性瓦螨进入了蜜蜂的育儿室并在幼虫身上产下卵后，它们的数量就会呈指数增长。瓦螨的幼虫算好了时间，就赶在患病的蜜蜂走出巢房的那一刻破卵而出，引发寄生虫数量的大爆炸。

蜜蜂正在消失的原因不好说，但很明确的是，现代生活给蜜蜂造成的压力越来越大，这也让养蜂群体中的一部分人给这场疫情重新起了个名字，叫多重应激障碍。

我相信当外公预测蜜蜂会因为人为因素灭绝的时候，他已经发现了一些苗头。是我们把野花丛生的草丛变成了街道；是我们把蜜蜂从它们的栖息地中剥夺出来，强迫它们跟着半挂车迁徙。我们把原本多样化的小型农场换成了种植单一作物的农场，在植物和树上喷洒化学农药，然后还强迫蜜蜂去给它们授粉。人口过剩、工业化养殖、导致花朵干枯而死的长期干旱都不是蜜蜂的错。但就像被带到矿井去试毒的金丝雀一样，蜜蜂是最先倒下的。我们已经让蜜蜂变得十分虚弱了，以至于它们再也无法抵挡住瓦螨和一大堆新型病毒的攻击，比如微孢子虫肠道病原体，和慢性蜜蜂麻痹症病毒。

这对蜜蜂来说就是凌迟。但是我们能做什么呢？人还得吃饭，所以庄稼就得授粉。鸟类、蝴蝶、蝙蝠、飞蛾和蚂蚁也能授粉，但它们却无法像蜜蜂一样覆盖百万平方米的农作物。农民需要蜜蜂，但矛盾的是或许我们太依赖蜜蜂了。我们正在榨干蜜蜂的最后一点血汗，好让我们自己有饭吃，好让我们的农场有钱赚。

但我们也可以发挥自己的聪明才智，帮助蜜蜂以更接近自然法则的方式生存。幸运的是，蜜蜂的复原能力强到让人难以置信，而且只要让它们保持健康，它们就能快速繁殖起来。全世界范围内的昆虫学家都在努力培育有杀菌能力、能抵抗寄生虫的蜜蜂。还有一些人在尝试用菌菇茶来显著提高蜜蜂的免疫力。参与科研的大众在收集蜂群的数据，以帮助记录蜜蜂数量的变化。园丁们在用对授粉动物更加友好的本地植物恢复生态。农民们在向种植有机作物转型，还在推进他们对于无毒杀虫剂的需求。

越来越多的人达成了共识，认为我们每个人都必须贡献出微小的力量，不论是在路边种花，在后院自己搭几个蜂箱，还是在单一作物农田外面围一圈开花植物，使得蜜蜂不至于身处一片食物的荒漠。

这也是蜂群的行事准则——如果我们每个人都做出分内的微小贡献，它们汇集起来就会组成更大的整体。

我最起码欠了外公这么多——我至少要去尝试。

这也是我欠蜜蜂的。

只要蜜蜂还坚强地活着，它们就能继续将古老的智慧传授给下一代人，这样孩子们就能知道即使他们被绝望压倒了，大自然也有独特的方式能护他们平安。

我的性格是由我在养蜂园中上的那些人生课所塑造的。每个孩子都应该有这样的机会长大成人。

ACKNOWLEDGMENTS
致 谢

我会永远感激国际创新管理公司(ICM Partners)的希瑟尔·卡帕斯(Heather Karpas),是她率先给《甜蜜巴士》亮了绿灯。她天赋非凡,待人热情,她对这个故事毫不动摇的信念支撑着我一路前行,即便前方道阻且长。

Park Row 图书公司的主编埃丽卡·伊姆拉尼(Erika Imranyi)和公司的全体同僚都为我和这本书付出了很多心血。这是一次完美的合作,是一场从没让人感觉像在工作的冒险。埃丽卡,谢谢你颇有见地的润色——那才是每一页上的秘制原料。

我还要为英国柯提斯·布朗集团(Curtis Brown Group UK)的海伦·曼德斯(Helen Manders),玛丽亚·B.坎贝尔公司(Maria B. Campbell Associates)的玛丽亚·坎贝尔和她的团队鼓掌。他们很早就开始为这本书奋斗,他们的认可也确保了这本书能够在世界各地翻译出版。这与赋予外公永生无异。

我要拥抱一下我的两位导师,读了本书初稿的大卫·刘易斯(David Lewis),以及一直在给予我指导、直到本书最终定稿的肯·康纳(Ken Conner)。这两位男士都是我在

《旧金山纪事报》的编辑，他们还在继续为我的写作和生活提供建议，这让我十分感激，也倍感荣幸。我还要感谢我的朋友们，他们在这本回忆录的创作过程中读了部分章节，并给了我宝贵的反馈：厄尔·斯威夫特（Earl Swift），肖芭·拉奥（Shobha Rao），莎拉·波洛克（Sarah Pollock），梅雷迪斯·怀特（Meredith White），朱利安·古斯里（Julian Guthrie），赖斯利·特诺里奥（Lysley Tenorio），约书亚·莫尔（Joshua Mohr），汤姆·莫兰菲（Tom Molanphy），玛格·唐纳逊（Mag Donaldson），泰·迈诺特（Tee Minot），莱斯利·古斯（Lesley Guth），玛丽亚·威利特（Maria Willett），玛丽亚·芬恩（Maria Finn）和迈尔·史密斯（Maile Smith）。

我十分感激古彻学院（Goucher College）非虚构写作课的教授们——这本书最开始是我在那里攻读艺术硕士时写的毕业论文：汤姆·弗兰奇（Tom French），戴安娜·休谟·乔治（Diana Hume George），莱斯利·鲁宾科夫斯基（Leslie Rubinkowski），劳拉·韦克斯勒（Laura Wexler）和帕茜·西姆斯（Patsy Sims）这几位作家。我要为美国大学妇女协会（American Association of University Women）深鞠一躬以示感谢，它提供的丰厚奖学金使我得以在古彻学院完成了硕士项目的学习。这本回忆录也得到了赫奇布鲁克作家村的支持，他们给了我颠覆想象的款待，借给了我一间位于惠德比岛的林间小屋，让我在那里完成手稿。

为这本书捧场的还有那些打开了他们的蜂箱、敞开了他们的心扉、打开了他们的家门的养蜂人：波士顿的诺亚·威尔逊-里奇（Noah Wilson-Rich）；旧金山的于亚伦（Aaron Yu），玛丽艾伦·柯克帕特里克（MaryEllen Kirkpatrick），艾丽尔·吉尔伯特（Aerial Gilbert）和黛布·万德尔（Deb Wandell）；大苏尔的彼得·艾科恩和本·艾科恩（Peter and Ben Eichorn），戴安娜·维塔和格雷戈·维塔（Diana and Greg Vita）；还有运营忘忧草餐厅的加菲尔一家：梅雷迪斯，柯克与威尔（Meredith，Kirk，and Will Gafill）。

我的家人给予了我耐心、理解和宽容，为此我向他们表示自己的爱意与感激。如果没有我弟弟马特[1]的支持，我不会有写下这本书的勇气。他在我们年幼的时候和日后数不清的情况下都给予了我保护。谢谢你成为我的知己，谢谢你逗我笑，谢谢你最终让事情走上了正轨。

谢谢我的爸爸大卫，谢谢你即使心如刀割也耐心地回答了我的问题。最重要的是，谢谢你信守了你在1975年许下的诺言。你一直是，也将一直会是，我的爸爸。

我要将无尽的感激献给我的生命之蜜——珍（Jenn）。我旁边的巴士座位将永远为你保留。

---

[1] 马修的爱称。